Walter Ehlert

GAARDENER HANDEL UND WANDEL IN GESCHICHTE UND GESCHICHTEN

*Streifzüge durch die Geschäftswelt
auf dem Kieler Ostufer*

Husum

Bibliografische Information der Deutschen Nationalbibliothek

Die Deutsche Nationalbibliothek verzeichnet diese Publikation in
der Deutschen Nationalbibliografie; detaillierte bibliografische Daten
sind im Internet über http://dnb.dnb.de abrufbar.

© 2016 by Husum Druck- und Verlagsgesellschaft mbH u. Co. KG, Husum

Gesamtherstellung: Husum Druck- und Verlagsgesellschaft
Postfach 1480, D-25804 Husum – www.verlagsgruppe.de

ISBN 978-3-89876-841-2

Vorwort

Walter Ehlert konnte sich unbefangen ans Werk machen, als er sein Buch über seinen Stadtteil plante, denn es gibt dazu bisher keine umfangreiche wissenschaftliche Literatur. Er hatte auch gar nicht die Absicht, auf diesem Gebiet zu arbeiten. Denn er ist von Haus aus kein gelernter Historiker, sondern Großhandelskaufmann. 1948 in Gaarden geboren, ist er dort auch aufgewachsen, hat dort über 30 Jahre gewohnt und viel erlebt und gesehen. Er kennt die dortigen Menschen seiner Generation, hat mit ihnen gesprochen, Aufzeichnungen gemacht und Bilder aus den Familien- und Firmenarchiven gesammelt. So ist ein facettenreiches Kaleidoskop des alten Gaarden entstanden, aus dem wir den Teil herausgelöst und in diesem Buch zusammengefasst haben, der vor allem den Handel und Wandel der sog. Kleinen Leute akribisch und mit Sympathie beschreibt. Es sind erstaunliche Lebensläufe dabei, darunter einzelne „Unternehmerdynastien", die klein angefangen haben und über mehrere Generationen im Einzelhandel erfolgreich waren. Im Stadtteil gab es damals alles, was man im alltäglichen Leben brauchte. Aber viele mussten aufgeben, als sich im ausgehenden vorigen Jahrhundert auch hier die großen Supermärkte und Handelsketten niederließen. Der Stadtteil hat sich inzwischen verändert, und Ehlert ist vor allem ein Chronist einer untergegangenen Zeit geworden.

Wir danken ihm für die fruchtbare Zusammenarbeit, wir danken den Privatleuten und Archiven, die ihre Fotos und Dokumente zur Verfügung gestellt haben, insbesondere Wolfgang D. Kuessner, der ein großes Kieler Bildarchiv unterhält und pflegt. Unser Dank gilt nicht zuletzt dem Historiker Dr. Martin Rackwitz, der uns beim Lektorieren tatkräftig unterstützt hat.

Das Buch erscheint in der Reihe der Sonderveröffentlichungen der Gesellschaft für Kieler Stadtgeschichte und ist auch im Buchhandel erhältlich. Wir wünschen der Publikation eine freundliche Aufnahme innerhalb und außerhalb des Vereins und viele Leserinnen und Leser. Das Buch sollte sie motivieren, das heutige gewandelte Gaarden aufzusuchen und auf ihren Streifzügen in die jüngere Vergangenheit begleiten. Aktuelles und Näheres von und über Walter Ehlert findet man im Internet unter www.gaardian.org.

Dr. Jürgen Jensen
Vorsitzender der Gesellschaft für Kieler Stadtgeschichte

Inhalt

AUS DER GESCHICHTE DES KIELER STADTTEILS GAARDEN	13
HANDEL UND WANDEL: BEKANNT WEIT ÜBER KIEL HINAUS – „TANTE MINNA"	29
HUT-SCHMIDT: VON 1884 BIS 1989 – ÜBER 100 JAHRE AN DER ECKE ELISABETHSTRASSE UND AUGUSTENSTRASSE	34
DIE GESCHÄFTE UM DEN ALFONS-JONAS-PLATZ	38
MIT PIONIERARBEIT ZUR „ERSTEN DROGERIE AM PLATZE": GEORG HARDER	41
SEIT 1880 IN GAARDEN: AUGUST STRUNK MÖBELHAUS	47
RADIO-WESTPHAL: DAS GAARDENER SCHALLPLATTENGESCHÄFT	51
ROBERT MINSEL: SPIRITUOSEN, MINERALWASSER UND LIMONADE AUS EIGENER HERSTELLUNG, GROSS- UND EINZELHANDEL MIT PROBIERSTUBE	53
ERINNERUNGEN AN DIE PROBIERSTUBE MINSEL	58
ERINNERUNGEN AN DAS POGROM VOM 9. NOVEMBER 1938 UND DAS JUWELIERGESCHÄFT BAUMGARTEN IN DER ELISABETHSTRASSE 56	60
ELISABETHSTRASSE NR. 54. DAS SCHREIBWARENGESCHÄFT JÜRGEN HUSFELDT – DER LADEN VON GEORG BENTZ	62
SEIT 1899: SCHUHHAUS GANZENMÜLLER	65
STAHL & STILLER: ZENTRALES KAUFHAUS FÜR HEIMTEXTILIEN IM KAISERZEITLICHEN PRACHTBAU AM VINETAPLATZ	70
ETWAS BESONDERES IM ALTEN GAARDEN: DIE FACHGESCHÄFTE IN DEN SCHIEFEN HÄUSERN	76
ERNST-VICTOR-SCHUHE: ARBEITSSTIEFEL UND LACKSCHUH AUS EINEM SCHIEFEN HAUS DIREKT AM VINETAPLATZ	77
DIE VINETA-DROGERIE VON HEINZ FRIEDRICHSEN	81

Von 1907 bis 1999 am Vinetaplatz:
Juweliergeschäft Arthur Petersen – Uhren, Schmuck, Bestecke … 83

Die Konditorei von Dietrich Sobottka:
Das kleine gemütliche Café am Vinetaplatz … 86

1952 auf dem Nachkriegs-Wochenmarkt:
Ernst und Gunda Dressler – Obst, Gemüse und Blumen … 89

Ein Leben für und mit dem Käse:
Ernst August Cordes – Markthändler auf dem Vinetaplatz … 92

Seit 1951 auf dem Wochenmarkt:
Gerhard Haase – Der Eiermann vom Vinetaplatz … 95

Heringsvariationen einer lebensfrohen Klavierspielerin:
Elfriede Aaroe mit hausgemachten Marinaden auf dem
Gaardener Wochenmarkt … 97

Die ganze Familie seit über 50 Jahren auf dem Vinetaplatz:
Fischhandel Fentross – Makrele, Aal, Bückling, Dorsch,
Hering und Butt … 100

Der beste Matjessalat der Welt:
Eine Kindheitserinnerung aus der Iltisstrasse … 102

Seit 1874 Gaardener Apotheke: Die erste Apotheke auf dem Ostufer … 105

Klempnerei Gebhardt: Gegründet 1877 in der Schulstrasse 26 … 109

1997 schloss der letzte „Tante-Emma-Laden" in Gaarden:
Der Milchladen Christen im Haus Schulstrasse Nr. 17 … 113

Eis-Tempel: Gaardener Treffpunkt mit einem sakralen Namen
in der Schulstrasse Nr. 20 … 117

Dora Stamp 1920–1986: Das Original der „Tante Emma"
aus der Schulstrasse Nr. 8 … 120

Textilgeschäft Meyer in der Schulstrasse Nr. 7:
Der Stolperstein für Ida Meyer … 123

Die Nostalgie des Rechenschiebers: Seit 1875 Schreibwaren Volbehr,
Ecke Schulstrasse/Augustenstrasse … 125

Bettenhaus Karl Mohr, Augustenstrasse Nr. 33–35:
100 Jahre in Kiel-Gaarden   127

Willi Kruse in der Augustenstrasse:
das „plattdeutsche" Fischgeschäft   131

Pickertstrasse: Schlachterei Rath bei der Kaserne   134

Feinkost Ganzenmüller:
Klein, aber vom Feinsten in der Kaiserstrasse Nr. 31 b   139

Vom Café-Knutsch zum Holsteneck:
Kaiserstrasse 57 – bürgerlich und traditionell   141

Wöhler: Das war Kult   145

Agnes Scharmer in der Iltisstrasse Nr. 16:
Die erste Eisdiele auf dem Ostufer   150

10. Mai 1952: Demonstration in der Iltisstrasse   153

Bäckerei Ratjen, Iltisstrasse Nr. 7:
Seit 1919 Familienbetrieb in der dritten Generation   156

Start mit Hindernissen:
Die Drogerie von Kurt Maurmann in der Stoschstrasse Nr. 1   159

Die Iltis-Apotheke 1911–2013: 102 Jahre in Gaarden   163

Der Rollerverleih auf dem Gaussplatz   167

Bäckerei Klosa: Kirchenweg Nr. 53 an der Ecke zur Gaussstrasse   169

Eine Gaardener Drogisten-Familie:
Friedrich, Peter, Albert, Hermann und Christoph Stahl   172

Heinz Grunge: Das Feinkostgeschäft im Kirchenweg Nr. 45 –
… mehr als „Tante Emma"   178

Bäcker Raeth: Die ganz grosse Auswahl an der Ecke
Kirchenweg und Gazellestrasse   182

Das Papierwarengeschäft Walser im Kirchenweg Nr. 32   186

Der Pferdeschlachter: Franz Helf im Kirchenweg Nr. 31   187

1918 BIS 1981 IM HAUS KAISERSTRASSE 85/ECKE KIRCHENWEG:
HEIMTEXTILIEN JÜRGEN HOFFMEISTER — 190

SEIT 1888 AN DER KAISERSTRASSE/KIRCHENWEG:
GÄRTNEREI UND FLORISTIK PAUL RADEBACH U. SOHN — 194

DER STOLPERSTEIN FÜR WILHELM WILKE, TRANSPORTUNTERNEHMER
IN DER KAISERSTRASSE 92 — 199

PAUTKE, KIRCHENWEG NR. 9: MILCHLADEN, LEBENSMITTELGESCHÄFT,
SB-MARKT, MINERALWASSERFABRIK, EISLADEN UND SAHNEGROSSHANDLUNG — 201

DIE GASTWIRTSCHAFT BRUHN AM MÜHLENTEICH — 205

DER KIELER SCHLACHTHOF — 206

DIE STRASSE NACH PREETZ UND DORTIGE ANLIEGER — 210

GAARDENER BIER — 212

ALLGEMEINER KONSUMVEREIN FÜR KIEL UND UMGEBUNG UND
KONSUM-ZENTRALE KIEL-GAARDEN (1913–1970) — 214

AN DER ECKE PREETZER STRASSE UND ELISABETHSTRASSE:
KIELER KNACKER, DER SCHROTTHANDEL, DAS NORDDEUTSCHE ECHO
UND DIE SACHE MIT HELGOLAND — 219

DER REEPSCHLÄGER UND DIE REEPERBAHN:
DIE GESCHICHTE EINER ALTEN GAARDENER FAMILIE — 222

DIE GAARDENER EISENGIESSEREI UND MASCHINENFABRIK:
VOLLERT & MERKEL IN DER PREETZER STRASSE NR. 50 — 224

ALEXANDER HOLLANG, DER LEITER DER GAARDENER STADTREINIGUNG — 226

DIE FISCHRÄUCHEREI HINTER DEM ILTISBUNKER — 229

ZUR KRUPPSCHEN BIERHALLE IN DER PREETZER STRASSE 52 — 230

DER KLEINE LADEN VON ANITA UND HERBERT PFAFF — 231

„GOLDEIMER" — 233

DER WEG DURCH ALLE WIRRUNGEN DER ZEIT BIS ZUR
HELMHOLTZSTRASSE AN DIE ECKE ILTISSTRASSE: BLUMEN-BICHEL — 235

DIE SCHLACHTEREI KARL MÖBITZ IN DER ILTISSTRASSE NR. 31:
SEIT GENERATIONEN QUALITÄT AUF HÖCHSTEM NIVEAU   238

DER SCHWARZMARKT IN DER ILTISSTRASSE   243

VON DER ILTISSTRASSE ZUM KIRCHENWEG:
ALLE HUNDERT METER EIN FRISEUR!   245

SO TYPISCH FÜR SEINE ZEIT:
HERBERT DIESENBERG, DER FRISEUR IN DER ILTISSTRASSE NR. 45   248

ILTISSTRASSE NR. 30–32: FRISEURSALON PASCOLETTI   253

STOLPERSTEINE FÜR FAMILIE COHN, ILTISSTRASSE 36   254

DAS MILCHGESCHÄFT VON FRANZ HORSTMANN IN DER ILTISSTRASSE NR. 54   255

VOM VOLKSEMPFÄNGER ZUM FARBFERNSEHER: DAS ELEKTRO- UND
RADIOGESCHÄFT BÖTTCHER IN DER ILTISSTRASSE NR. 46   258

DIE SCHAUSPIELERFAMILIE VAHL   261

GAARDENER GASTHOF-HISTORIE: „DREGER"   263

DER KRIEG IN DER ILTISSTRASSE: DIE BOMBEN UND DER BUNKER   267

NAMENSREGISTER   273

STRASSENREGISTER   278

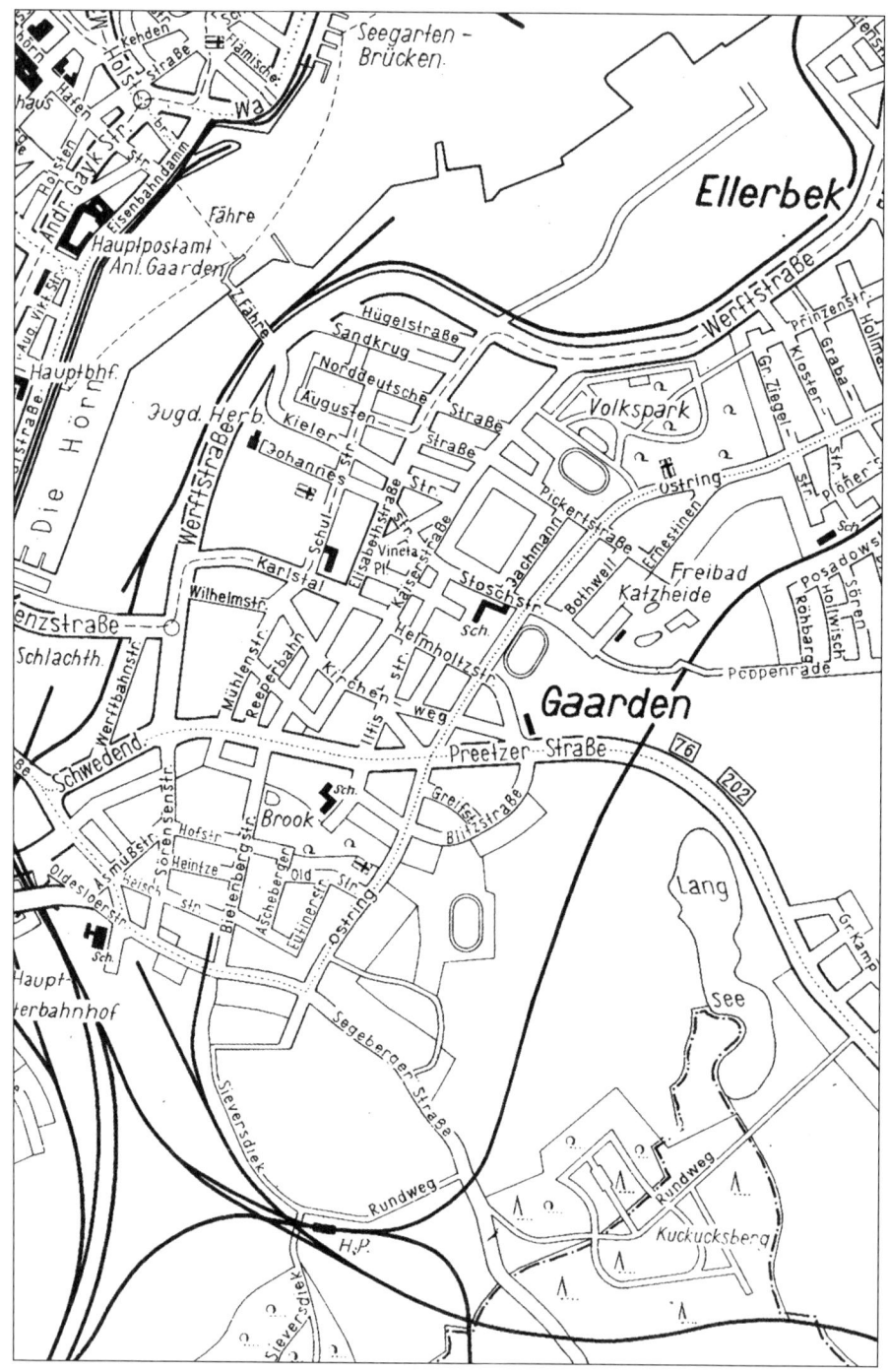

ABB 1 | Ausschnitt vom östlichen Gaarden des Kieler Stadtplans, um 1970

ABB 2 | Blick von „Fürstlich-Gaarden" auf „Klösterlich-Gaarden" und über die Hörn auf die Stadt Kiel, um 1850. Lithographie/Privatsammlung

Aus der Geschichte des Kieler Stadtteils Gaarden

Um das mittelalterliche Kiel herum lag ehemals eine Reihe von Dörfern, die heute Kieler Stadtteile sind. Zwei tragen heute den Namen Gaarden: Gaarden-Süd und Gaarden-Ost. Als beide Gaarden noch nicht eingemeindet waren, sprach man von Gaarden-Süd als dem „Fürstlichen Gaarden" und von Gaarden-Ost als dem „Klösterlichen Gaarden". Gaarden-Ost gehörte dem Kloster Preetz, Gaarden-Süd jedoch den holsteinischen Herzögen. Die Grenze zwischen den beiden Gaarden verlief am Mühlenbach, der noch heute durch den Brook fließt, zuletzt aber unterirdisch in den Hafen mündet. Diese Zwillingsdörfer hatten früher einmal ihre eigenen Namen. Gaarden-Süd hieß Wulvesbrooke (Wulfsbrook) und Gaarden-Ost hieß Hemminghestorpe. Dieses ist älter als Wulvesbrooke, denn es wird schon 1232 unter den Dörfern des Klosters Preetz genannt, Wulvesbrooke aber nicht. Erst im Jahr 1402 hören wir von Wulfsbrook, dem Gaarden-Süd. In jenem Jahr verkaufte der Ritter Marquard Wulff dem Rat von Kiel und dem Haus St. Georgius (St. Jürgen) das „Gudt und Dorp to dem Wulvesbrooke by dem Kile". Das St. Georgenhaus mit der St. Georgskapelle lag da, wo heute der neue Parkplatz des Bahnhofs angelegt ist und wo früher die St.-Jürgen-Kirche stand. So wurde Gaarden-Süd 1402 eines der 16 Stadtdörfer, die Kiel bis zum Jahre 1667 besaß.

Woher der Name Gaarden stammt ist nicht eindeutig festgestellt. Steckt in ihm das Wort Garten, so ist es möglich, dass der Ort nach den Hopfengärten benannt ist, die sich hier im Mittelalter befanden. Vielleicht ist der Name viel älter und stammt noch aus einer Zeit, als die Wenden bis in die Kieler Gegend vordrangen. Dann könnte er sowohl „eingefriedete Siedlung" als auch „Siedlung am Berg" (gora = Berg) bedeuten. Im ehemaligen Dorf Gaarden (Süd) lagen die Häuser des Dorfes und des Gutes an der Alten Lübecker Chaussee, und zwar zu beiden Seiten von der Vereinsbäckerei, die seinerzeit am Bahnübergang in der Straße am Brook lag, bis zur Einmündung in die Sörensenstraße.

Das Gut oder der Hof lag am heute zugeschütteten Mühlenteich, eine Wassermühle befand sich gleich jenseits der Lübecker Chaussee. Sie lag aber schon auf dem Gebiet des „anderen" Gaarden. Später wurde aus der Wassermühle eine Windmühle, und diese stand am Ende der Mühlenstraße. An das Gut und diesen Hof erinnern noch heute die Namen „Hofstraße" und „Hofteich".

Beide Dörfer gingen zugrunde. Ursprünglich lag die Feldmark des Fürstlichen Gaarden als ein geschlossenes Gebiet am Hafen und auf den Höhen vor dem Südende des Hafens. Als aber die erste Eisenbahn Kiel-Altona von 1844 gebaut wurde, zerschnitt sie das bisher einheitliche Gebiet in zwei Teile, einen östlichen und einen westlichen. Dieser Einbruch wurde immer mehr verbreitet und ganze Geländeteile dem Güterbahnhof zugeschlagen. Trotz allem hätte das Bauerndorf wohl überleben können, wenn es nicht so nahe der Großstadt Kiel gelegen hätte. So wurde um die Jahrhundertwende aus dem Dorf ein Vorort mit städtischer Bebauung. Die Bauern verkauften ihre Besitzungen, und bald schon erinnerte nichts mehr an das alte Bauerndorf. Auch das Klösterliche Gaarden ging als Bauerndorf zugrunde, sogar viel früher als das andere Gaarden. Seine Eingemeindung nach Kiel erfolgte schon 1901. Das hatte seinen Grund in der günstigen Lage des Dorfes und seiner Feldmark am Kieler Hafen. Der südliche Uferteil des Dorfes wurde beim Bau der Werften teilweise zur Auffüllung der Hörn benutzt. Vom alten Bauerndorf, das 1286 aus 10 Hufen, 4 Katen und einer Mühle bestand und 1870 noch 8 Hufner und 6 Katen, davon 3 ohne Land, hatte, ist nichts mehr geblieben. Das heutige Gaarden-Ost, auf den Höhen östlich des Hafens gelegen, ist fast eine reine Wohnsiedlung und ursprünglich für die Angehörigen der Werften erbaut. Der Mittelpunkt dieses Ortsteils wurde und ist auch heute noch der Vinetaplatz.

ABB 3 | Schönberger Straße (heute Werftstraße) mit Stöltings Teich in „Klösterlich-Gaarden", um 1867. Foto G. Renard/StaK

ABB 4 | Gaardener Mietshäuser, Ansichtskarte um 1905. Privatsammlung

Wirtschaftlicher Wandel

Die Lage am Wasser wurde den beiden ursprünglichen Bauerndörfern in der zweiten Hälfte des 19. Jahrhunderts zum Schicksal, und die Geschichte der beiden Gaarden ist eng verbunden mit der Entwicklung des Schiffbaus auf dem Ostufer der Förde. Die Landstraße nach Schönberg, die ehedem unmittelbar am Hafen entlangführte, wurde mehr landeinwärts verlegt, um der Anlage der „Kaiserlichen Werft" Platz zu machen. Innerhalb kürzester Zeit entstanden Reihenhäuser und Mietskasernen an der Hügel-, Augusten- und Kieler Straße sowie am Karlstal. Die Bevölkerungszahl im Klösterlichen Gaarden wuchs bis 1900 auf 14.000 und ist auf den Auf- und Ausbau der Werften zurückzuführen. Nach der Jahrhundertwende und der Eingemeindung nach Kiel stieg diese Zahl weiterhin kräftig. Die Johannes-, Wikinger- und Medusastraße wurden bebaut, und im Jahr 1903 entstand der Vinetaplatz. An diesem Platz siedelten sich, noch bevor auch Fürstlich Gaarden eingemeindet wurde und Kiel mehr als 211.000 Einwohner zählte, Fachgeschäfte an, die neben dem Wochenmarkt, der seit 1907 betrieben wird, Kundenströme anlockten.

Im Klösterlichen Gaarden befand sich die Schlosserei, Schmiede und Dreherei von Prey, dem Vorläufer der heutigen Firma Rudolf Prey. Die Mühle und Brotfabrik Jensen sowie die Fischräucherei von Ivens sind ebenfalls zu erwähnen. Im Jahr 1891 entstanden an der Preetzer Straße die Gaardener Eisengießerei Vollert & Merkel und eine kleine Bierbrauerei von Hamann. Bereits 1870 wurde in Gaarden die Firma Steffen Sohst gegründet, die maßgeblich am Bau der Kaiserlichen Werft und der Germaniawerft beteiligt und weit über die Grenzen Deutschlands bekannt war. Bis zum Konkurs unterhielt diese Wasserbaufirma sogar eine kleine Werft für den Eigenbedarf. Im Fürstlichen Gaarden standen mehrere größere Holzhandlungen und Sägereien sowie das Ziegelwerk von Blessmann. An der Lübecker Chaussee befand sich das Kraftwerk der Baltischen Elektrizitätsgesellschaft, die bis zum Jahr 1910 tätig war. Die Meierei „Eichenhain" am Vieburger Gehölz ist ebenso zu erwähnen wie die 1891 erbaute Vereinsbäckerei Gaarden an der Lübecker Chaussee, deren altes Gelände wieder einer anderen Verwendung zugeführt wurde.

Gaarden im 20. Jahrhundert

Unaufhaltsam hatten Technik und Wirtschaft die einst so beschauliche Idylle beider Bauerndörfer zerstört. Als sich in der Blütezeit des Dorfes „Fürstlich Gaarden" die damalige Gemeindevertretung einer Eingemeindung nach Kiel nicht weiter ver-

ABB 5 | Blick auf den Gaardener Ortskern von Osten, Holzstich (Ausschnitt) in der Leipziger „Illustrirten Zeitung", um 1895. Privatsammlung

ABB 6 | Kleinbahnhof an der Dietrichstraße, um 1912. Ansichtskarte. Sammlung Wolfgang D. Kuessner

schließen konnte, brachte es ein für damalige Verhältnisse prächtiges Rathaus, eine neue, moderne 1908 erbaute Knaben- und Mädchenschule, die später den Namen „Akademieschule" und nach dem Krieg den Namen „Fröbelschule" trägt, sowie die alte Schule von 1879 am Wellseer Weg, sogar ein Elektrizitätswerk und eine bis dahin gut funktionierende Gemeindeverwaltung mit in die „Ehe". Es sollte auch nicht vergessen werden, dass ein stattlicher Kleinbahnhof (Kiel-Schönberg und Kiel-Segeberg) mit einem liebevoll davor angelegten Joachimspark mit dem großen Joachimsstein ebenso vorhanden war, sowie eine große Brauerei (Sternbrauerei) und die Gärtnereibetriebe der Brüder Brammer im Sieversdiek und von Kreutzfeld an der Segeberger Straße. Für Festlichkeiten und Entspannung boten sich der „Schützenhof", der „Hopfenkrug", „Dreis Gasthof", „Krusenrott" und die „Karlsburg" an, nur um einige zu nennen, die zum Teil mit schönen, baumbestandenen Kaffeegärten ausgestattet waren.

Selbst an ein „Armenhaus", eine Wohnstätte für ältere Menschen hatte man gedacht. Es stand bis zum Jahr 1938 an der Oldesloer Straße. Am Eingang zum Vieburger Gehölz stand auf einer Anhöhe die private „Irrenanstalt Hornheim" der Herren Horn und Heim. Von hier hatte man einen schönen Ausblick auf die gesamte Förde, bevor Wohnhäuser die Sicht verdeckten.

Vieles ließe sich noch aufzählen, was damals vorhanden war und zu einem geordneten Gemeinwesen gehörte. So entstand am Wellseer Weg eine für die damalige Zeit verhältnismäßig große Feuerwache, die nach dem letzten Krieg noch als Feuerwache Ost von der Kieler Berufsfeuerwehr benutzt wurde. Hier kreuzt heute die Friesenbrücke eine der stark befahrenen Kieler Straßen.

Der Erste Weltkrieg hatte noch keine wesentlichen Spuren an den Werft-, Industrie- und Wohnanlagen hinterlassen, dafür machten sich aber Inflation und die folgende große Arbeitslosigkeit bemerkbar, von der beide Stadtteile Gaarden wegen ihrer überwiegenden Arbeiterbevölkerung betroffen waren. Die Wirtschaft war stark angeschlagen und lag zum Teil völlig darnieder.

Durch die vielen Luftangriffe während des Zweiten Weltkriegs wurde Kiel zu einer Ruinenstadt. Von Juli 1940 bis Mai 1945 fielen insgesamt ca. 44.000 Sprengbomben, rund 900 Luftminen und ca. 500.000 Brandbomben auf das Stadtgebiet. Es gab 633 Mal Alarm, denen ein Angriff folgte. An nur einem Tag, am 26. August 1944, wurden rund 1.000 Sprengbomben, ca. 100.000 Brandbomben und

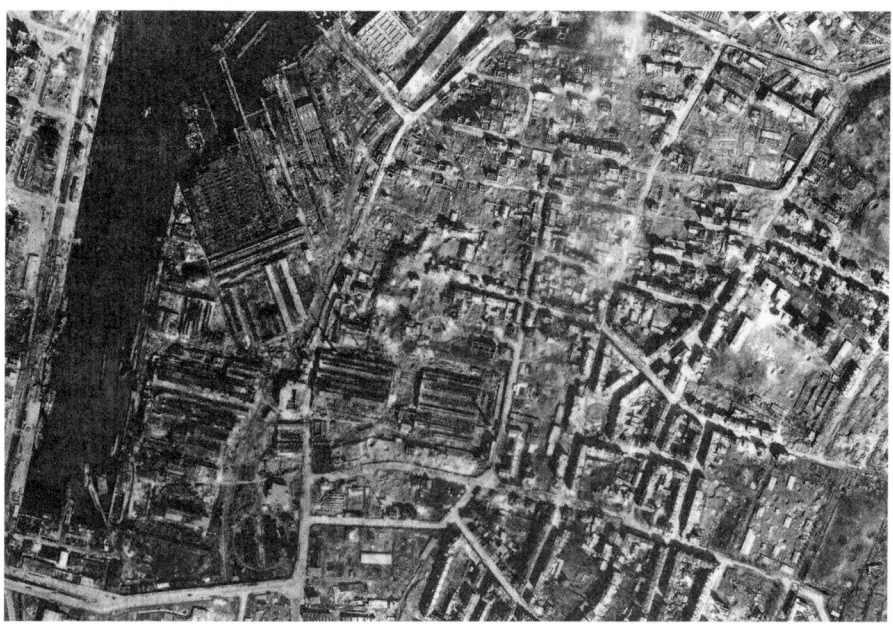

ABB 7 | Gaarden am Ende des Zweiten Weltkriegs, Luftaufnahme eines amerikanischen Aufklärungsflugzeugs vom 4. April 1945. Foto StaK

etwa 300 Luftminen auf Kiel abgeworfen, die fast 150 Menschen das Leben kosteten.
Die Werften und die umliegenden Industriebetriebe wurden fast völlig zerstört. Durch die Zerstörung von fast 80 % aller Wohneinheiten wurde die Zivilbevölkerung am härtesten betroffen. Kiel wurde den Engländern am 4. Mai 1945 kampflos als Trümmerhaufen übergeben. Wer jetzt glaubte, der Krieg sei zu Ende, hatte zwar Recht, aber die Schwierigkeiten sollten sich noch nachhaltig steigern.
Schon am 6. April 1946 rief die Stadt neben dem Einsatz von kommerziellen Firmen zum „ehrenamtlichen Aufräumdienst" auf, um den Neu- und Wiederaufbau in Angriff zu nehmen. Das Ergebnis war eindrucksvoll. In den Jahren 1946 bis 1950 griffen über 120.000 Helfer zu Schaufel und Picke. Sie demonstrierten den Geist, der buchstäblich Berge versetzen ließ, und zeigten, dass Kiel nur durch das Zusammenstehen und die gemeinsame Arbeit aller so zügig wiedererstehen konnte. Die sich anschließende Trümmerverwertung lieferte über 63 Millionen Ziegelsteine für die Wohnungsinstandsetzung. Fenster und Türen wurden, wie schon zu wiederholten Malen, mit Pappe und Holzstücken hergerichtet und sahen durch die vielen Farben äußerst bunt aus. Viele wühlten im Schutt nach Holz oder Eisenteilen, womit man die Wohnungen und Häuser ausbessern konnte. Jedes ergreifbare Baumaterial war wertvoller als je zuvor. Tag und Nacht rollten die schweren mit Trümmerschutt beladenen Lastwagen aus allen Richtungen der Stadt durch die Straßen, um die Last in den Hafen zu kippen und an anderen geeigneten Stellen abzuladen.
Trotzdem waren im strengen Winter 1946/47 über 1.500 Häuser mit fast 40.000 Bewohnern noch ohne genügende Bedachung. Vor allem fehlte es aber an Bekleidung für die Kinder. Viele können sich an diese Zeit noch genau erinnern, wie so mancher im Winter keine Strümpfe trug oder undichte Schuhe hatte. Die Kinder waren froh, Schulspeisung zu bekommen, auch wenn davor der Lebertran geschluckt werden musste.
Auch das Verkehrswesen lag am Kriegsende völlig darnieder. Es standen der Straßenbahn anfangs nur noch 28 Trieb- und 39 Beiwagen zur Verfügung, in die die Kieler ab dem 21. Juli 1945 in Massen drängten. Es war eine Tortur für Fahrgäste und Personal, die täglich überstanden werden musste. Notdürftig reparierte, überfüllte Wagen holperten über geflickte Schienen und häufig hingen Menschentrauben gefährlich auf den Trittbrettern. Dieses Bild besserte sich erst mit dem Verschwinden der wertlosen Reichsmark. Auch der Busverkehr lag im Argen und hatte Mühe, die sich um die Förde hinziehenden Ortsteile mit ihren Randgebieten zu bedienen. Hier lebten viele Ausgebombte und Flüchtlinge, und auch etliche „Butenkieler",

ABB 8 | Blick über die demontierten Schiffbauanlagen der Germaniawerft auf die Kieler Innenstadt, 1950. Foto F. Magnussen/StaK

etwa 10.000, pendelten jeden Tag zu ihren Arbeitsplätzen hin und her. Trotz Strommangels gelang es im Juli 1945, wenigstens für ein paar Stunden am Tag mit wieder flott gemachten Oberleitungsbussen über Gaarden nach Elmschenhagen und zurück zu fahren. Der Fährverkehr Kiel-Gaarden wurde am 7. Februar 1947 als Notbehelf wieder aufgenommen.

Was geschah mit dem Handel und Handwerk in Gaarden? Es sah genauso traurig aus wie überall. Der schwarze Markt blühte in jenen Tagen, wobei sich die Zigarette zur stabilsten Währung entwickelte. Ein Paar Damenstrümpfe kostete etwa 200,- RM, ein Paar Schuhe 800,- RM. Am 3. November 1945 fand eine große Polizeirazzia auf dem schwarzen Markt in der Iltisstraße statt. Es war ein schwarzer Tag. Einige hundert Bürger wurden festgenommen. In der Zeit bis zur Währungsreform am 20. Juni 1948 gab es für die Kieler vor allem vier Requisiten: den Rucksack, den Kartoffelsack, den Handwagen oder den Blockwagen.

Das Handwerk bemühte sich, soweit Baumaterial vorhanden war, einige notdürftige Arbeiten auszuführen, soweit Arbeitsgerät und -material vorhanden waren. Das Baumaterial unterlag der Zuteilung, genau wie die Lebensmittel, die ebenfalls der Bewirtschaftung unterlagen.

Der Einzelhandel begann mit vielen Schwierigkeiten, die Bevölkerung mit dem Notwendigsten zu versorgen. Wo manche Ware damals herkam, ist heute noch ein Geheimnis. Die ersten Kinos öffneten im August 1945, der Andrang war sehr groß. Der Horst-Wessel-Park wurde in Werftpark umbenannt. Alle arbeitslosen Bürger und Bürgerinnen wurden zum Aufräumdienst und zur Trümmerbeseitigung aufgerufen.

Die Engländer hatten am 15. August 1945 Rechtsanwalt Max Emcke als Oberbürgermeister eingesetzt. Es fanden die ersten öffentlichen Versammlungen der SPD, der CDU und der KPD statt. Im April 1946 gab es wieder Tageszeitungen: die Kieler Nachrichten, die Schleswig-Holsteinische Volkszeitung und das Norddeutsche Echo. Am 13. Oktober fand die erste Kommunalwahl in Kiel statt. Die Stadtvertreter wählten Andreas Gayk zum Oberbürgermeister und Walter Breitenstein zum Bürgermeister. Der Wohnungs- und Straßenbau sollte jetzt im Rat Vorrang haben. Von 1955 an begann das verstärkte Bauen in Gaarden. Zum neuen Gesicht im Stadtteil gehören die Johanneskirche und später die Jugendherberge sowie die Schwimmhalle auf dem „Johannesberg", das Hochhaus auf der „Wilhelminenhö-

ABB 9 | Wiederaufbau mit Trümmersteinen, Ecke Preetzer Straße/Ostring, 1951. Foto F. Magnussen/StaK

he", heute ein Seniorensitz im Sandkrug. Es entstanden nicht nur Kaufhäuser und Geschäfte, sondern auch Wohneinheiten, die sich mit den markanten Bauten und den Parkanlagen gut verbinden ließen. Die Grün- und Parkanlagen lockern den Stadtteil Gaarden immer wieder auf, wie z.b. die Schwarzlandwiese mit dem Kuckucksberg im Hintergrund, die Parkanlage zum Brook mit dem Mühlenteich und dem Werftpark – eine der schönsten Parkanlagen.

Im selben Jahr war auch die Einweihung der Markuskirche und des Gaardener Kaufhauses. Auch in den Jahren 1957/58 wurde die Bautätigkeit vorangetrieben. Es entstand der Kugelgasometer der Stadtwerke am Ostring. Der Nachkriegsschulbau begann mit der Errichtung der Hans-Christian-Andersen-Schule. Der Betriebshof der Straßenbahn an der Werftstraße wurde seiner Bestimmung übergeben.

Im März 1959 fiel der Startschuss zum Ausbau des Ostrings. Die Ruine des im Zweiten Weltkrieg zerstörten Werfterholungshauses im Volkspark wurde abgebrochen und die Grundmauersteine des ehemaligen Festsaals für die Mauern des neuen Spielplatzes verwendet. Ein neues Versammlungshaus entstand an gleicher Stelle. Der Saal wurde ab 1949 zunächst als Kino von dem Lichtspielhausbetreiber Ernst Schröder betrieben. Danach fanden in dem Saal Veranstaltungen vieler Gaardener Vereine statt. Nach einem Umbau wurde das bisherige Versammlungshaus in einer Feierstunde seiner neuen Bestimmung als „Haus der Jugend Gaarden" und erstes einheitliches Jugendheim in Kiel übergeben.

Am 26. November 1960 gab es den ersten verkaufsoffenen Sonnabendnachmittag. Der damalige Kommunalverein setzte sich immer wieder für die Belange des Stadtteils Gaarden ein und hatte durch seine langjährige damalige Stadträtin Ida Hinz sehr gute Unterstützung. Es ging immer wieder um die Sanierung des Vinetaplatzes und um die Schaffung eines wirtschaftlichen und kulturellen Zentrums. Diese Planung begann 1950 durch den Architekten Brockstedt senior und fand 1956 die Zustimmung der Allgemeinen Kommunalvereine. Die Neugestaltung der Elisabethstraße zwischen der Johannes- und Augustenstraße wurde am 2. Dezember 1961 beendet.

Die Entwicklung der Werften war nicht aufzuhalten. Sie wurden immer größer, moderner, technisch hochentwickelter. Von ihrer Blütezeit sprechen die älteren Zeitgenossen noch heute als der „schönsten Zeit in Gaarden". In den frühen 1960er Jahren lagen die Onassis-Tanker „Olympic Challenger" und „Olympic Champion" am Ost-ufer der Hörn, direkt neben der Gaardener Anlegebrücke. Hier hatte die Ostsee an der Spundwand etwas feinen Sand abgelagert. Es sah aus, wie ein kleines Stückchen Strand. Nur die ganz mutigen Gaardener Jungs sind hier zum Schwimmen gegangen – das war verboten. Aber welch ein Abenteuer: einmal ganz um die mächtige Schiffsschraube herum bis an den Bug der riesigen Tanker und wieder zurück zu schwimmen. Es gab keinen Monat, in dem nicht eine Taufe, ein Stapellauf oder die Übergabe eines Schiffes bei HDW gefeiert wurde. Am 28. September 1963 fand die 125-Jahr-Feier der Howaldtswerke statt. Nachmittags war der Stapellauf des griechischen Turbinentankers „Jagranda", des größten je an der Förde gebauten Schiffes.

In den ehemaligen Karlstal-Lichtspielen, in denen sich zwischenzeitlich ein Discounter befand, wurde im Februar 1964 das Tanzlokal „Star-Palast" eröffnet. Und im selben Jahr wurde für die Schwimmhalle auf dem Johannesberg der Grundstein gelegt.

Der wirtschaftliche Schwerpunkt der beiden Gaarden verlagerte sich immer mehr in den klösterlichen Teil nach Gaarden-Ost. Viele Betriebe wie Holzhandlungen, Gärtnereianlagen, Handwerks- und Fuhrunternehmen, Meiereien und Einzelhandelsgeschäfte verschwanden aus dem fürstlichen Teil von Gaarden. Im Zuge des Ausbaus der Verkehrsadern und nach Einstellung der Kleinbahnlinien nach Segeberg und Schönberg fiel der Kleinbahnhof, nach dem Krieg als „Bahnhof Kiel-Süd" bezeichnet, der Spitzhacke zum Opfer. Damals kümmerte sich kein Denkmalschützer um die Erhaltung dieses Gebäudes. Gleichzeitig wurde der Joachims-Park auf ein Drittel seiner vorherigen Größe dezimiert. In der einst so belebten Bahnhofstraße schloss ein Geschäft nach dem anderen. Die Straße, die für Fürstlich-Gaarden so wichtig war wie die Elisabethstraße für das „andere" Gaarden, verlor ihr Gesicht.

Die Altbausanierung begann. Es wurden WC-Anlagen und Bäder in Treppenhäuser gelegt oder in die Wohnungen eingebaut, denn noch bis zum Ende der 60er Jahre hatte manches Haus die „Goldeimer" in den Kellern. Durch viele Untersuchungen und Gutachten bekam das fertiggestellte Sanierungsgebiet sein Gesicht. Dieses wurde im Jahr 1972 von der Ratsversammlung festgelegt und 1974 vom Innenminister des Landes rechtskräftig bestätigt. Es dauerte noch fast vier Jahre bis zum Baubeginn 1978. Zur gleichen Zeit wurde die Modernisierung der Altbauten von privater Seite vorangetrieben, sodass das „Dorf Gaarden" ein sehr schöner und lebendiger Stadtteil geworden war. Bis sich mit Beginn der 1980er Jahre eine gänzlich andere Veränderung ihre Bahn brach.

Zur Geschichte der Gaardener Werften

Wie überall an der Küste ist hier aus kleinen Anfängen mit dem Bau von Holzschiffen begonnen worden. Die Schiffszimmerleute waren gesuchte Handwerker. In unmittelbarer Nähe des Wassers hatten sie ihre kleinen Werften mit den Hellingen, auf denen der „Kiel gestreckt" und das Schiff aus Spanten und Planken, aus Bohlen

ABB 10 | Vor dem Stapellauf des Frachtdampfers „Cassius" auf der Norddeutschen Werft, Holzstich, 1881. StaK

und Masten gefertigt werden konnte. Aber auch die schnelle und sachgemäße Ausbesserung beschädigter Schiffe war wichtig. Die meisten Werften waren auf dem Westufer und in Ellerbek tätig. Auf Gaardener Gebiet unterhielt Theodor Christian Bruhn seit 1863 einen kleinen Schiffbaubetrieb. Er ging 1867 an die „Norddeutsche Schiffbau-AG" über, die den Betrieb zügig zu einer modernen Eisenschiffswerft ausbaute. Sie lieferte zwischen 1868 und 1877 insgesamt 81 Neubauten ab, für die zeitweise über 1.000 Arbeiter tätig waren.

ABB 11 | Panorama-Aufnahme der Germaniawerft mit den vier charakteristischen verglasten Hellingen, um 1910. Foto StaK

Nachdem die Werft durch verschiedene Hände gegangen war, pachtete sie 1896 der Essener Krupp-Konzern, der sie dann endgültig 1902 kaufte und großzügig ausbaute. Dieser Erweiterung mussten die alten Bauernstellen weichen, als die Werft ihren Betrieb in die Hörn hinein verlegte, nachdem zwischenzeitlich fast ihr gesamtes altes Gelände von der Kaiserlichen Werft übernommen worden war. Bis 1945 ist hier vom kleinsten U-Boot bis zum größten Handels- und Kriegsschiff fast alles gebaut worden, darunter ein Versuchsprojekt Anton Flettners, der ein „Segelschiff ohne Segel" konstruiert hatte. Die an der Stelle der Masten stehenden Rotoren sollten durch ihre mit Windkraft verursachte Drehung das Schiff vorwärtsbringen. Es ist tatsächlich gefahren. – Heute entsteht auf dem Gelände der im Zweiten Weltkrieg völlig zerstörten und 1945 von den Briten geschlossenen Werft und einer gewerblichen Zwischennutzung ein ganz neuer Teil von Gaarden.

Auf dem Gelände des alten Fischerdorfes Ellerbek, das Stück für Stück weichen musste, entstand auf einem 1868 erworbenen Gelände die spätere „Kaiserliche Werft", die es als Marinewerft im Verlauf von 50 Jahren bei Kriegsende 1918 auf eine Belegschaftsstärke von rund 23.000 Mitarbeitern brachte. Nach einer erzwungenen Konversion hieß sie, wie bereits erwähnt, zunächst „Reichswerft" und firmierte dann 1925 als „Deutsche Werke Kiel A.G." Ihr Gelände lag nach den Bombenangriffen während des letzten Krieges und der von den Briten betriebenen Entmilitarisierung nach Kriegsende lange Zeit verwüstet da. Alle Bemühungen und Protestdemonstrationen deutscherseits zur Erhaltung der Schwerindustrie auf dem Ostufer blieben erfolglos. Die Spengungen gingen dort bis 1950 weiter, und die

Stadt konnte nur erreichen, dass schon Mitte 1946 der Aufbau einer Leichtindustrie auf dem Ostufer genehmigt wurde. So konnten sich hier zeitweilig bedeutende Firmen der Textilindustrie (Juneva, Tilly) oder beispielsweise eine Kunstblumen- und Brautkränzefabrik aus dem Osten und einige weitere mittlere und Kleinbetriebe ansiedeln, bis der Schiffbau nach Gaarden zurückkehrte und Howaldt mit seinem zweiten Standbein das alte Industrieareal übernahm.

Bereits 1865 hatte der Ingenieur Georg Howaldt, Sohn des Mitbegründers der Firma Schweffel und Howaldt, zunächst in Ellerbek eine kleine Werft gegründet. Doch diese musste schon nach wenigen Jahren dem Ausbau der preußischen Marinewerft weichen. 1876 machte sich Georg Howaldt mit einer neuen Werft in Dietrichsdorf an der Schwentinemündung selbstständig. 1883 wurde auch die Maschinenfabrik der Gebrüder Howaldt, vormals Schweffel und Howaldt, von Kiel nach Dietrichsdorf verlegt. Beide Unternehmen vereinigten sich 1889 zu den Howaldtswerken. Schon um die Jahrhundertwende galten sie als „bedeutende deutsche Schiffswerft", die 390 Schiffe gebaut hatte, darunter 18 Dampfer zwischen 2.000 und 3.000 tons, 18 weitere Dampfer zwischen 3.000 und 6.000 tons und 9 zwischen 6.000 und 11.000 tons. Schon 1911 begann bei Howaldt das Dieselzeitalter, als das zweite Motorschiff der Welt, „Monte Penedo", die Werft verließ.

Der für Deutschland verlorene Erste Weltkrieg und der Versailler Friedensvertrag brachten für die Kieler Wirtschaft allgemein und die Werften insbesondere eine äußerst schwierige Situation. Nach der Inflation von 1923 und ihren Nachwirkungen konnte Howaldt nur noch gerettet werden, indem der Hamburger Kaufmann und

Reeder Heinrich Diederichsen die Werftanlage 1926 erwarb und als „Howaldtswerke Aktiengesellschaft" reorganisierte. Mit dem Kauf der Schiffswerft und Maschinenfabrik AG bauten sich die Howaldtswerke ab 1929 ein Standbein in Hamburg auf. Zwar konnte der Betrieb 1930 noch zehn Fischdampfer für die Sowjetunion bauen, aber die Auswirkungen der Weltwirtschaftskrise brachten die Werftarbeit praktisch zum Erliegen. 1931/32 beschäftigte die Werft nur etwa 300 Leute gegenüber 1.800 im Jahr 1928. 1936 baute Howaldt den ersten schwimmenden Flugzeugstützpunkt für den transatlantischen Luftpostverkehr der Lufthansa, das Katapultschiff „Ostmark". 1937 übernahmen die Deutschen Werke das gesamte Aktienpaket der Howaldtswerke AG und stellten sie ganz in den Dienst der NS-Rüstungsproduktion.

Nach 1945 entging Howaldt als einzige der Kieler Großwerften der endgültigen Schließung und erhielt im August 1946 von der Britischen Militärregierung die Genehmigung für Schiffsreparaturen. Sie weitete sich nach Gaarden aus und profitierte von der international einsetzenden Nachfrage im Schiffbau, nachdem die alliierten Beschränkungen 1951 endgültig aufgehoben worden waren und 1954/55 das weitläufige Betriebsgelände der ehemaligen Deutschen Werke in Gaarden übernommen werden konnte. Der Wiederaufstieg der Howaldtswerke nach dem Zweiten Weltkrieg trug nicht unwesentlich dazu bei, dass das „Wirtschaftswunder" auch in Kiel ankam. Hatte man mit Tankern, Walfangmutterschiffen und Fischfabrikschiffen begonnen, setzte 1953 der 46.000-Tonnen-Tanker „Olympic Challenger", den der griechische Großreeder Aristoteles Onassis in Auftrag gegeben hatte, neue Maßstäbe. Eine ganze Tankerflotte folgte. 1953 arbeiteten bei Howaldt schon wieder 9.600 Beschäftigte an 26 Schiffen, der Auftragsbestand reichte bis zum Jahr 1955, 1960 umfasste die Belegschaft rund 13.000 Mitarbeiter. 1968 wurde hier der Atomfrachter „Otto Hahn", eines der wenigen zivilen Atomschiffe der Welt, gebaut. HDW, 1967 hervorgegangen aus einem Verbund mit Hamburger Werften, konzentrierte sich auf den Standort in Kiel-Gaarden und präsentierte sich 1990 als eine der modernsten Werften in Europa, effektiver und rationeller denn je. Aber die mit Regierungsgeldern unterstützte Schiffbauindustrie in Fernost sorgte mit Dumpingpreisen dafür, dass der Schiffbau in Europa in die Krise geriet. Davon blieb auch die HDW nicht verschont.

Zählte das Unternehmen am Anfang der 1980er Jahre mehr als 12.000 Arbeitnehmer, waren es 1990 noch 5.000 und 1995 schließlich nur noch 3.751 Mitarbeiter. Diese Entwicklung schlug sich auch direkt und schicksalhaft auf den Handel und Wandel im Stadtteil nieder.

Handel und Wandel:
Bekannt weit über Kiel hinaus - „Tante Minna"

Vom Gaardener Amüsierlokal mit besonderem Flair zum Hotel Runge Elisabethstraße Nr. 16

Mit dem Bau der Werften kamen auch die Gastwirte nach Gaarden. Einer der ersten war August Singelmann in der Elisabethstraße Nr. 16. Im Jahr 1904 kaufte Wilhelm Schnoor das Haus und die Gaststätte von Singelmann und machte daraus die „Restauration mit Destillation – Wilhelm Schnoor": Eine Gaststätte mit Stehbierhalle. In dem großen Eckhaus wohnten mit der sechsköpfigen Familie des Gastwirtehepaars auch noch weitere 25 Familien. Auf dem Hof war eine Waschküche, und in einem hinteren Teil des Gebäudes war die Schnapsdestillerie des Gastronomie-Unternehmens untergebracht. Als Wilhelm Schnoor sehr plötzlich schon 1909 starb und ihm im Jahr 1915 auch noch die Ehefrau und Mutter der Kinder folgte, soll-

ABB 12 | Gaststätte Wilhelm Schnoor, 1906. Foto privat/Hanne Löfgen

ABB 13 | Werftarbeiter auf dem Nachhauseweg in der Elisabethstraße, Ansichtskarte um 1910. Sammlung Wolfgang D. Kuessner

te die erst 17-jährige Tochter, Minna Schnoor, nicht nur das Lokal bewirtschaften, sondern sich auch noch um die drei Geschwister kümmern. Von denen hat zu dieser Zeit jede eine mittlere Reife absolviert, und sie lernten perfekt Klavier spielen.

Minna heiratete 1918 Karl Heermann, und 1921 wurde ihnen die Tochter Ilse geboren. Als Heermann 1929 starb, war Minna wieder mit ihrer Gaststätte und einem erst achtjährigen Kind allein. Sie konnte ihre Gastwirtschaft durch die Wirtschaftskrise mit dem berüchtigten „Schwarzen Freitag" bringen, und auch die nachfolgende Deflation überstand sie ebenso mit der finanziellen Hilfe ihrer Tante Dora. Die Aufrüstung im Dritten Reich bescherte den Arbeitern auf den Werften wieder ein gutes Einkommen. Sie kehrten nach Feierabend bei „Tante Minna" ein, tranken Bier, erzählten und feierten – freitags auch ausgiebiger.

Nach 25 Jahren Seefahrt kehrte im Jahr 1937 der Seemann Albert Runge in Minnas Bierlokal ein und blieb. Er heiratete 1938 die Wirtin, und 1939 wurde der Sohn Rolf geboren, der aber 1945 an Diphterie starb. 1941 war ihnen noch eine Tochter, Hanne Margarethe, geboren worden. Seit der Zeit mit Albert hat Minna auch das Lokal unter dem Namen Runge geführt.

Im Mai 1943 war einer der heftigsten alliierten Bombenangriffe auf Kiel. Ganze Straßenzüge fielen den Spreng- und Brandbomben zum Opfer. Zurück blieben nur noch Schutt und Trümmer. Im November 1944 wurden auch die Gaststätte und das große Eckhaus der Familie Runge in der Elisabethstraße Nr. 16 eine Ruine. Jetzt waren die Runges „ausgebombt", wie es zu dieser Zeit hieß, und die drei fanden vorübergehend in Schulensee eine „Einquartierung".

Nach der für alle sehr entbehrungsreichen Nachkriegszeit konnten die Trümmerräumung und der Wiederaufbau der Stadt beginnen. Nur langsam, verbunden mit sehr viel Mühe, Kreativität und mit professioneller Geschäftstüchtigkeit gelang es Minna Runge, das Lokal durch alle Wirren hindurch zu erhalten. Es ging aufwärts in Kiel und aufwärts mit Gaarden und der jetzt einzig übrig gebliebenen Howaldts-Werft. Die Gaststätte füllte sich mehr und mehr.

In der Mitte des Jahres 1947 kam die Tochter Ilse aus der ersten Ehe Minna Runges zur Hilfe mit ins Geschäft. Seit Anfang der 1950er Jahre wurden bei Howaldt wieder Schiffe gebaut, und bald feierten die Werftarbeiter freitags wieder ihren traditionellen „Lohntütenball" in allen Gaardener Gaststätten. Das Haus in der Elisabethstraße Nr. 16 wurde wieder aufgebaut, und die Gaardener Bier- und Grogstuben von Minna Runge erstrahlten bald in neuem Glanz.

Die Fernsehzeit hatte in Gaarden in den 1950er Jahren noch nicht begonnen. Die Leute gingen abends nach Feierabend nochmals durch die Straßen und trafen sich in den Gaststätten, die zu den Kommunikationszentren dieser Zeit wurden. Auch bei „Tante Minna" erzählten sich die Gäste ihre Sorgen und Nöte und tranken sich gegenseitig zu. Alltags war gemütliches Beisammensein und am Wochenende

ABB 14 | Der Tanz- und Vergnügungssaal in Runges Bier- und Grogstuben, 1959.
Foto privat/Hanne Löfgen

ABB 15 | Die Musiker Hans und Toni, 1958. Foto privat/Hanne Löfgen

wurde getanzt, gesungen und gefeiert. Eine Kapelle mit mindestens zwei Musikern spielte die aktuellste Schlager- und Tanzmusik ohne elektronische Verzerrung und noch gar nicht computerunterstützt.

Manch eine Verlobung wurde bei „Tante Minna" gefeiert. Aus dieser Lokalität ging niemand allein nach Haus. Das passiert sicherlich auch heute in den schicken Clubs der Yuppies, aber damals sahen es die bürgerlichen Gaardener wohl als eher anrüchig an, dabei gesehen zu werden, wie sie zu Minna Runge gingen, um sich zu amüsieren. Der Erfolg ihrer Amüsiergaststätte war vor allem der nahe gelegenen Werft und ihren Schiffsbesatzungen sowie den Werftarbeitern und den Betriebsangehörigen von Dr. Hell, genau gegenüber gelegen, zu verdanken.

Nach dem erfolgreichen Abschluss der Hotelfachschule kam die Tochter Hanne ins elterliche Geschäft zurück, und es entstand ein Anbau mit Hotel. Die Fertigstellung hat Albert Runge nicht mehr erlebt. Er starb 1968. Hanne heiratete 1964 den Mechaniker Paul Löfgen.

Minna Runge, die am 11.11.1898 in Gaarden zur Welt kam, hat stets am 11. November mit dem Start des Karnevals ihre Geburtstagsfeier verbunden. Es ging immer hoch her. Zu ihrem 75. Geburtstag im Jahr 1973 wurde das ganze Lokal unter dem Motto „Fischer-Karneval" mit Netzen und maritimer Dekoration ausgeschmückt. Die Gratulanten waren neben den Journalisten der lokalen Zeitungen selbstverständlich alle Stammgäste, einige Herren des 4. Polizeireviers, Brauereivertreter mit anderen Lieferanten, die Vorsitzenden vieler Vereine und ein Vertreter der Stadt. Das war wahrscheinlich einer der letzten Tage, an dem der Saal des Lokals richtig voll war. Im Laufe der 1970er Jahre veränderte sich das gesellschaftliche Leben, und damit wurde das Geschäft auch in den Gaststätten zunehmend schwieriger. Gerade die Bierkneipen, die wegen des freizeitlichen Ausgleichs und mit dem Gefühl des Frohsinns verbunden waren, wurden immer weniger besucht. Das Konzept des Gaststättenbetriebes von Tante Minna ging nicht mehr auf. Bald spielte nur noch am Samstagabend ein Alleinunterhalter zum Tanz für immer weniger Gäste. Die traditionsreiche Gaststätte „Gaardener Bier- und Grogstuben Runge" schloss im Jahr 1976 die Türen. Minna Runge lebte noch bis 1981.

Bis 1985 feierte in ihren Lokalitäten noch das spanische Zentrum seine Feste. Dann folgte ein ganz großer Umbau. Die Eingangstür der ehemaligen Gaststube wurde zugemauert und das kleine aber feine „Hotel Runge" mit nunmehr 30 Betten entstand, welches auch heute noch unter der Leitung von Hanne Löfgen und ihrem Mann Paul weit über die Grenzen Kiels hinaus einen besonders großen Bekanntheitsgrad und einen soliden Ruf genießt. Für „alte" Gaardener bleiben der Name „Tante Minna" und ihre besondere Gaststätte in diesem Haus unvergessen.

ABB 16 | Hotel Runge, 1990. Foto privat/Hanne Löfgen

ABB 17 | Hut-Schmidt Ecke Elisabethstraße/Augustenstraße, 1980. Foto privat/Ute Kiewitz

HUT-SCHMIDT: VON 1884 BIS 1989 – ÜBER 100 JAHRE AN DER ECKE ELISABETHSTRASSE UND AUGUSTENSTRASSE

Es war noch das enge, alte Gaarden, in dem der Kürschnermeister Adolf Bielenberg im Jahr 1884 ein Geschäft für Hüte, Mützen, Pelzkragen und Pelzkrawatten an der Ecke Elisabeth- und Augustenstraße gründete. Von Anfang an galt der Betrieb als Spezialgeschäft und wurde als solcher bei den Gaardener Einwohnern beliebt. Mit zunehmendem Alter des Inhabers aber verfiel das Unternehmen, sodass Emil Schmidt, der es 1924 von Bielenberg mitsamt dem Haus kaufte, sozusagen wieder von vorn anfangen musste.

Emil Schmidt, der im Jahr 1879 geboren wurde, hat seine entscheidenden beruflichen Jahre von 1910 bis 1924 bei Karstadt als Leiter des Revisionsbüros verbracht. Damit waren die kaufmännischen Grundlagen für den Start in die Selbstständigkeit gelegt. Karstadt stellte ihm ein besonderes, handschriftlich verfasstes Zeugnis aus, das noch heute in seinem Nachlass zu finden ist. Mit viel Fleiß und einer gewissen Zähigkeit, unterstützt von seiner Frau, die er 1903 heiratete, gelang es ihm, sich in Kiel selbstständig zu machen. Die ersten Jahre waren schwer, lasteten doch noch die Nachwehen des Ersten Weltkriegs und der Inflation auf allen Bürgern. Hüte und Mützen aber trug jeder, und so konnten Emil Schmidt und seine Frau allmählich das Geschäft ausweiten. Seitdem wurde die Firma als Spezialgeschäft für Hüte, Mützen, Pelzwaren und Damenmoden geführt. Im Laufe der Jahre erwarb Schmidt sich so einen guten und bekannten Namen weit über das Ostufer hinaus durch die herausragende Qualität seiner Ware sowie die marktgerechten, soliden Preise. Das Haus wurde nach damaliger Mode bis unter das Dach „verkachelt", und der rührige Gaardener Unternehmer ließ das Geschäft unter dem Namen „Hut-Schmidt" ins Handelsregister eintragen.

Wer etwas auf sich hielt, präsentierte seinen Schopf – besonders sonntags – stets schick bedeckt. Zu bestimmten Anlässen war gediegener Kopfschmuck sogar ein gesellschaftlicher Zwang. So statteten die Schmidts ganze Generationen von Kieler Jugendlichen mit den einst obligatorischen schwarzen Konfirmationshüten aus. Auch die Schülermützen mit den verschiedenfarbigen Bändern wurden damals bei Hut-Schmidt gekauft. Nach dem Ersten Weltkrieg zog sogar gelegentlich ein Hauch von Luxus an das Kieler Ostufer. Bei Hut-Schmidt gab es von 1924 an auch Pelz- und Damenmoden. Doch konnte von solcher Noblesse schon wenig später keine Rede mehr sein.

Das Patenkind von Frau Emmi Schmidt, Emmi Prien, wurde am 21. März 1914 geboren und kam 1928 nach Kiel in das Haus ihrer Patentante, um hier ihre Lehre zur Einzelhandelskauffrau (es hieß damals selbstverständlich noch Einzelhandelskaufmann) zu beginnen. Sie wurde bald eine große Unterstützung des Hauses, sodass das Ehepaar Schmidt Emmi adoptierte. Emmi, jetzt Frau Emmi Schmidt, erwarb sich weitere Kenntnisse in der Hut- und Pelzbranche, indem sie nach der Beendigung der Lehre in Hamburg und Frankfurt arbeitete und ihre Kenntnisse ausweitete.

Der Aufschwung der Firma wurde jäh durch den Zweiten Weltkrieg unterbrochen. Nach achtmaligem Bombenschaden zwang ein Totalschaden am 14. Mai 1943 die Familie Schmidt, nach Gut Büstorf auszuweichen. In dieser Zeit zeigte die Familie eine gewisse Bereitschaft zum Risiko. Es wurde improvisiert, um das Geschäft aufrecht zu erhalten. Die Ware wurde eigenhändig von der Fabrik zum Gut Büstorf geholt. Von dort ging es mit dem Fahrrad, im von Tür-zu-Tür Verkauf, zu den Kunden. Not machte erfinderisch, der ambulante Handel wurde das Sprungbrett zum Überleben.

Am 1. Oktober 1948 konnte Emil Schmidt dann mit seinem Geschäft in einen Behelfsladen in dem Haus der ihnen bekannten Familie Volbehr in der Johannesstraße Nr. 48 ziehen. Es war auch das Jahr, in dem die adoptierte Emmi Schmidt Mitinhaberin wurde. Mit der Johannesstraße war der Kaufmann Schmidt aber nicht zufrieden. Er wollte dorthin wieder zurück, wo er angefangen hatte. Erst zehn Jahre später konnte er in das an gleicher Stelle Elisabethstraße/Ecke Augustenstraße wiedererrichtete Wohn- und Geschäftshaus einziehen. Dafür waren zuvor viele mühevolle Verhandlungen mit der Stadt vorausgegangen. Am 1. Oktober 1958 feierte Emil Schmidt die Wiedereröffnung seines Geschäftes in der Elisabethstraße Nr. 29-31, doch sollte die Ehefrau, die 1955 verstarb, diesen Tag nicht mehr miterleben. Unterstützt durch den beginnenden Wirtschaftsaufschwung wuchsen die Umsätze. Hut-Schmidt bildete ab jetzt eine Reihe von qualifizierten Mitarbeiterinnen aus, und dem Dekorateur Stäcker verdankte die Firma, dass die angebotene Ware stets ins rechte Licht gesetzt wurde.

Der Senior Emil Schmidt hat das 75-jährige Bestehen der Firma noch miterleben und mitfeiern können. Soweit er konnte, hatte er die Tochter durch Ratschläge

ABB 18 | Emmi Schmidt mit ihren Mitarbeiterinnen (v.l.) Frau Woiczikowski, Frau Junge und Frau Wöhlk, 1984. Foto privat/Ute Kiewitz

noch unterstützt. Er starb im September 1964. Die neue Inhaberin, Emmi Schmidt, hatte ihren Beruf und ihr Handwerk „von der Pike auf" gelernt; niemand machte ihr fachlich etwas vor. So führte auch sie mit drei Mitarbeiterinnen Hüte und Mützen, Pelze und Damenmode in einer Qualität, die besonders von älteren Kielerinnen geschätzt wurde. Lehrlinge wurden immer schon bei Hut-Schmidt ausgebildet, und auch die Nichte der Inhaberin, Ute Prien, lernte 1965 bei Hut-Schmidt. Aber die Tochter des Bruders von Emmi Schmidt suchte sich nach dem Abschluss der Textilfachschule andere berufliche Wege.

Privat hat Emmi Schmidt nicht das große Glück gefunden. Sie hatte zwei Mal geheiratet und war beide Male geschieden worden. 1984 wurde noch das 100-jährige Bestehen der Firma Hut-Schmidt in der Elbschlossquelle gefeiert. Das Lokal befand sich zwei Häuser weiter in der Elisabethstraße Nr. 25 und wurde damals von Hans-Jürgen und Inge Fahrenkrug geleitet. Emmi Schmidt schloss im August 1989 im Alter von 75 Jahren zum letzten Mal hinter sich die Ladentür. Nachfolgend versuchte das Pelzhaus Cychowski vom Kieler Exerzierplatz, das als Kürschner immer schon für das Haus Hut-Schmidt gearbeitet hatte, das Geschäft weiter zu führen. Danach buhlte hier das „Sporthaus Gaarden" um Kundschaft. Auch das ging ein paar Jahre gut – aber eben nur ein paar Jahre. Hüte sind dort heute schon längst nicht mehr zu haben. Nur das Firmenlogo an der Hauswand wird noch ein paar Jahre von der Zeit der steifen Hüte ein letztes Zeichen geben. Emmi Schmidt, die mit ihrem Abschied zugleich einen tiefgreifenden Wandel der Gaardener Infrastruktur symbolisierte, starb am 29. August 2005 in der Pflegepension „Elsterkoppel" in Ottendorf/Kronshagen. Sie musste in ihren letzten Lebensjahren rundherum betreut werden.

Die Geschäfte um den Alfons-Jonas-Platz

Der Alfons-Jonas-Platz kam erst am 9. Juli 1997, in Erinnerung an den Kaufhausbesitzer, zu seinem Namen. Er hatte 1934 Deutschland verlassen, weil er als Jude um sein Leben und das seiner Familie fürchten musste. Alfons Jonas und sein Geschäft waren beliebt wegen der kleinen Preise und der großen Freundlichkeit. 1933 hatte das Verhängnis ganz klein im Alltag begonnen und endete im Entsetzen. Am 1. April 1933, als zum Boykott der Geschäfte jüdischer Bürger aufgerufen wurde, standen die Gaardener zu Hunderten morgens vor dem Haus, um demonstrativ bei Jonas einzukaufen. Nach einigen Stunden schloss er jedoch das Geschäft, um Unruhen zu verhindern. Der Sohn Rolf war zwölf Jahre alt und Schüler der Oberrealschule, heute Gymnasium Wellingdorf, als sein Vater den Entschluss fasste, mit seiner Familie Deutschland zu verlassen. Ein Mitglied der jüdischen Gemeinde unterrichtete Rolf und seinen ein Jahr jüngeren Bruder Hans in der hebräischen Sprache, während der Vater alle Vorbereitungen für die Auswanderung traf. Das Angebot eines Tischlers, in die speziell für die Ausreise angefertigten Möbel Verstecke für Wertsachen einzubauen, lehnte Alfons Jonas jedoch ab. Der Geschäftsmann hatte Weitsicht und Charakter, er hätte nie gegen die Gesetze verstoßen.

Die Familie ging nach Zürich, wo Hans zunächst eine Scharlacherkrankung auskurieren musste. Später baute sich Alfons Jonas in Haifa mit einem Haushaltswarengeschäft eine neue Existenz auf. Das Kaufhaus in Haifa sollte genauso wie das Geschäft in der Elisabethstraße – mit kleinen Preisen große Mengen verkaufen - funktionieren. Die Preise jedoch waren festgeschriebene Preise, und es konnte nicht verhandelt werden. Das war für den Vorderen Orient etwas ganz neues – aber es gelang.

Anfang der 1950er-Jahre wagte Alfons Jonas noch einen Neuanfang: Er kam nach Kiel zurück, um das Gaardener Kaufhaus wieder aufzubauen. Nach einem Herzanfall 1957 verkaufte er seinen Geschäftsanteil und zog zurück nach Israel zu seinen Kindern und Enkelkindern. Er starb 1976.

Das neue „Gaardener Kaufhaus" von Alfons Jonas war zwischen der Augustenstraße und der Jägerstraße mit dem Eingang in der Elisabethstraße Nr. 33/35 entstanden. 1957 gehörte das Haus der Firma Wagner & Co., Düsseldorf, die hier jetzt das „GEKA Gaardener Kaufhaus GmbH & Co." betrieb. 1980 zog hier Jens Petersen mit seinem Herrenausstattergeschäft ein. Das Nebenhaus zur Jägerstraße hin, das die Gaststätte „Ambassador-Club" beherbergte, wurde erst später gebaut. An der anderen Ecke zur Jägerstraße entstand ein Mietshaus mit einer Filiale des Textilhandels Hettlage &

ABB 19 | Wako-Verkaufspersonal 1957. Foto privat/Walter Ehlert

Lampe aus der Holstenstraße. In dem Haus daneben hatte eine Filiale von „Eklöh" Einzug gehalten, und an der Ecke zur Kieler Straße entstand ein Haus mit dem Textilgeschäft von Heidenreich-Damenmoden. Später zog hier das Geschäft von Betten-Schmitz ein, das jedoch bald wieder geschlossen wurde und Platz für eine Filiale von Kloppenburg machte.

Gegenüber dem Kaufhaus von Alfons Jonas war bei einem Bombenangriff 1941 bereits das Haus Elisabethstraße Nr. 34, das dem Kaufmann Ziegler gehörte, zerstört worden. Auf diesem Gelände erbaute Walter Korten ein großes Eckhaus bis über die Ecke zur Augustenstraße hin und eröffnete im Erdgeschoss einen für die Nachkriegszeit sehr gut sortierten großen Lebensmittelladen mit dem Namen „Wako". Hier wurden die Kunden an mehreren unterschiedlich sortierten Verkaufstresen bedient und mussten anschließend an nur einer Kasse zahlen.

Das Geschäft bestand nur bis zum Tod von Walter Korten im Jahr 1960. Korten war nach den ersten Nachkriegsjahren bei Schwarzmarktgeschäften zu Geld gekommen und hatte alles in die Immobilie mit seinem neuen Kaufhaus investiert. Auch das an den Kinobetreiber Szepanik verpachtete Lichtspielhaus „Die Kurbel" in der Augustenstraße mit dem darüber liegenden „Café Kurbel" gehörten zum Besitz von Walter Korten. Die Kurbel eröffnete am 18. August 1955 mit dem Film „Die gebrochene Lanze". Durch den Tod des Geschäftsmannes wurde die Firma zahlungsunfähig und das Lebensmittelgeschäft geschlossen, die Immobilie wurde verkauft. Nur der Name Wako stand noch Jahrzehnte in großen Lettern an der Hauswand zur Ecke Augustenstraße, da wo die Linie 4 der Straßenbahn abbog. Das Kino „Die Kurbel" schloss im März 1979 mit dem Film „Ein ausgekochtes Schlitzohr".

In den Eckläden des ehemaligen Wako-Hauses hatten 1963 der Uhrmachermeister Wilhelmy und der Tabakwarenfachhandel von Wohlsen ihre Geschäftsräume. Den Laden daneben mietete das „Wollparadies", und im Haus Nr. 34 eröffnete „Heim und Herd", ein Geschäft für Haushaltswaren. Das Grundstück Elisabethstraße Nr. 36 blieb längere Zeit unbebaut. Hier standen ein Imbiss-Verkaufswagen und eine grüne Bude, in der ein älteres Ehepaar Romanheftchen tauschte oder verkaufte. So bekam ein Kunde für zwei „Bergdoktor-Romane" vielleicht mal einen „Jerry Cotton-Roman" oder einen Western. Als das Grundstück dann bebaut wurde, zog hier eine Filiale von Coop ein.

Das Grundstück Elisabethstraße Nr. 38 wurde zunächst von der Firma Wilhelm Hansohm bebaut, der hier sein Geschäft für Eisenwaren einrichtete. 1969 kam in die Geschäftsräume dieses Hauses ein „Kaisers Kaffee"-Supermarkt, der sich vorher an der Ecke zur Johannesstraße befand. Mit der Verschmelzung der Supermarktkette von Eklöh und der Coop lagen sich für eine kurze Zeit zwei Coop-Märkte in der Elisabethstraße genau gegenüber. Der Markt in dem Haus Nr. 36 wurde geschlossen. Mit einem neuen Konzept der Coop namens „Joker" eröffnete hier ein Testmarkt für den Verkauf von Non-Food Artikeln. Es blieb bei einem Test. In dem Haus mit der Nr. 40 hatten die Dresdner Bank und der Juwelier Boyens je einen Geschäftsraum.

MIT PIONIERARBEIT ZUR „ERSTEN DROGERIE AM PLATZE": GEORG HARDER.

Elisabethstraße / Kieler Straße

Der Großbauer Harder in Brokenreihe im Kreis Steinburg bei Itzehoe hatte fünf Kinder. Julius übernahm den Hof, Hermann wurde ein erfolgreicher Ingenieur und die Schwester Anna heiratete den Inhaber einer Baustofffirma. Die Brüder Heinrich und Georg aber lernten den Beruf des Drogisten. Heinrich eröffnete sein Drogeriegeschäft am Vinetaplatz. Als er starb, heiratete seine Frau Dora den Diplom-Ingenieur

ABB 20 | Georg Harder, 1908. Foto privat/Familie Harder

Beer. Die Drogerie wurde 1936 an Heinz Friedrichsen verkauft, sollte später jedoch als „Dromarkt" in die Familie Harder zurückkehren. Georg Harder, geboren am 9. Juli 1885, erlernte seinen Beruf im Jahr 1900 in einer Husumer Drogerie. Von hier ging er bis nach Leer und Hannover, um sich in seinem Beruf weiter zu entwickeln.

1908 erhielt Georg Harder aus dem Hoferbe 10.000 Goldmark (1 Goldmark entsprach zu dieser Zeit ca. 5,17 €). Davon erwarb er das Haus in der Elisabethstraße Nr. 42 mit der Ecke zur Kieler Straße Nr. 33 von einem Herrn Lankau. Hier in der Elisabethstraße eröffnete Harder zunächst ein recht kleines Geschäft, die Zentral-Drogerie. Aber zusätzlich hatte er auch noch eine Filiale, die Phoenix-Drogerie, in der Augustenstraße Nr. 77, direkt an der Ecke zur Norddeutschen Straße. Die Filiale leitete Paul Dethloff, ein Angestellter. Der Drogist Georg Harder machte 1912 noch eine Giftprüfung. 1914 musste er zu den Jägern nach Rumänien in die Schützengräben eines grausamen Krieges.

Als Georg 1918 traumatisiert und von Strapazen gezeichnet wieder nach Kiel-Gaarden zurückkam, fand er sein mühsam aufgebautes Geschäft heruntergekommen und ohne Waren vor, was er auch nicht anders erwartet hatte.

ABB 21 | Die Zentraldrogerie von Georg Harder in der Elisabethstraße 42/Ecke Kieler Straße, um 1930. Foto privat/Familie Harder

Er erholte sich relativ schnell, brachte seine Drogerie in kurzer Zeit mit großem Schwung und Elan wieder hoch und heiratete 1921 die 14 Jahre jüngere, kulturell gebildete Frieda Emma Auguste (Friedel) Krämer aus der Muhliusstraße, die die Bücher der Harder-Drogerie noch über viele Jahre hinweg führen sollte und bis zu ihrem Tod auch Mitinhaberin des Geschäftes war. Im Jahr 1922 wurde den Harders der erste Sohn, Adolf, geboren. 1926 kam Georg junior zur Welt. Die Geschäfte liefen wieder ausgezeichnet – bis die Wirtschaftskrise 1929 und eine folgende Deflation die gesamte Geschäftswelt veränderte. Georg Harder war wachsam und korrigierte täglich seine Verkaufspreise nach unten, und das ließ seine Drogerie überleben.

Ein großer Umbau des Hauses an der Ecke Elisabethstraße und Kieler Straße erfolgte 1935. Der Eingang in das Mietshaus wurde in die Elisabethstraße verlegt, in der Kieler Straße wurden die Räume des Tabakwarengeschäfts von Frau Prießnitz und des Fahrradladens von Reschke übernommen. Die jetzt größere Drogerie wurde nun über den Eingang direkt an der Ecke zur Kieler Straße betreten. Der älteste Sohn, Adolf Harder, absolvierte eine Drogistenlehre in der Blücher-Drogerie Dreyer am Blücherplatz. Der zweite Sohn, Georg, ging noch in die Schule. Als der Junge am 14. Mai 1943 zum Besuch seiner Verwandtschaft nach Brokreihe fuhr und in Wrist umsteigen musste, sah er über sich den gewaltigen Bomberverband, der einen Angriff auf Kiel flog.

Der Vater kam zu dieser Zeit aus der Pickert-Kaserne, wo er seiner Arbeit als Leiter des Entgiftungstrupps nachging, und musste nun die totale Zerstörung seines Hauses, seines Geschäftes, seiner ganzen Existenz durch den Bombenhagel, der auf Gaarden niederging, miterleben. Harder wurde Augenzeuge des Gaardener Infernos, denn an diesem Tag wurde der größte Teil des Stadtteils zerstört und viele Menschen verloren ihre Wohnungen – auch die Familie des Drogisten. Das Haus an der Ecke Elisabethstraße und Kieler Straße war durch die Bomben zu einer unbewohnbaren Ruine geworden. Familie Harder zog, nachdem sie aus zwei weiteren Wohnungen ausgebombt wurde, in die Wohnung im ersten Stock des Hauses Stoschstraße Nr. 1, wo Georg Harder bereits die Leitung der Mohren-Drogerie des zur Wehrmacht eingezogenen Kollegen Maurmann übernommen hatte.

Ein Jahr später kam der Sohn Georg, der jetzt in Frankreich Soldat war, in amerikanische Kriegsgefangenschaft, aus der er erst wieder im November 1946 nach Kiel zurückkehrte. Da hatte der Vater schon eine behelfsmäßige Drogerie in der Augustenstraße eröffnet. Im Alter von 61 Jahren musste er wieder ganz von vorn anfangen. 1949 kamen viele Waren aus alten Beständen des Marinearsenals „unter den Hammer", da schlugen die Harder-Gebrüder zu. Sie ersteigerten alte Tropenhelme und verkauften sie als Silvesterhüte in der Drogerie. So wurden auch einige Farbfässer und diverse Kleinwaren von Harder ersteigert. Zusätzlich kamen eine Partie Thermo- und Barometer sowie andere kleinere Messgeräte und medizinisches Gerät mit in den Verkauf. Mehr als hundert Urinschleudern konnten mit der Unterstützung einer Zeitungsannonce an einem einzigen Tag an Ärzte in ganz Westdeutschland ausgeliefert werden. Das alles und eine Wagenladung Kreide aus Lägerdorf, die für Malerarbeiten in den Gaardener Wohnungen gebraucht und in Gaarden zerkleinert und gemahlen wurde, bildeten mit den Grundstock, um 1950 zu expandieren.

Die Drogerie Georg Harder baute das Geschäft an der Ecke Elisabethstraße und Kieler Straße wieder auf, zunächst aber nur das Erdgeschoss. Sohn Georg hatte in der Behelfsdrogerie in der Augustenstraße zwei Jahre lang Drogist gelernt, ging vorübergehend als Volontär in das Fotogeschäft „Pickenpack" in Hamburg, Mönckebergstraße, und eröffnete danach mit seinem Vater und seinem Bruder eine Filiale in der Holtenauer Straße Nr. 40.

Der Gründer Georg Harder starb im Jahr 1956 zu der Zeit, als sein Drogeriegeschäft immer mehr Umsatz generierte und somit immer weiter wuchs. Der Sohn Adolf Harder übernahm die Leitung der Drogerie. Sohn Georg holte 1957 das durch den Krieg versäumte Abitur nach und studierte Volkswirtschaft mit dem Abschluss eines Diplom-Volkswirts.

1960 konnte mit dem zweiten Bauabschnitt in der Elisabethstraße begonnen werden. Der Verkauf fand währenddessen in einer Behelfsbaracke statt, und ein Jahr später war das große Mietshaus fertigestellt. Der Hauseingang war wieder in der Kieler Straße, und an der Ecke betraten die Kunden ein beachtlich großes Drogeriegeschäft, und daneben in der Elisabethstraße wurde ein zu dieser Zeit sehr modernes Fotogeschäft eingerichtet. Vorher war hier noch das Juweliergeschäft von Frau Boyens, die jetzt ein Haus weiter ihren Laden betrieb. Im selben Jahr folgte auch die Eröffnung der jetzt dritten Drogeriefiliale in der Wahlestraße.

1961 erweiterte Adolf Harder den Geschäftsbetrieb um eine Farbenhandlung in der Kieler Straße. 1967 schließlich gründete er mit Geschäftsfreunden die Drogerie- und Parfümeriekette „Aldro", der zu dieser Zeit 140 Geschäfte in der Bundesrepublik angehörten. Weitere Neugründungen folgten. So wurde 1973 mit dem Kauf des Farbengeschäftes Stuckwisch in der Augustenstraße Nr. 43 auch die Auslagerung der eigenen Farbenabteilung in dieses Geschäft verbunden. In den frei werdenden Räumen in der Kieler Straße erfolgte die Eröffnung der Textilboutique „Miss Harder".

1974 fiel nach einem Bundesgerichtsentscheid die Preisbindung. Ein Startschuss für alle Discounter. Firmen, die mit den Markenprodukten aus der Drogeriebranche handelten, mussten neue Wege suchen, um in dem sich wandelnden Markt zu bestehen. Folglich schloss sich Adolf Harder mit anderen Drogisten zusammen, um jetzt bei den Fabriken gezielt größere Mengenrabatte zu erzielen. Die Dromarkt-Kette entstand. Im Jahr 1975 eröffnete Adolf Harder die ersten „Dromärkte" am Alten Markt und in der Holtenauer Straße. 1976 übernahm er die Drogerie Friedrichsen am Vinetaplatz. Auch dieses Geschäft firmierte unter dem Namen „Dromarkt". 1977 folgte der nächste „Dromarkt" in der Ringstraße. 1984 kam es dann zu einem totalen Umbau der Drogerie in der Elisabethstraße in eine moderne Parfümerie. An die Stelle der Textil- trat eine Geschenkboutique.

Ab 1984 betrieb Adolf Harder die Geschäfte in der Elisabethstraße und in der Holtenauer Straße als Parfümerien. Im Jahr 1985 wurden die Dromarkt-Filialen weiterverkauft. Bald nach dem 65. Geburtstag des rührigen Drogisten im Juli 1987 war im Dezember im Kieler Express zu lesen: „Adolf Harder, 1922 in Kiel geborener Vollblut-Kaufmann, zieht sich aus persönlichen Gründen aus seinem Geschäft zurück." Schon am 1. Januar 1988 sollte über dem Eingang der Parfümerie in der Gaardener Elisabethstraße Nr. 42 nicht mehr der gewohnte Namenszug „Harder", sondern das Logo der nicht minder renommierten Firma Douglas leuchten, an die Adolf Harder seine Parfümerie verkauft hatte. Neue Besitzer sollten dann auch in die benachbarten Räume bei Foto-Harder einziehen: Dieser Betrieb wurde von der Firma „Foto Prien" übernommen. Zuvor begann bei Foto-Harder der Räumungsverkauf. Seine Parfümerie in der Holtenauer Straße hatte Harder bereits an die Parfümerie Johannsen verkauft. Mit dem Rückzug Adolf Harders ging so eine fast 80-jährige Tradition zu Ende.

Wer sich diese Stationen seines Geschäftslebens vor Augen hält, wird erahnen, dass es einen Rentner Adolf Harder so schnell nicht gab. Schon im März 1988 eröffnete im neuen Sophienhof eine Parfümerie der Firma Aurel, eine bundesweite Kette, die Adolf Harder mit gegründet hatte. Doch den ebenso bescheidenen wie erfolgreichen Geschäftsmann zeichnete noch etwas anderes aus: Engagement und Ideenreichtum. Adolf Harder war nicht nur Gründungsmitglied des Fördervereins „Lebendiges Kiel", gerade auch um den Auf- und Ausbau Gaardens hat er sich verdient gemacht. In seiner Eigenschaft als Mitglied des Handels- und Gewerbevereins „Ostufer City Gaarden" hielt er im Jahr 1988 die Ansprache zur Einweihung der Bronzeplastik „Der Flügel von Gaarden".

Das von Ben Siebenrock geschaffene Kunstwerk wurde von Peter Conrad im Namen seiner verstorbenen Eltern, die lange Zeit in Gaarden gewohnt hatten, gestiftet. In enger Zusammenarbeit mit dem Handels- und Gewerbeverein „Ostufer City Gaarden" regelte er die für die Aufstellung erforderlichen Formalitäten. Die 90

ABB 22 | Ansprache Adolf Harders anlässlich der Enthüllung der Bronzeplastik „Flügel von Gaarden" von Ben Siebenrock, 1988. Foto privat/Familie Harder

Zentimeter hohe Plastik auf einer antik anmutenden zwei Meter hohen Säule schließt die sich platzartig erweiternde Elisabethstraße optisch ab. Interessante visuelle Überschneidungen ergeben sich beispielsweise mit den Kränen von Howaldt. Die Menschen, die sich auf der Rundbank zu Füßen der Plastik niederlassen, werden von den Flügeln in beschützender Weise überragt. „Mit Hilfe dieser Flügel sollte Gaarden in der Lage sein, sich weiter emporzuschwingen", meinte Siebenrock dann auch. Doch bevor das Kunstwerk enthüllt wurde, wiesen Adolf Harder und Oberbürgermeister Karl Heinz Luckhardt in ihren Ansprachen auf die gute Zusammenarbeit aller Beteiligten hin. Es wurde in Aussicht gestellt, zukünftig weitere Kunstwerke in Gaarden aufzustellen. Das schöne Bild, das die Elisabethstraße und der Vinetaplatz heute immer noch bieten, ist ganz wesentlich Adolf Harder zu verdanken. Sein Bruder Georg Harder leitet im Jahr 2014, bereits im hohen Alter, noch immer eine erfolgreiche Elektronikfirma im Hamburger Umland. Adolf Harder wohnte noch längere Zeit mit seiner Frau Marianne in Mönkeberg, bis das Ehepaar in eine Seniorenresidenz nach Berlin zog, in der er im Jahr 2012 verstarb.

Seit 1880 in Gaarden: August Strunk Möbelhaus

August Strunk, der Gründer der Firma, wurde am 7. Juni 1844 in Hassee geboren. Er war der Sohn von Johann Heinrich Christoph Strunk aus Oerlinghausen, der in Kiel-Hassee eine Ziegelei besaß, die spätere Ziegelei Blessmann in der Hamburger Chaussee. Als August Strunk im Jahr 1880 nach Gaarden kam, eröffnete er in der Schulstraße in dem Haus Nr. 15 an der Ecke zur Kieler Straße eine Sargtischlerei mit Sargmagazin. Särge wurden in Handarbeit und auf Maß angefertigt. Mit einem integrierten Bestattungsinstitut und einem Luxusfuhrwesen – Rassepferde vor Landauer Kutschwagen – war das Unternehmen sehr schnell so erfolgreich, dass es auch mit Möbeln in der Schulstraße handelte.

ABB 23 | Familie Strunk, v. r. Firmengründer August mit Frau Wilhelmine und Töchter, Johann (Sohn des Bruders), Sohn August und Gustav, Bruder des Firmengründers, um 1890. Foto privat/Familie Strunk

Für alle Gaardener befand sich der evangelische Friedhof in Elmschenhagen. Trauerzüge mussten also von der evangelischen Kirche, die sich in der damaligen Goschstraße befand, bis nach Elmschenhagen zu Fuß gehen oder eben mit den Landauern zum Friedhof gefahren werden. Außerdem wurden von der Firma Strunk auch Brautpaare und Hochzeitsbegleitfahrten mit den Kutschwagen angeboten.

Der in dieser Zeit durch die Werftindustrie aufstrebende Stadtteil Gaarden mit seiner explosionsartigen Zuwanderung von Arbeitern und dem dadurch bedingten Wohnungsneubau machte bald auch für diesen soliden Handwerksbetrieb ein größeres Geschäftshaus notwendig.

Im Jahr 1902 starb der Firmengründer und sein Sohn August übernahm die Geschäftsführung. Er baute 1909 das neue Geschäftshaus mit den großzügig angelegten Räumen für die Möbelausstellung und vier darüber liegende Wohnungsetagen in der Elisabethstraße Nr. 45. Den Hof mit den Stallungen und dem Sargmagazin erreichte man jetzt durch eine Einfahrt rechts neben dem Möbelladen. Das Haus ist auch heute noch der Firmensitz des Unternehmens Strunk. Weil die Firma auch in den 1920er Jahren mit ihren zwei Geschäftszweigen immer mehr Kunden gewinnen konnte, wurde das Möbelhaus daher zusätzlich um eine Polsterei erweitert.

Nach der auf Seite 49 abgebildeten Rechnung kostete 1931 ein Schlafzimmer 400,- Mark. Für junge Ehepaare gab es in der Zeit von 1934 an von der damaligen NS-Regierung noch ein Ehestandsdarlehen. In vielen Fällen wurden hiervon die ersten Möbel gekauft, die wegen ihrer stabilen Bauweise noch bis zur Goldenen Hochzeit durchgehalten haben. Möbel aus Spanplatten gab es noch nicht und Leichtbau-Regalwände aus Schweden erst recht nicht.

Als der Krieg mit all seiner Heftigkeit das alte Gaarden nahezu vollständig zerstörte, wurden auch viele Häuser im Verlauf der ganzen Elisabethstraße zu Ruinen. Dieses Schicksal erlitten auch die Häuser links und rechts des Firmensitzes. Das große Haus von Strunk hatte verhältnismäßig wenig Schaden genommen, sodass 1947 nach dem Aufräumen der Trümmer schon bald an einen Erweiterungsneubau gedacht werden konnte. Der Enkel des Firmengründers, der 1911 geborene Kurt Strunk, veranlasste den ersten großen Gaardener Neubau nach dem Krieg: Ein neues Eckhaus entstand in der Elisabethstraße an der Ecke zur Kieler Straße, direkt neben dem alten Stammhaus.

Mit dem Neubau wurde auch das Stammhaus umgebaut, und aus den jetzt entstandenen gesamten Geschäftsräumen wurde ein 850 m² großes Möbelhaus. Hier konnten die Eheleute Kurt und Marianne Strunk auf der gesamten Ausstellungsfläche ein breit gefächertes Möbelsortiment anbieten. Die großzügigen Schaufenster waren nicht nur im Bereich der Kieler Straße zu bestaunen, sondern in der Elisa-

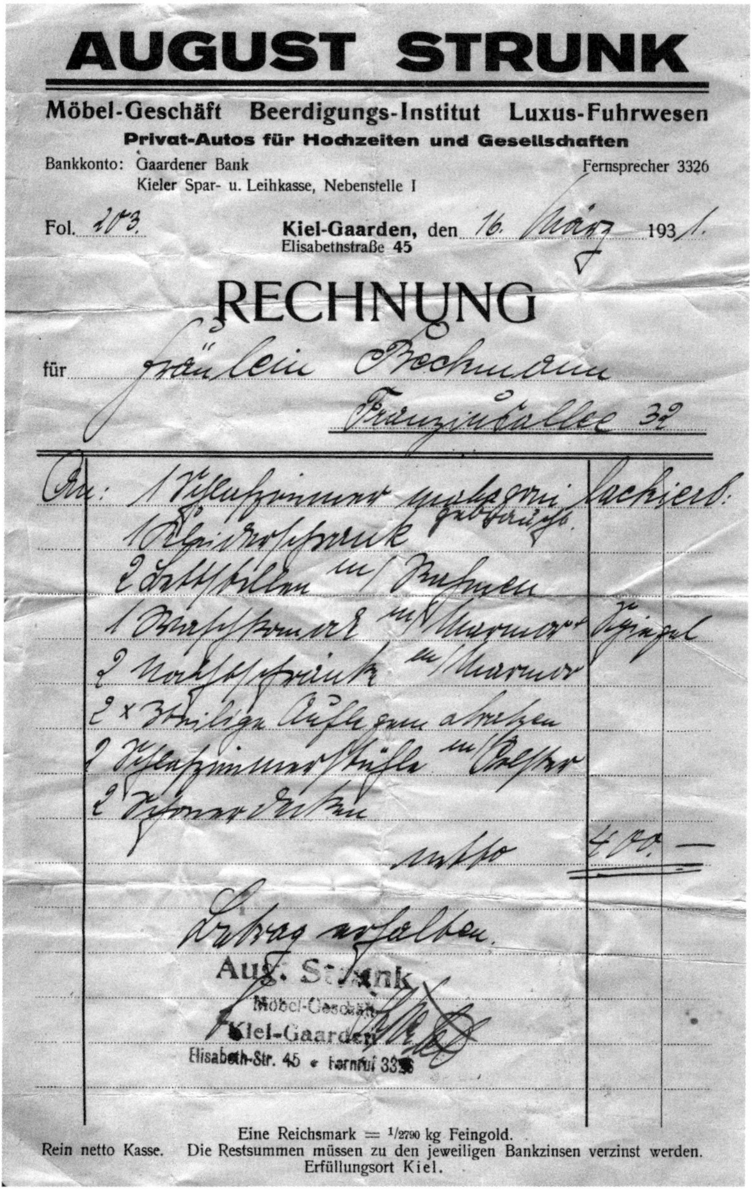

ABB 24 | Rechnung des Möbelhauses August Strunk vom 16. März 1931. Foto privat/Walter Ehlert

ABB 25 | Zeitungsanzeige des Möbelhauses Strunk, 1978. Foto privat/Familie Strunk

bethstraße war das Möbelangebot sogar in hell erleuchteten Fenstern unter neuen Arkaden ausgestellt.

Die Söhne von Kurt und Marianne Strunk, Wolfgang (geb. 1950) und August (geb. 1954), stiegen später auch in die Firma ein und haben die Kunden im Möbelgeschäft und bei Bestattungen persönlich beraten. 1977 wurde das Geschäft noch um ein Küchenstudio erweitert. Die Firma beschäftigte jetzt immer drei bis vier Tischler und bis zu zwölf Personen als Verkaufs- und Beratungspersonal. Das in der Seitenlinie der Familie Strunk bestehende Bestattungsinstitut Hans Strunk in der oberen Kieler Straße verkaufte die letzte Inhaberin Dora Strunk 1970 an die Familie Thode und so gehörte es nicht mehr zum Stammhaus.

Wirtschaftliche Gründe zwangen im November 2004 dazu, das Möbelhaus zu schließen. Wolfgang Strunk baute in die Räume der ehemaligen Möbelausstellung ein Bestattungs- und Beratungszentrum, welches unter den Arkaden in der Elisabethstraße Nr. 45, dem alten Stammsitz, gut zu finden ist. Geblieben sind der Firmenname „August Strunk", eine eigene Trauerhalle und ein umfangreiches Sargangebot sowie eine fachmännische Beratung in allen Bestattungsfragen.

Radio-Westphal: Das Gaardener Schallplattengeschäft

Selbstverständlich verkaufte Radio-Westphal auch Radio- und Fernsehgeräte. Aber die ganz große Auswahl bot die Schallplattenbar, an der ein jeder vorher noch in die Platte hineinhören konnte, bevor sie dann den Besitzer wechseln sollte. Der Käufer setzte sich auf einen Barhocker (daher der Name Plattenbar), nahm eine Art Telefonhörer ans Ohr, und die Verkäuferin legte die Platte auf. Aus dem Hörer kam dann die Musik, sodass niemand gestört wurde, denn es gab gleich mehrere Hörplätze und die waren oftmals alle besetzt. Die Auswahl war es, welche das Geschäft mit den kleinen Singles und den Langspielplatten bei Westphal so erfolgreich werden ließ und einen bemerkenswert hohen Tagesumsatz brachte.

Der Unternehmer Westphal, ein Radio- und Fernsehmechaniker, hatte nach dem Zweiten Weltkrieg mit dem Handel von Radiogeräten und den dazu passenden Röhren sowie anderen Ersatzteilen ein eigenes Geschäft am Vinetaplatz gegründet. Zunächst kamen zu ihm die Gaardener, wenn ihr Radio defekt war. Als die ersten Fernsehgeräte am Anfang der 1950er Jahre auf den Markt kamen, wurde der kleine Laden im Haus Elisabethstraße Nr. 66 am Vinetaplatz zu klein, sodass Westphal am Anfang der 1960er Jahre ein neues Geschäftshaus auf dem Trümmergrundstück in der Elisabethstraße Nr. 46 erbauen ließ. Vor der Zerstörung des Hauses am 14. Mai 1943 war hier das Friseurgeschäft von Hermann Köpke. Besitzer des Hauses war Schuhmachermeister Georg Kunstein, der hier seine Werkstatt und einen Schuhhandel hatte. Seine Frau Marie betrieb im Laden nebenan ein Tabakwarengeschäft. Das Schuhgeschäft und der Tabakladen wurden im Jahr 1931 zum Friseursalon umgebaut.

Die beiden Angestellten des Friseurs, Heinrich Witt und seine Frau Elfriede, hatten sich in diesem Geschäft kennengelernt. Sie heirateten und machten sich nach dem Krieg in der Gaußstraße Nr. 46 selbstständig. Das Ehepaar Witt eröffnete nach dem Zweiten Weltkrieg einen neuen, eigenen großen Salon in der Elisabethstraße Nr. 29 bei Hut-Schmidt im Haus. 1976 übergaben Heinrich und Elfriede Witt das Geschäft an ihren Neffen, den Friseurmeister Holger Krüger, der über lange Jahre mit seinem „Friseur-Salon Krüger" in Gaarden zu einer recht bekannten Größe wurde.

Herbert Westphal hatte in seinem Neubau das ganze Erdgeschoss sowie die gesamte Fläche des Kellers für sein Radio- und Fernsehgeschäft eingerichtet. Wer den Laden betrat, sah an der linken Seite die große Schallplattenbar und rechts einen lang gestreckten Verkaufstresen, auf dem die Zentralkasse stand. An dieser Kasse wurde alles kassiert, was in dem Geschäft eingekauft worden war, und es wurden hier jeden Monat die Raten bezahlt.

Viele Arbeiter der damaligen Howaldts-Werft hatten sich ihr erstes Fernsehgerät „auf Abzahlung" gekauft und kamen immer am ersten Freitag eines Monats zu Westphal, um hier ihre Raten abzustottern. Dafür war die Kasse extra mit einer besonders ausgefeilten Technik ausgerüstet, sodass die einzelnen Raten mit dem Bezahldatum chronologisch aufgedruckt werden konnten. Es war die Aufgabe des Lehrlings Wolfgang Schiffer, diesen etwas komplizierten Vorgang zu bearbeiten. Dabei stand ständig die Chefin Gerda „Gerti" Westphal hinter ihm – hier durfte nichts falsch gemacht werden. Trotz „Gertis" Überwachung gelang Wolfgang, wenn auch mit feuchten Fingern, jeder Vorgang.

Die Fernsehtruhen und die Möbel, in denen damals die Musikanlagen (das waren Radio und Plattenspieler in einer geschmackvollen Kommode mit Barfach) eingebaut waren, standen zum Verkauf in der unteren Etage. Die Treppe ging mitten im Laden in die Kellerräume hinunter. Die Radiogeräte standen hübsch aufgereiht in den großen Regalen hinter dem Tresen.

Am Ende der 1960er Jahre zog das Lebensmittelgeschäft von „Kaisers Kaffee" in das Haus der Firma Wilhelm Hansohm, das 1956 in der Elisabethstraße Nr. 38 für den Haushaltswarenhandel errichtet worden war. Die jetzt frei gewordene Ladenfläche im Haus Nr. 48 mietete das Ehepaar Westphal, um hier Waschmaschinen und Kühlschränke sowie andere „weiße" Elektrogeräte anzubieten. Das war das Reich von „Gerti" Westphal. Das Ehepaar Westphal wohnte im ersten Stockwerk im Haus Nr. 46. Im Jahr 1976 schied Herbert Westphal freiwillig aus dem Leben. In der Folge wickelte Frau Gerda das Geschäft ab, und es zog wieder ein Schuhgeschäft in die Ladenräume in der Elisabethstraße Nr. 46. Im Erdgeschoss des Hauses Nr. 48 richtete sich die Commerzbank ein, die vorher gegenüber im Haus Nr. 50 „Holsteinischer Hof" ihren Sitz hatte.

Robert Minsel: Spirituosen, Mineralwasser und Limonade aus eigener Herstellung, Gross- und Einzelhandel mit Probierstube

Es war durchaus Absicht, dass Robert Minsel im Jahr 1903 nicht unmittelbar am Vinetaplatz ein neues Haus erbauen ließ. Er wusste sehr wohl von der Größe der vorhandenen Moorlinse und kaufte das Grundstück direkt am Rand, dort wo der Untergrund ein festes Fundament zuließ. Das Haus, das im zeitgenössischen Stil mit seiner geschmackvoll gekachelten Fassade vom damaligen Wohlstand kündet, steht auch nach über hundert Jahren noch fest in der Elisabethstraße Nr. 56.

ABB 26 | Firmengründer Robert Minsel, 1932. Foto privat/Karin Glass

Robert Minsel hatte bereits mit seinem Bruder ein Hotel in der Schulstraße, genau dort, wo auch heute noch die Kieler Straße kreuzt. Eine Gaststätte mit Ausspann war in der Johannesstraße Nr. 41 (später „Holsteinischer Hof"). Minsel baute dieses Haus im Jahr 1903. Aus gesundheitlichen Gründen musste er dieses später aufgeben.

Bereits 1883 gründete Minsel eine Destillationsfirma zur Herstellung der Spirituosen, die in der eigenen Gastwirtschaft zum Ausschank kamen. Dieser Geschäftszweig entwickelte sich ständig weiter. Im Jahr 1907 war der Bau in der Elisabethstraße fertiggestellt. Bis 1904 gehörte der Familie Minsel noch eine weitere Gaststätte in der Elisabethstraße Nr. 20. Haus und Gastwirtschaft gingen dann an die Gaardener Export-Brauerei. Nach dem Zweiten Weltkrieg lag an gleicher Stelle das Bierlokal „Zum Goldenen Anker".

Die Familie Minsel stammte aus Sachsen-Anhalt. Ein Sohn, Friedrich Wilhelm Christian, kam über Kellinghusen, wo sich ein Zweig der Familie niedergelassen hatte, nach Kiel. Er war der Vater von Robert, der 1860 geboren wurde. Elfriede Minsel war die dritte von Roberts vier Töchtern. Sie kam im März 1893 zur Welt und sollte dann bald, wie auch später ihre Schwestern, die Schule für höhere Töchter besuchen. Im Unterschied zu Gymnasien, den höheren Schulen für Knaben, fehlten in den höheren Mädchenschulen die studienvorbereitende Oberstufe und der zu einem Hochschulstudium qualifizierende Abschluss des Abiturs. Die höhere Töchterschule endete etwa mit dem 15. bis 16. Lebensjahr.

Das ehemalige Haus mit der Nr. 60 ist im Adressbuch Kiel von 1915 mit dem Schlosser Segebarth als Eigentümer eingetragen. War im Jahr 1915 noch kein Geschäft in diesem Haus vermerkt, so eröffnete im Jahr 1925 laut Adressbuch jener Segebarth im Erdgeschoss einen Handel mit Lampen und daneben lag jetzt der Laden der Butterhändler Jensen & Madsen. Im Adressbuch von 1934 ist verzeichnet, dass Segebarth das gesamte Erdgeschoss zu einem Lebensmittelgeschäft umgebaut hatte, das er auch selbst betrieb. Dieses Haus wurde vor dem Nachbarhaus im Zweiten Weltkrieg zerstört.

Das Haus Nr. 58 gehörte laut Adressbuch ab 1915 dem Dreher Plöhn. Im Erdgeschoss befand sich schon damals die Lederhandlung der Gebrüder Arp sowie im ersten Stockwerk die Wohnung des Juweliers Baumgarten. Baumgarten hatte sein Geschäft zunächst nur im Haus Nr. 56. Er erweiterte laut Adressbuch von 1934 seinen Laden bis in das Nebenhaus Nr. 58 hinein. Auch dieses Haus wurde ein Opfer der Bomben.

Nach dem Zweiten Weltkrieg baute das Textilkaufhaus Stahl & Stiller in die Ruinen der beiden Häuser eine Schaufensterreihe ein, die bis zur Sanierung des ganzen

Quartiers die gesamte Front einnahm. Die Häuser, die einst am Vinetaplatz entstanden, wurden in den 1980er Jahren abgerissen und machten so Platz für einen Neubaukomplex. Der Abriss war durch die Absenkung der Häuser um beinahe einen Meter in die darunterliegende Moorlinse immer akuter geworden, obwohl die Erbauer der Häuser eine dicke Betonplatte als Fundament verlegt hatten und eine unterirdische Beek (von der Mühlenau), die hier wohl noch überirdisch plätscherte, beim Bau zugeschüttet hatten. Bei der Sanierung diente eine Pfahlgründung aus Betonpfählen als Fundament, und der zugeschüttete Bach wurde so drainiert, dass jeder noch heute das Plätschern durch die Rohre unter dem Vinetaplatz hören kann. Die Häuser, die nicht auf dieser Moorlinse standen, blieben selbstverständlich vom Abriss verschont. Schon die Bauherren dieser Häuser wussten bei der Bebauung ihrer Grundstücke durchaus von dem benachbarten Mooruntergrund und hatten ihre Gebäude sehr bewusst daneben errichtet.

Der erste Laden im Haus Elisabethstraße Nr. 56 war eher klein, denn daneben führte noch eine Durchfahrt auf das Hofgelände, und neben dem Laden hatte der Juwelier

ABB 27 | Josef Brunner mit einem Lehrling im Laden Elisabethstraße 56, 1936. Foto privat/Karin Glass

Baumgarten sein kleines aber feines Geschäft. Die Familie Baumgarten wohnte ein Haus weiter in Nr. 58 in der ersten Etage. In der Wikingerstraße wohnte der aus Franken stammende Maschinenbau-Ingenieur Josef Brunner, der sich mit der Tochter von Robert Minsel, Elfriede, verheiratete. Die beiden hatten einen Sohn, der am 6. April 1925 geboren wurde und die Vornamen Heinz Peter Mathias Josef bekam. Im Januar 1936, kurz nach dem fünfzigsten Jahrestag des Bestehens der Firma, übergab Robert Minsel sein Geschäft an seinen Schwiegersohn Josef Brunner.

Als aber Josef bereits im Jahr 1940 starb, musste der Sohn Heinz Peter das Gymnasium abbrechen, um für die Nachfolge des elterlichen Betriebs vorbereitet zu werden. Er ging nach Bayern und lernte dort das Herstellen von Spirituosen und das Bierbrauen. Nebenbei bewährte er sich auch als Kutscher und konnte die mächtigen Kaltblüter-Gespanne vor den großen Brauereiwagen lenken. Der Krieg vernichtete zunächst alle Zukunftspläne. Eine Brandbombe hatte das Haus in der Elisabethstraße Nr. 56 derart beschädigt, dass nur noch die unteren zwei Geschosse genutzt werden konnten – die Fassade aber blieb erhalten. Die Rechte der Firma Minsel wurden den drei Schwestern von Elfriede Brunner 1943 abgekauft, aber der Wiederaufbau des Hauses zog sich noch bis 1947 hin. Das ganze Unternehmen hatte von April 1941 bis Oktober 1948 geruht, als dann endlich durch den Kaufmann Heinz Brunner die Wiedereröffnung der Firma „Robert Minsel Wein-, Spirituosen- und Essighandlung" in den alten Ladenräumen stattfinden konnte. Heinz Brunner heiratete im Jahr 1950 Annemarie Lang aus der Stoschstraße, und im gleichen Jahr wurde ihnen der Sohn Rolf geboren.

Mit einem zusätzlichen Großhandel von Weinen und Spirituosen erweiterte Heinz Brunner im folgenden Jahr sein Geschäft. Ab Juli 1952 stellte er in den Kellerräumen an der Ecke Schulstraße / Johannesstraße Mineralwasser und „Micki-Brause" her. Im August 1954 erweiterte er das Geschäft um eine Probierstube. Die Einfahrt zum Hof wurde so umgebaut, dass hier das Tabakwarengeschäft von Karl Schlapkohl, der seinen Laden zunächst in der Elisabethstraße Nr. 52 bei Bammler hatte, einziehen konnte. Bammlers Erben hatten das Kaffee- und Schokoladengeschäft an die Firma Arko verpachtet, die jetzt ihre Gaardener Filiale erweitern konnte. Die Probierstube, welche wirklich nur die Größe einer kleinen Stube hatte und eigentlich allein aus einem Tresen bestand, wurde von Arnold Chall betrieben. Der Laden lief. Arbeiter der Werft und auch die Besatzungen der zu reparierenden Schiffe kehrten hier ein. Schnell war die kleine Stube voll – und das fast immer.

Heinz und Annemarie Brunner hatten neben dem Knaben Rolf noch zwei weitere Kinder. Tochter Karin wurde 1953 geboren und der zweite Sohn, Hans-Joachim, kam 1954 zur Welt. Annemarie Brunner verkaufte in dem Laden neben der Probierstube das, was ihr Mann herstellte. Heinz fuhr oft mit dem Zug und einem Rucksack ins Alte Land, um dort Obstsäfte für seine Limonaden und Liköre einzukaufen. Für den Rum gab es einen Lieferanten in Lübeck. Das Ehepaar arbeitete in dieser Zeit sehr viel. Damit wenigstens noch Zeit für die Kinder blieb, musste eine Hilfe für den Haushalt eingestellt werden.

Heinz Brunner verkaufte seine Waren an viele Gaststätten bis weit über die Kieler Stadtgrenzen hinaus. Er fuhr mit einem Opel Blitz, der noch mit einem Holzvergaser betrieben wurde, bis nach Westensee und über Laboe bis weit in die Probstei hinein.

Zusätzlich hatte er die Generalvertretung für das Bier der Dortmunder Actien-Brauerei. Einmal im Jahr ließ er es sich nicht nehmen, mit einem seiner drei Kinder zur Weinlese an den Rhein zu fahren, um Wein einzukaufen. Der älteste Sohn, Rolf, war neben dem Beruf des Destillateurs auch gelernter Kaufmann. An ihn und seine Frau Antje übergaben Heinz und Annemarie Brunner im Jahr 1974 ihr Unternehmen, das als „Robert Minsel, Weine und Spirituosen Groß- und Einzelhandel" firmierte.

1979 wurde das ganze Geschäft mit seinen Verkaufsräumen neu geordnet und mit einer modernen Fassade umgerüstet. Karl Schlapkohl gab aus Altersgründen sein Geschäft auf, und in den Tabakwarenladen zog jetzt Rolf Brunner mit dem Einzelhandel für Weine und Spirituosen ein. Heinz Brunner eröffnete daneben einen ganz anders gestalteten Tabak- und Zeitschriftenladen mit einer Lottoannahmestelle. Die Probierstube gab es nicht mehr.

Die Firma Robert Minsel mit ihren Inhabern Rolf und Antje Brunner konnte noch im Jahr 1983 das 100-jährige Firmenjubiläum feiern. Da waren die Nachbarhäuser am Vinetaplatz bereits saniert worden, und Gaarden bekam in seinem Zentrum ein ganz neues Gesicht.

Die Tochter von Heinz und Annemarie Brunner, Karin, kaufte ihrem Vater seinen Lotto- und Zeitschriftenladen im Jahr 1989 ab und machte daraus ein erfolgreiches Gaardener Fachgeschäft. Das von Robert Minsel gegründete Unternehmen wurde wegen der angeschlagenen Gesundheit von Rolf Brunner 1990 aufgegeben. Es fand sich in der stark veränderten Geschäftswelt kein Nachfolger für einen Betrieb dieser Größe. Die Firma Robert Minsel existiert nicht mehr. Frau Annemarie Brunner, geb. Lang, starb im Jahr 1998. Ihr Mann Heinz überlebte sie noch bis 2003.

Erinnerungen an die Probierstube Minsel

Arnold Chall, der von vielen Gaardenern nur „Challie" genannt wurde, wohnte nach dem Krieg mit seiner Frau Gertrud und den beiden Söhnen Hans-Werner und Volker in der Kieler Straße Nr. 51. Dort teilten sie sich mit den Eltern der Frau eine Dreizimmerwohnung in der ersten Etage. 1953 zog dann auch noch meine Urgroßmutter aus dem Stadtteil Hassee mit in die kleine Wohnung. Im Frühsommer 1953 zog die Familie, also Vater, Mutter und zwei kleine Brüder, dann in eine separate Dreizimmer-Erdgeschosswohnung in der Norddeutschen Straße Nr. 27. Es gab aber nur die Möbel aus dem einen Zimmer in der Kieler Straße, und das Geld war knapp. Also wurde „Challie", der bei der Kieler Verkehrs A.G. als Straßenbahnfahrer auf der Linie 7 (Auguste-Viktoria-Straße nach Hasseldieksdamm) beschäftigt war, kreativ und verdiente sich etwas Geld dazu, indem er einmal in der Woche in der Kantine geräucherten Schinken, Wurstwaren sowie Getränke, mit oder ohne Alkohol, aus der Brennerei Minsel an seine Kollegen verkaufte.

Mit Heinrich Wohlsen, einem Schulfreund, spielte „Challie" Mitte der 1950er Jahre gemeinsam jede Woche Lotto, und da haben sie dann auch gewonnen. Beide hatten ganz plötzlich relativ viel Geld. „Heia" Wohlsen kaufte sich dann in der Augustenstraße an der Ecke zur Elisabethstraße (da wo einst das Warenhaus von Wako war) ein Tabakwaren- und Zeitschriftengeschäft, und „Challie" übernahm die Probierstube von Robert Minsel.

Diese Probierstube machte er zu einer „Goldgrube". Das mag wohl auch daran gelegen haben, dass „Challie" und die ganze Familie Chall in Gaarden so bekannt waren wie die sprichwörtlichen „bunten Hunde". Die Mutter, Martha Chall, war viele Jahre bei Stahl & Stiller tätig und wohnte auch in dem großen Haus am Vinetaplatz in der obersten Etage. Die Probierstube hatte zwei Besonderheiten. Zum einen war von Montag bis Samstag nur von 6:00 Uhr in der Früh bis abends um 18:00 Uhr geöffnet. Zum anderen wurde dort das Bier nur in Flaschen verkauft. Der Laden war tatsächlich von morgens an proppenvoll. Zuerst kamen die Leute der Müllabfuhr zum zweiten Frühstück, gleich als die Tür aufgeschlossen wurde. Mittags kamen dann Wochenmarkthändler, bis abends die Werftarbeiter einkehrten – voll war es also immer.

Der beste Platz war auch hier, wie immer gesungen wird, der Platz an der Theke.

Ein Kapitän im Ruhestand saß jeden Tag von morgens bis abends am Geldspielautomat, der sich im hinteren Bereich links vor den Toiletten befand. Er verließ seinen Platz nur, um mittags etwas zu essen. Natürlich hat er nur an dem rechten Gerät ge-

ABB 28 | Weinhandlung und Probierstube Minsel, Elisabethstraße 56, 1969. Foto privat/Karin Glass

spielt. Sollte dort einmal jemand anderes spielen, der das nicht wusste, gab es Theater – „wegen Stammplatz" und so. Im Jahr 1966 konnte ein Gast bei „Challie" seine Zeche nicht mehr bezahlen. Es hatte sich wohl schon eine größere Summe angesammelt. Also einigte man sich darauf, dass er sein Motorrad in Zahlung gab. Kurz darauf gab „Challie" seinem Sohn Hans-Werner irgendwo im wilden Gelände an der Schwentine Fahrunterricht auf der Maschine. Danach durfte der Junge, der damals im zweiten Lehrjahr war, mit dem Motorrad zur Berufsschule in die Wik fahren – mit seinem eigenen Motorrad!

Gespräch mit Hans-Werner Chall (genannt Challie) im Mai 2015

Erinnerungen an das Pogrom vom 9. November 1938 und das Juweliergeschäft Baumgarten in der Elisabethstrasse 56

Am 10. November 1938 wollte der junge Edmund Schulz zusammen mit seiner Mutter seine väterlichen Großeltern besuchen, die in Gaarden im Sandkrug wohnten. Er erinnert sich gut 75 Jahre danach an ein Ereignis, das sich in seinem Gedächtnis eingebrannt hat: „Der Weg dahin führte uns die Iltisstraße hinunter […] in die Elisabethstraße, von der nach 200 Metern der Sandkrug abbiegt. Als wir an diesem November-Donnerstag von der Medusastraße beim Eisenwarengeschäft Hansohm um die Ecke bogen und schräg hinüber zum [Vineta-]Platz gingen, sahen wir dort Leute stehen, kleine Gruppen, oft nur zu zweit, oder auch allein. Warum sie dort standen, erschloss sich für uns nicht sogleich. Es war still auf dem Platz, keine Hektik, keine Bewegung. Wir schauten auf die Rücken der Stehenden, denn sie alle sahen in eine Richtung – auf die schiefen Häuser in der Elisabethstraße. Warum,

ABB 29 | Gruppenaufnahme im Hof Elisabethstraße 56, rechts die beiden Töchter des Juweliers Baumgarten mit Nachbarskindern Husfeldt, 1926. Foto privat

weshalb? Wir mussten erst bis in die Mitte des Platzes kommen, dass ich kleiner Mann das eingeschlagene Fenster des dortigen Juweliergeschäfts sah und die zwei Polizisten, die dort herumstanden. Und dann sah ich auch all die goldenen Dinge, die Schmuckstücke und die Uhren, die weit verstreut auf dem Pflaster lagen.
Mutter hatte meine Hand fest im Griff, sie sprach kein Wort. Es war wohl die für einen Fünfjährigen gespenstige, angstverbreitende Atmosphäre, ausgelöst durch die auf das zertrümmerte Geschäft blickenden schweigenden Menschen und das Verhalten der Mutter, dass ich sie nicht fragte, was denn hier los sei. Nach wenigen Minuten drehte Mutter sich um, und ohne noch etwas zu sagen, verließ sie mit mir an der Hand den Vinetaplatz. Wie sollte sie auch mir, einem Fünfjährigen, um der eigenen Sicherheit willen verständlich machen, was hier in der zurückliegenden Nacht geschehen war. Soweit meine Erinnerung an jenen Vormittag des 10. November 1938. Dass ich mich, im Gegensatz zu meinem Geburtstag tags zuvor, nach 75 Jahren noch an dieses Erlebnis erinnere, ja, mehr noch, es bildlich vor mir sehe, ist wohl dem Umstand geschuldet, dass dieses für mich als Kind unbegreifliche und unerklärte Ereignis einen tiefen emotionalen Eindruck im Gedächtnis hinterlassen hat.
In jener Pogromnacht 1938, so lese ich in „Gelebte Zeit. Alltag von Kindern und jungen Erwachsenen in den 20er, 30er und 40er Jahren. Erinnerungen und Fotografien aus Kiel-Gaarden", wurde nicht nur das Juweliergeschäft des Juden Baumgarten in der Elisabethstraße Nr. 56 am Vinetaplatz von den braunen Horden zerstört. Es traf auch das Geschäft Karlsberg in der Kaiserstraße und die Drogerie Haller-Munck, Stoschstr. Nr. 1."

ELISABETHSTRASSE NR. 54. DAS SCHREIBWARENGESCHÄFT
JÜRGEN HUSFELDT – DER LADEN VON GEORG BENTZ

ABB 30 | Schreibwarenladen Husfeldt in der Elisabethstraße 54, 1928. Foto privat/Jürgen Haalck

Auch Jürgen Husfeldt, der das Haus mit seiner Ehefrau Dora, geb. Krull, Tochter des Kolonialwarenhändlers Friedrich Krull, Schulstraße / Ecke Johannesstraße, nach den Plänen des Gaardener Bauunternehmers Carl Böttcher 1906 in der Elisabethstraße Nr. 54 erbauen ließ, wusste sehr wohl von jener verhängnisvollen Moorlinse und baute daneben auf festerem Grund. Auf dem Hof des Grundstücks, das durch eine Einfahrt an der linken Seite des Hauses zu erreichen war, waren die Buchdruckerei mit Buchbinderei sowie eine Tischlerei von dem Bruder, Christian Husfeldt, in einem dafür errichteten Werkstattgebäude untergebracht. Das Geschäft für Tapeten und Linoleum von Christian Husfeldt war in dem Laden gleich neben der Einfahrt, und das Papier- und Lederwarengeschäft von Jürgen Husfeldt befand sich in dem großen Ladenraum mit den zwei für diese Zeit riesigen Schaufenstern. Im

Jahr 1934 hatte hier, laut Adressbuch, auch der Lesezirkel von Kloß & Erdmann seine Geschäftsräume.

Am 14. Mai 1943, bei dem mächtigen Bombenangriff auf Gaarden, durchschlug ein Blindgänger das Hauptgebäude und wurde von der massiven Eichenplatte des großen Packtisches der Papierwarenhandlung von Jürgen Husfeldt abgefedert und blieb darauf liegen. In dem darunter liegenden Kellerraum befand sich der Luftschutzkeller, in dem sich zu der Zeit alle Bewohner des Hauses aufhielten. Der schwere Eichentisch blieb fast unbeschädigt, war aber wegen der durchgebogenen Platte kaum noch nutzbar. Dennoch hat Jürgen Husfeldt bis zu seinem Tod darauf bestanden, dass dieser „Lebensretter" einen Platz in den hinteren Geschäftsräumen behielt. Das zweistöckige Hofgebäude mit der Buchdruckerei, Buchbinderei sowie der Werkstatt des Tischlermeisters Christian Husfeldt wurde bei diesem Bombenangriff total zerstört.

Tischlermeister Husfeldt gab nach dem Verlust seiner Werkstatt auch das Tapeten- und Linoleumgeschäft auf, zog in eine Wohnung am Vinetaplatz Nr. 3 und richtete sich auf dem Hof des Hauses Iltisstraße Nr. 34 eine neue Werkstatt ein. Die nun nicht mehr benötigte Einfahrt zum Hof der Elisabethstraße Nr. 54 wurde provisorisch zu einem Eier-, Obst- und Gemüseladen umgebaut, den das Ehepaar Sievers so lange betrieb, bis ein Herr Never, später Heiner Hoffmann, den kleinen Geschäftsraum übernahmen.

Gleichzeitig mietete die Firma Schuh-Ganzenmüller nach der Zerstörung ihres gegenüberliegenden Hauses den großen Ladenraum von Jürgen Husfeldt für eine kurze Übergangszeit. Husfeldt startete, nun bereits über 70 Jahre alt, mit Unterstützung seiner Frau und der während des Krieges in das Elternhaus zurückgekehrten Tochter Karla (Maywald) neu mit einem Papierwarenhandel in dem kleineren ehemaligen Tapetenladen.

Erst im Alter von 82 Jahren musste Jürgen Husfeldt 1955 aus gesundheitlichen Gründen seine Berufstätigkeit aufgeben und verstarb wenige Monate später.

Das Geschäft wurde an die Firma Georg Bentz: Geschenkartikel, Spiel- und Papierwaren vermietet, und Karla Maywald wurde als Filialleiterin eingestellt. Besonders zu erwähnen ist auch das durchaus spezielle Spielwaren-Angebot im hinteren Geschäftsbereich. Bentz bot exklusiv in Gaarden die ersten Siku-Automodelle sowie erste Lego-Sortimente und die Modellbaubögen aus Wilhelmshaven mit den Schiffs- und Flugzeugmodellen an. Die Firma Georg Bentz war ein Tochterunternehmen des Großhändlers Udo Bünsch, dessen Firma im Haus Nr. 11 am Alten Markt gegründet worden war. Einen weiteren Laden mit dem Namen Georg Bentz gab es noch in dem Eckhaus Brunswiker Straße Nr. 19. Nach den Kriegszerstörungen der gesamten Brunswiker Straße zog dieses Geschäft an die Ecke Bergstraße und Wilhelminenstraße.

Schon recht bald nach dem Krieg (1949) errichtete Karl Georg Ganzenmüller gegenüber in der Elisabethstraße Nr. 55 sein neues Schuhgeschäft. Die nun frei gewordenen Geschäftsräume übernahm die Firma Leder-Arp (Gebrüder Arp), später Leder-Werner. Als nachfolgender Mieter trat hier der Kaffeeröster Eduscho auf.

In den Laden von Bentz zog später die Kingsgard-Reinigung ein. Immer wieder wechselnde Pächter mit verschiedenen Geschäften folgten. Diese Geschäfte gibt es im neuen Jahrhundert nicht mehr. Die in Gaarden so geschätzte Filialleiterin von „Bentz", Karla Maywald, starb im Jahr 2008 im Alter von 93 Jahren. Das Haus Elisabethstraße Nr. 54 mit der eindrucksvollen Fassade war noch bis 2012 im Familienbesitz und wurde von Herrn Jürgen Haalck, einem Enkel von Jürgen Husfeldt und Sohn seiner ältesten Tochter Anni, über Jahrzehnte betreut und liebevoll saniert.

In dem Nachbarhaus mit der Nr. 52 erinnert auch nichts mehr an das Kaffee- und Schokoladengeschäft nebst Confiserie von Max Bammler, dem damals dieses Haus gehörte. Er und die älteste Tochter von Jürgen Husfeldt, Anni, hatten eine klassische Gesangsausbildung. Lange Zeit später sprachen alte Gaardener noch über die beeindruckenden gesanglichen Einlagen dieses Paares bei den vielen längst vergangenen kommunalen Veranstaltungen. Bammlers Geschäftsnachfolger wurde eine Filiale von Arko-Kaffee aus Wahlstedt.

Auch das Haus Nr. 50 wurde im Krieg zerstört. Im Neubau hatte später der Optiker Petersen sein Brillengeschäft. Nur an wenigen Häusern dieses Abschnitts der Elisabethstraße sind noch die alten schönen Fassaden aus der Kaiserzeit erkennbar. An dem Eckhaus, welches schon zur Johannesstraße gehört und in dem einst das Hotel „Holsteiner Hof" war, nagt bereits sichtbar der Zahn der Zeit.

SEIT 1899: SCHUHHAUS GANZENMÜLLER

Schon 1899 führte der Weg des wandernden Schuhmachers Karl Gottfried Ganzenmüller aus dem königlichen Württemberg nach Kiel. Er ging aus Bopfingen in Schwaben, wo er am 17. Dezember 1872 zur Welt kam, auf Wanderschaft in Richtung Norden. Als in Hamburg 1892 die Cholera ausbrach und 9.000 Menschen ums Leben kamen, floh der junge Schuhmacher weiter bis nach Ostholstein. Von dort aus verschlug es ihn dann nach Kiel. Karl Ganzenmüller eröffnete 1899 in dem Haus Damenstraße Nr. 52 sein erstes Kieler Schuhgeschäft und wurde, weil er die Offiziere und Mannschaften der Marine mit Seestiefeln versorgte, sogleich kaiserlicher Hoflieferant.

ABB 31 | Das erste Geschäft von Karl Gottfried Ganzenmüller in der Damenstraße, später Wall, um 1900. Foto privat/Familie Ganzenmüller

Die Damenstraße war einst ein sehr sandiger Spazierweg, der, so sagt man, erst durch die Finanzierung der Damen aus Kiels besserer Gesellschaft gepflastert wurde und somit zu dem Namen kam. 1904 wurde die Straße umbenannt in „Am Wall" und 1906 nur noch „Wall". Die Damen, die heute hier ihrem Gewerbe nachgehen, kamen erst viel später.

Im Jahr 1900 heirateten in der Nikolaikirche Karl Gottfried Ganzenmüller und die aus Mecklenburg von einem Gut stammende Emma Marie Elisabeth Schöning. Sie brachte ein uneheliches Kind mit in die Ehe. Der Mecklenburger Gutsherr vermachte der jungen Mutter eine größere Geldsumme, und dieses Geld brachte Emma Marie mit in die Ehe. 1904 kaufte das Ehepaar Ganzenmüller das Haus Elisabethstraße Nr. 55 für 38.550 Goldmark sowie das daneben liegende Grundstück für weitere 6.000 Goldmark (1 Goldmark in 1900/1912 = 5,17 Euro in 2014). Im Kaufvertrag mit dem Zimmermannsmeister Blöcker war vereinbart worden, dass Blöcker auch ein Mietshaus auf dem Nachbargrundstück (Elisabethstraße Nr. 57) für Ganzenmüller errichten musste.

Das erste große Schuhgeschäft mit dem Namen „Ganzenmüller" wurde im Jahr 1905 in der Elisabethstraße Nr. 55 eröffnet. Das zweite Gaardener Schuhgeschäft von Scheffler befand sich schräg gegenüber vom neu eröffneten Laden. Aber der wirtschaftlich aufstrebende Stadtteil bot für beide Fachgeschäfte beste Voraussetzungen für einen lukrativen Umsatz.

Am 14. April 1909 erblickte im Hause Ganzenmüller die nächste Generation das Licht der Schuhhandelswelt. Karl Georg Jakob Ganzenmüller wurde geboren. Nach Beendigung seiner Schulzeit lernte Karl Georg zunächst den Beruf des Bankkaufmanns und übernahm erst 1935 von seinem Vater die Geschäftsführung des Schuhladens in der Elisabethstraße. Karl Georg heiratete im Jahr 1935 Maria Reuffenheuser, die eine gelernte Textilkauffrau aus Köln war und später mit ihrem kaufmännischen Geschick und einer beispiellosen Energie das Gaardener Fachgeschäft für Schuhmoden über viele Jahre hinweg leiten musste. Das Ehepaar hatte fünf Kinder: Karl Anton Ganzenmüller wurde im Juli 1936 als ältester Sohn und potenzieller Geschäftsnachfolger geboren. Es folgten 1938 Elisabeth, 1939 Elke, 1943 Robert, der später in der Augustenstraße einen Elektrobetrieb führte, und im Jahr 1945 Rolf als jüngster Sohn. Aber zu allem Kindersegen kam, dass der Vater Karl Georg in den Krieg nach Stalingrad musste. Aus dieser schrecklichen Schlacht des Russlandfeldzugs wurde Karl Georg im Jahr 1942 mit übelsten Verletzungen ausgeflogen. Das linke Auge hatte er verloren, und der Oberschenkel wurde ihm durchschossen. Die Wunde wollte auch im Kreise der Familie in Kiel nie wieder ganz ausheilen. Zu allem Übel gingen in den letzten Kriegstagen – am 20. April 1945 – noch

ABB 32 | Schuhhaus Ganzenmüller in der Elisabethstraße 55, 1950. Foto privat/Familie Ganzenmüller

Bomben auf Gaarden nieder, die das Haus Ganzenmüllers vollständig zerstörten. All die ansehnlichen Häuser aus der Gründerzeit in der Elisabethstraße bis hin zur Augustenstraße wurden endgültig zu schwarzverkohlten, unbewohnbaren Ruinen.
Erst 1949 gelang es Karl Georg Ganzenmüller, sein Geschäft wiederzueröffnen. Er hatte das Haus nur mit dem Erdgeschoss und dem Keller wieder neu errichten können. Schleppend begann nun in Deutschland, in Kiel, in Gaarden und in dem neuen Schuhgeschäft von Ganzenmüller ein wirtschaftlicher Aufschwung.
Ganzenmüller erlebte den großen Erfolg seines neuen Schuhgeschäftes nicht mehr. Er erlag bereits im Jahr 1951 seinen Kriegsverletzungen, so dass plötzlich seine Witwe Maria mit fünf Kindern und der Geschäftsführung allein dastand. Sie bewältigte zu dieser Zeit jede der ihr gestellten Aufgaben und führte das kleine Unternehmen in eine neue Zeit. Der erstgeborene Sohn Karl Anton Ganzenmüller ging zunächst auf die Kieler Hebbelschule und sollte eigentlich hier mit dem Abitur abschließen. Aber die häuslichen und besonders die geschäftlichen Verhältnisse forderten den früheren Einstieg in eine der Familientradition entsprechende Aufgabe. Er verließ die Schule mit der Mittleren Reife. Anschließend absolvierte er seine Schuhverkäuferlehre in der Holtenauer Straße Nr. 14 bei August Victor und er-

ABB 33 | Die Belegschaft in historischen Kostümen anlässlich des 75-jährigen Geschäftsjubiläums 1974. Foto privat/Familie Ganzenmüller

weiterte danach seine Fachkenntnisse in den großen Schuhgeschäften des „Schuh-Königs" von Westfalen, Gerstenberg, deren Schaufensterfronten bis zu 60 Meter lang waren. Allein im Geschäft in der Stadt Hamm waren 60 Verkäufer und Verkäuferinnen angestellt.

1961 kehrte Ganzenmüller junior auf Wunsch seiner Mutter wieder zurück nach Kiel. Er musste jetzt in das Familienunternehmen einsteigen, sodass er im Jahr 1963 die Geschäftsführung übernehmen konnte. Im gleichen Jahr heirateten Karl Ganzenmüller und die damals 25-jährige Ursula Behrwind. Ursula Ganzenmüller trat in jeder Hinsicht das Erbe ihrer Schwiegermutter an. Auch sie wurde die „Seele" der Gaardener Geschäfte und eine im Kreise ihrer 12 Mitarbeiterinnen und zweier wechselnder Lehrlinge hoch respektierte Chefin.

Das Ehepaar Karl und Ursula Ganzenmüller bekam zwei Töchter und einen Sohn, die jedoch keine Ambitionen zum Schuhhandel entwickelten. Karl ließ bereits 1970 den Hof hinter dem Haus Elisabethstraße Nr. 55 derart überbauen, dass jetzt eine umfangreiche Abteilung für Kinderschuhe darin Platz fand. Nachfolgend wurde eine Filiale in Wellingdorf gleich neben dem Kaufhaus Marckmann eingerichtet. Eine Filiale unter dem Motto „Kein Paar über 30,- Mark" gab es bereits seit 1964 in der Johannesstraße Nr. 47. Das Haus in der Elisabethstraße Nr. 55 konnte ab 1981 endlich im Rahmen der Sanierung des gesamten Quartiers einschließlich einer Fundamenterneuerung ganz neu aufgebaut werden, sodass an vier Etagen jetzt wieder eine Jugendstilfassade mit viel Stuck wie zur Gründerzeit entstand. Zunächst nur als eine Zwischenlösung zog das Schuhhaus Ganzenmüller direkt an den Vinetaplatz in das Haus des Malermeisters Lagoni und blieb dort bis nach dem 100jährigen Geschäftsjubiläum im Jahr 1999. Mit der Fertigstellung des Hauses Elisabethstraße Nr. 55 wurde der Laden im Erdgeschoss umfirmiert. Das Geschäft lief jetzt unter dem Namen Quick-Schuh. Unter diesem Namen firmierten dann auch die Filiale in der Johannesstraße und von 1990 bis 2001 ein Geschäft in Bordesholm. Bis zu ihrem Tod im Jahr 1990 wohnte Frau Maria Ganzenmüller noch in dem Haus Elisabethstraße Nr. 55 und nahm regen Anteil am Geschäft. Karl Anton Ganzenmüller war unermüdlich und weitete seine Verkaufsaktivitäten bis nach Greifswald und Stralsund aus. Dort eröffnete er nach Testverkäufen auf den Wochenmärkten in der Umgebung der Städte mehrere Quick-Filialen. Karl Anton und Ursula Ganzenmüller gaben am 31. März 2003 alle Geschäfte auf und zogen sich nach erfüllter Lebensleistung ganz ins Privatleben zurück. Für das alteingesessene Schuhgeschäft gab es keinen Nachfolger.

Stahl & Stiller: Zentrales Kaufhaus für Heimtextilien im kaiserzeitlichen Prachtbau am Vinetaplatz

Erst mit der Vorlage des Bebauungsplans von 1900 wurde im Jahr 1903 die Elisabethstraße bis zum Karlstal weiter bebaut. Der Vinetaplatz entstand, und um ihn herum hatten die großen Miethäuser aufwendiger gestaltete Fassaden als die vergleichbaren großen Häuser anderer Gaardener Straßen. Am auffälligsten jedoch ist auch heute noch das etwas klotzige, vierstöckige Gebäude zwischen der Elisabethstraße und der Wikingerstraße. Mit den damals reich verzierten Ecktürmen und den immer noch herausragenden mächtigen Erkern an allen Seiten entsprach der Baustil fast so den prächtigen Häusern, die links und rechts am Berliner Kurfürstendamm zu finden waren. Das Gebäude zeigt mit seiner äußerlich sehr beeindruckenden Gestaltung den architektonischen Zeitgeist und wohl auch das „Glanz- und-Gloria-Denken" im damaligen kaiserlichen Kiel. In diesem so auffälligen und absolut zentral gelegenen Haus in der Elisabethstraße Nr. 59 eröffneten Christian Stahl und Gustav Stiller am 3. November 1906 ein zunächst recht kleines Kurzwarengeschäft. Sie waren die ersten Mieter in diesem Neubau, den der Vertreter für Manufakturwaren Michael Siemen und der Buchbinder Riemer gemeinsam erbaut hatten. Die beiden Männer waren aus bürgerlichen Verhältnissen und bereits seit ihrer Kindheit sehr eng befreundet. Sie wussten durch das erlernte kaufmännische Wissen auch vom damit verbundenen Umgang mit Geld und Bankgeschäften. So erweiterten sie mit ihren Fähigkeiten das Sortiment in dem angemieteten Geschäftsraum. Als dieser zu klein wurde, mussten weitere Ladenflächen im Haus dazugemietet werden. Nach nur drei Jahren konnten die beiden recht sparsamen und wirtschaftlich denkenden Männer 1909 das Haus den bisherigen Besitzern Michael Siemen aus dem Sophienblatt Nr. 1 und der Witwe des Buchbinders Riemer abkaufen.

Christian Stahl stammte aus Nortorf, wo er am 31. Dezember 1878 geboren wurde. Er heiratete im Jahr 1910 die Kielerin Christine Behrens, und 1911 wurde dem Ehepaar der Sohn Wilhelm geboren. Im gleichen Jahr berief die Gaardener Volksbank Christian Stahl in den Aufsichtsrat. Die Firma war jetzt unter dem Namen „Stahl & Stiller, Manufaktur-Handel und Warenhaus für Beamte" im Handelsregister eingetragen.

Aus der Firma Stahl & Stiller wurde ein Familienbetrieb, als Gustav Stiller die Schwester von Christian Stahl, Grete, zur Ehefrau nahm. Das Geschäft konnte nun nach dem Kauf des gesamten Miethauses weiter ausgebaut werden, um so den

ABB 34 | Firmengründer Gustav Stiller, um 1938. Foto privat/Familie Stahl

ABB 35 | Firmengründer Christian Stahl, um 1938. Foto privat/Familie Stahl

Wünschen der Gaardener Kundschaft, der es aufgrund der regen Schiffbautätigkeiten auf den Werften sehr gut ging, gerecht zu werden. Die Erweiterung sollte sich bis in den Ersten Weltkrieg hinein so weit fortsetzen, dass das komplette Heimtextilsortiment vom Kaufhaus Stahl & Stiller angeboten werden konnte. Außerdem hatte sich das Haus in den Jahren bis weit über die Grenzen des Stadtteils Gaarden einen guten Namen gemacht, und somit kamen auch Kunden aus den benachbarten Stadtteilen und auch vom Westufer der Stadt. Eine noch recht kleine Damenmodeabteilung rundete das Warenangebot ab. Auf dem Hof, erreichbar über die Haustür oder die Einfahrt in der Wikingerstraße, hatten Stahl & Stiller einen Verkaufsraum an einen Herrenausstatter vermietet. Bis 1916 machte das gesamte Geschäft einen beachtlichen Umsatz, der danach durch die Kriegsein- und auswirkungen stark einbrach. Damals hat sich die Bevölkerung nicht nur in Gaarden stark einschränken müssen. Es gab Lebensmittel und Bekleidung nur mit Zuteilungsscheinen, und in vielen Städten kam es sogar zu Hungersnöten. Erst mit den „Goldenen Zwanziger Jahren" kam zunächst ein leichter wirtschaftlicher Aufschwung, den dann auch das Kaufhaus am Vinetaplatz spürte. In der Zeit nach dem Ersten Weltkrieg kaufte sich das Unternehmen weitere Immobilien in der nächsten Umgebung seines Geschäftes, so auch ein großes Eckhaus mit vielen kleinen Ziergauben an der Johannes- und Elisabethstraße. Es fiel später wie einige andere der von

ABB 36 | Das Geschäftshaus Stahl & Stiller am Vinetaplatz, Ansichtskarte um 1916

Christian Stahl erworbenen Häuser den Bomben des Zweiten Weltkriegs zum Opfer.
Zunächst einmal wurde der Junior Wilhelm Stahl nach Beendigung der Schule und einer Lehre im elterlichen Haus in die Welt hinausgeschickt. So fuhr Wilhelm Stahl zur Erweiterung seiner Kenntnisse 1928 nach Hagenow und im Jahr 1931 nach Reutlingen. Dort ging er auf die Textilfachschule, von wo aus er dann bis 1933 beim Textilhändler Kreppna in Lüneburg tätig war. Abschließend arbeitete Stahl auch noch vorübergehend in Husum und in Schleswig bei Nissen sowie immer wieder in den Filialen des Unternehmens Stahl & Stiller in Itzehoe und Neumünster, bis er 1936 in die Geschäftsleitung des Gaardener Hauses aufsteigen konnte. Aber Wilhelm blieb nicht lange in Kiel, er musste 1939 zu den Soldaten an die Westfront. Später ging es auch in die Schützengräben nach Russland, wo der junge Stahl durch einen Schuss ins Bein und in die linke Hand so schwer verletzt wurde, dass die getroffene Hand im Gelenk steif blieb. In Gaarden fielen die Bomben und machten 1943 das gesamte Viertel zu einer Trümmerwüste. Das prächtige Geschäftshaus büßte seine Türme ein und wurde auf der Seite der Wikingerstraße sehr stark zerstört.
Nach 1945 hatten die Gründer der Firma Stahl & Stiller nicht mehr die Kraft, ihr so fleißig und sparsam erarbeitetes Geschäft wieder mit Optimismus aufzubauen. Christian Stahl und Gustav Stiller, die in enger Freundschaft ihr ganzes Leben partnerschaftlich miteinander verbracht hatten, starben beide im Jahr 1946. Als Wil-

helm Stahl endlich 1947 aus russischer Gefangenschaft wieder nach Kiel heimkehrte, fand er nicht nur den Stadtteil Gaarden zerstört vor, sondern zum Glück auch all das, was die Firmengründer inzwischen hinterlassen hatten. Durch die Aufteilung des Erbes der beiden Partner verkleinerte sich jedoch das Geschäftsvermögen des Warenhauses beachtlich, und das gesamte Textilgeschäft musste zusätzlich neu organisiert und den Nachkriegsbedürfnissen angepasst werden. Eine Herausforderung, die Wilhelm Stahl zu meistern wusste. Hinzu kam ein Wiederaufbau, der nur mit Krediten durchgeführt werden konnte. So musste auch die Seite des Hauses an der Wikingerstraße neu aufgebaut werden, wobei auf die Einfahrt in den Hof verzichtet wurde und eine Zufahrt über die Johannesstraße entstehen konnte.

Im Jahr 1947 heiratete Wilhelm Stahl die aus Preetz stammende Hella Fels. Im selben Jahr kam die Tochter Liesel zur Welt, und 1949 wurde dem jungen Paar Christian Stahl junior geboren. Der Familienvater Wilhelm begab sich nun mit der Eisenbahn auf Einkaufstour, denn die Nachfrage nach Textilien war trotz des allgemeinen Mangels in Gaarden noch groß. Einen Rückschlag gab es dann doch noch, als

ABB 37 | Großer Umbau bei Stahl & Stiller, 1955. Foto privat/Familie Stahl

im Jahr 1956/57 die Metallarbeiter für die Lohnfortzahlung im Krankheitsfall sehr lange streiken und dadurch in dieser Zeit deutlich weniger Einkommen hatten. Trotzdem wurde mit dem Umbau der gesamten Geschäftsräume schon 1955 begonnen, denn im Folgejahr sollte das 50-jährige Jubiläum gefeiert werden. In zwei großzügig angelegten Etagen mit übersichtlich sortierten Regalen bot das Textilgeschäft von Stahl & Stiller am Vinetaplatz ab 1956 Teppiche und Gardinen, Damen- und Herrenbekleidung, Stoffe und Weißwaren, Matratzen und Betten, Kurz- und Modewaren aller Art den überwiegend weiblichen Kunden an. Jetzt arbeiteten hier nahezu 25 Personen wie Verkäuferinnen, Schaufenstergestalter und Mitarbeiter in der eigenen Schneiderei, die hier die Gardinen maßgerecht anfertigten, sowie Fachkräfte für die Reinigung der Bettfedern und das Befüllen der Inletts.

Mit dem wirtschaftlichen Aufschwung nach dem Zweiten Weltkrieg stiegen auch die Umsätze des großen Gaardener Textilhauses, sodass dieses Unternehmen schnell wieder saniert, und von allen Kriegsschäden befreit, erfolgreich wurde. Dieser Erfolg sollte sich auch noch weiter bis in die 1990er Jahre fortsetzen. 1960 bekamen die Stahls nochmals Nachwuchs. Ihr Sohn Michael kam zur Welt, und 1965 begann der junge Christian Stahl seine Ausbildung bei der Firma Mohr in Ratzeburg. Nach dem Abschluss der Lehre wurde auch Christian „in die Welt geschickt", um seine Kenntnisse in der Textilbranche weiter auszubauen.

Mittlerweile war das Kaufhaus Stahl & Stiller dem „Kaufring", einer Einkaufs-Vereinigung mit anderen Heimtextil-Kaufhäusern, beigetreten, und so kam Christian Stahl nach Buxtehude, Dormagen bei Düsseldorf und auch nach Nagold in den Schwarzwald, wo er seine zukünftige Ehefrau Annelie, die wie er aus Kiel stammte, kennenlernte. Mit ihr gemeinsam studierte Christian Stahl, und so wurden beide zu Betriebswirten der Textilwirtschaft. Nach der Hochzeit 1975 traten Annelie und Christian Stahl 1976 als Führungskräfte in das elterliche Geschäft ein. Im Jahr 1980 übernahm Christian die Geschäftsführung des Kaufhauses. Zum 75. Jubiläum im Jahr 1981 wurde ein großer Umbau mit einer modernen Fassade und total neuer Inneneinrichtung in Angriff genommen. Jetzt führte eine breite, geschwungene Treppe in das erste Stockwerk, wo sich einst die beiden Schreibtische der Gründer gegenüberstanden. Hier entstanden jetzt die Abteilungen Gardinen und Aussteuer.

Das Haus spezialisierte sich, und es wurden auf der gesamten 500 m² großen Verkaufsfläche kleinere, feinere Abteilungen gebildet. Es waren aufwendige Abteilungen, wie z.B. anspruchsvolle Damen- und Herrenmode sowie die früher so beliebten Kittelschürzen. Auf die Reinigung der Bettfedern wurde zukünftig verzichtet. Im Laufe der Stadtteilsanierung wurden auch gegenüber die Restbestände der Häu-

ser Elisabethstraße Nr. 56 und Nr. 58 mit den zusätzlichen Schaufenstern von Stahl & Stiller, die seit 1950 hier mit allerlei Alltagsmode dekoriert waren, abgerissen. Ein neues, zeitgemäßes Kaufhaus für Heimtextilien entstand.

Wilhelm Stahl starb am 1. November 1984, und bald kam der Wandel. Spürbar wurden die Veränderung des Einkaufsverhaltens der Kundschaft und die Veränderung der Gaardener Einwohnerstruktur. Christian Stahl wollte nicht zu den Billiganbietern gehören, sondern wie immer schon Qualitätswaren verkaufen. Eine schwierige Zeit begann. Das Kaufhaus verlor immer mehr Kunden und musste sich folglich von Mitarbeitern trennen. Es schloss 1999 nach einem restlosen Räumungsverkauf. Annelie und Christian Stahl arbeiteten danach bis zur Rente gemeinsam in einem großen Kieler Autohaus. Die Verkaufsräume von Stahl & Stiller in dem prunkvollen kaiserlichen Haus wurden anschließend an die Ortskrankenkasse vermietet.

Etwas Besonderes im alten Gaarden:
Die Fachgeschäfte in den schiefen Häusern

Das Gelände um den über einhundert Jahre alten Vinetaplatz war einst saftiges Weideland und ist verhältnismäßig spät bebaut worden. Während an den vier Straßen, die ihn umgrenzten, Schul- und Kaiserstraße, Karlstal und Kieler Straße, bis 1885 lückenlose Häuserreihen entstanden waren, ist hier 1897 noch unbebautes Gelände gewesen. Zwischen dem Feldweg, von dem ein Teil um 1875 zur Kaiserstraße wurde, und dem jetzigen Vinetaplatz befand sich damals ein Wassertümpel, groß genug, um der Feuerwehr des Gaardener Männer-Turnerbundes als Übungsplatz zu dienen. 20 Turner wurden dort an Feuerspritzen und anderen Löschgeräten ausgebildet, bis die wachsende Gemeinde 1877 ihre Freiwillige Feuerwehr gründete. Nach dem Bau der Pickertkaserne (1877) ist der Tümpel zugeschüttet worden.

Über zwei Jahrzehnte, in denen sich das dörfliche Gaarden zu einem städtischen Werftarbeitervorort mit rund 14.000 Einwohnern (1900) entwickelte, blieb jenes Gelände ohne Straßen. Wie schon im Stadtplan von 1896 verzeichnet, wurde die Elisabethstraße zwischen 1897 und 1900 über die Kieler Straße hinaus nach Süden verlängert. Bis 1905 entstanden dann die östliche Johannesstraße, die Wikinger- und Medusastraße und mit ihnen um 1909 der Vinetaplatz. Nachdem das Kaufhaus Stahl & Stiller (1906), das Haus der Firma Lagoni (1903), das Haus mit der Uhr am Dachgiebel an der Ecke Wikingerstraße und bei der Medusastraße das Geschäftshaus des von 1908–1955 stadtbekannten Eisenwarengeschäfts Wilhelm Hansohm standen, war der Vinetaplatz 1910 allseitig umbaut. Von Beginn an war der Vinetaplatz von regem geschäftigen Leben erfüllt, vom Kundenstrom der neuen großen Fachgeschäfte und seit 1908 auch vom Betrieb des Wochenmarkts, bei dem sich neben den Linden, die den Platz seinerzeit umsäumten, die Pferdewagen der Bauern und Händler reihten.

Jene schiefen Häuser, die zwischen 1902 und 1908 ohne ausreichende Pfahlgründung auf moorigen Bodenschichten errichtet wurden, waren langsam um etliche Zentimeter in den Boden eingesunken. Sich stark neigend, wohl eher an das Schicksal der versunkenen Stadt Vineta und weniger an den dem Platz namengebenden Kreuzer der Kaiserlichen Marine erinnernd, sollten sie dann in den 1970er Jahren abgerissen werden. Schon vor 1920 musste, als sich das Straßenpflaster vor dieser Häuserreihe senkte, eine bezäunte, mit breiten, vierstufigen Treppen versehene Stützmauer angelegt werden, die dort den Vinetaplatz begrenzte und mit den um 1935 gepflanzten schattigen Ulmen das Straßenbild bereicherte.

ERNST-VICTOR-SCHUHE: ARBEITSSTIEFEL UND LACKSCHUH AUS EINEM SCHIEFEN HAUS DIREKT AM VINETAPLATZ

ABB 38 | Elisabethstraße 62 am Vinetaplatz, 1938. Foto privat/Michael Victor

ABB 39 | Elisabethstraße 62 nach Bombenschaden, 1943. Foto privat/Michael Victor

Es war im Jahr 1940, der Zweite Weltkrieg hatte gerade begonnen, als Ernst Victor das bereits gut etablierte Schuhgeschäft in der Gaardener Elisabethstraße von der Witwe Agnes Scheffler kaufen konnte. Gleich nach dem Tod von Armin Scheffler konnte die fast erblindete Frau Scheffler das Geschäft nicht weiterführen. Das Haus, in dem auch eine Drogerie ihre Ladenräume hatte, blieb im Eigentum der Familie Scheffler. Das Geschäft hieß jetzt Schuhwarenhaus Scheffler – Inhaber Ernst Victor.

Ernst Victor wurde 1906 in Kiel geboren. Sein Vater, August Victor, hatte ein Schuhgeschäft in der Brunswiker Straße, das später im Krieg total zerstört wurde. Der älteste Sohn, Karl, sollte dann nach dem Krieg das Geschäft am Dreiecksplatz in der Holtenauer Straße eröffnen. Die beiden anderen Söhne des August Victor sind nach Amerika ausgewandert, und Ernst ging nach Hamburg, um dort seine Lehre im Schuhgeschäft der Firma Dankert zu absolvieren. Dankert hatte Schuhe im gehobenen Segment, und Ernst konnte sich rühmen, einst die Füße des großen Thea-

ABB 40 | Michael Victor vor seiner Amerikareise mit seinen Verkäuferinnen, 1958. Foto privat/Michael Victor

termimen und Intendanten Gustaf Gründgens mit einer noblen Schuhmarke ausgestattet zu haben.

Die zahlreichen Bomben, die auf Kiel und somit auch auf Gaarden immer wieder von den Flugzeugen der englischen und amerikanischen Air Force abgeworfen wurden, trafen auch die Häuser in der Elisabethstraße. So wurde das Haus Nr. 62 zur Hälfte zerstört, und Ernst Victor musste nach dem Krieg aus der Ruine heraus seine Ware verkaufen.

Die Nachkriegszeit mit all ihren Entbehrungen endete in Gaarden erst, als wieder auf dem Werftgelände gearbeitet wurde und die Arbeiter auch in der Elisabethstraße wieder einkaufen konnten. Gummistiefel und Arbeitsschuhe waren wieder gefragt. Nur sehr langsam füllten sich die Regale der Geschäfte, und in Gaarden begann eine neue Zeit. In diesen Jahren, 1956, kam Michael, der Sohn von Ernst Victor, zu seinem Vater in die kaufmännische Lehre. Die Firma eröffnete eine Filiale am Sophienblatt, in einem der Häuser, die später dem Sophienhof Platz machen mussten. Am 9. März 1958 feierte das Unternehmen sein 50-jähriges Jubiläum. Jetzt firmierte „Victor-Schuhe" ohne den ehemaligen Inhaber, und der Sohn Michael ging nach den Lehrjahren nach Hamburg in eine Filiale von Schuh-Kay, um mehr Erfahrungen zu sammeln.

Allerdings hielt es den jungen Victor dort nicht sehr lange. Die Neugierde zog ihn in die Welt hinaus. Sein Ziel war New York, und er fand Arbeit in dem Salamander-Schuhgeschäft von Henry Beigel im Deutschen Viertel in der 86. Straße. Nach einiger Zeit bemerkte Mr. Beigel, dass Michael sein Geschäft verstand, und so wollte er seinen deutschen Mitarbeiter zum Filialleiter in Pennsylvania machen, um dort Schuhe an deutsche Einwanderer zu verkaufen. Aber Ernst Victor rief 1960 seinen Sohn als Teilhaber seines Geschäfts nach Gaarden zurück. Die Firma Ernst Victor wurde eine schleichende KG mit dem Ziel, dass Michael bald mit seiner Frau Marikka, die er 1965 geheiratet hatte, die Geschäftsinhaber wurden. Das Geschäft war so konzeptioniert, dass der große Teil der Auswahl an Schuhen sich in den Regalen des Ladens befand. Es wurde aus den Schuhkartons heraus anprobiert und dann verkauft. Folglich mussten am Abend wieder alle Kartons, deren Inhalt nicht verkauft wurde, wieder an den richtigen Platz im Regal zurückgestellt werden. Wenn im Winter die Kunden laufend neue Stiefel anprobiert hatten, standen die Verkäuferinnen am Abend in einem Berg von Kartons.

Durch die schiefe Lage des Hauses, es kippte nach links, neigte sich der Fußboden so stark, dass es zu Unfällen beim Betreten des Geschäftes kommen konnte. Das wurde am Ende der 1960er Jahre bei einem Umbau begradigt. Ebenso wurden auch

ABB 41 | Abriss der „schiefen Häuser" am Vinetaplatz, 1982. Foto privat/Michael Victor

neue Selbstwahl-Regale eingebaut, und es entstand ein zeitgemäßes, modernes Schuhgeschäft. Ein weiteres Problem mit dem schiefen Haus war, dass das Gelände von der Schulstraße (also zur Rückseite der Häuser am Vinetaplatz hin) stark abfiel. Bei andauerndem Regen liefen so mehrfach die Keller voll. Nicht nur die dort gelagerte Ware litt darunter, sondern es konnte auch wegen der verlegten Elektrik zu richtigen Katastrophen kommen. Es wurde Zeit zu handeln, das ganze Quartier zu sanieren, und so wurden 1982 die schiefen Häuser am Vinetaplatz abgerissen.

Das Schuhgeschäft Ernst Victor blieb noch in den alten Räumen, bis der erste Bauabschnitt fertiggestellt war, und zog dann dort ein. Um mit dem zweiten Bauabschnitt zu beginnen, mussten das Haus Nr. 62 und das Schuhgeschäft geräumt werden. Erst 1985 zogen die Victors mit ihren Mitarbeiterinnen in die jetzt ganz neuen Verkaufsräume mit einer sehr modernen Einrichtung wieder ein.

So entwickelte sich in den nächsten 15 Jahren das wachsende, erfolgreiche Geschäft unter der soliden Führung von Michael und Marikka Victor zu einer namhaften Institution in Gaarden. In all den langen Jahren hat Schuhhaus Victor keinen einzigen Mitarbeiter entlassen. Bis weit in das neue Jahrhundert hinein gab es ein jährliches Treffen der Victors mit vielen ehemaligen Verkäuferinnen. Nach 15 Jahren lief zur Jahrhundertwende der Pachtvertrag für das Schuhgeschäft aus. Michael Victor, der bereits im Rentenalter war, wollte keine Vertragsverlängerung, und die beiden Söhne hatten sich längst anders orientiert. Ernst Victor starb 2009 im Alter von 103 Jahren bei klarem Verstand.

Die Vineta-Drogerie von Heinz Friedrichsen

In einem der immer schiefer werdenden Häuser, Elisabethstraße 62, war von Anfang an eine Drogeriehandlung. Das Haus gehörte dem Kaufmann Sommer. Dieser hatte den 100 m² großen Ladenraum mit zwei Schaufenstern an die sogenannte Rolandsmühle und Drogenhandlung von Thode und Harder vermietet. Bald firmierte dieses Geschäft unter dem Inhaber A. Beer als Vineta-Drogerie und wurde so 1936 an Heinz Friedrichsen verkauft.
Heinz Friedrichsen (Jahrgang 1912) hatte in Eckernförde den Beruf des Drogisten gelernt und sich auf die Fotografie spezialisiert. Mit einem Verkaufsstand am Hindenburgufer besserte er sich zur Olympiade 1936 sein Anfangskapital auf, um sich sein Gaardener Drogeriegeschäft zu kaufen. Friedrichsen gründete eine Familie und zog in die zweite Etage des schiefen Hauses.
Während das Nebenhaus mit dem Schuhgeschäft den Bomben zum Opfer fiel, blieb das Haus Elisabethstraße Nr. 62, in dem sich die Drogerie befand, bei den vielen Luftangriffen unbeschädigt. Auch nach dem Zweiten Weltkrieg warb Fried-

ABB 42 | Heinz Friedrichsen mit Verkäuferin in der Fotoabteilung seiner Drogerie, 1952.
Foto privat/Familie Friedrichsen

richsen mit seiner Vineta-Drogerie als Fotohandlung, deren umfangreiche Abteilung gleich rechts den Kunden einlud, wenn er den Laden betrat. Links gegenüber waren der Tresen mit der Kasse und im Mittelgang dahinter die umsatzstarke Kosmetikauswahl, aus der zur Weihnachtszeit viele Flacons 4711 „Tosca" oder auch „Uralt Lavendel" verkauft wurden. Ganz hinten fanden die Kunden hier jene Dinge, mit denen sie ihre Wohnungen selbst renovieren konnten; es gab das Aktuellste, was an Tapetenmustern und Farbtönen den Zeitgeschmack traf.

In den 1950er Jahren blühte das Geschäft auf, und eine Filiale in Dietrichsdorf konnte 1955 in der Nachtigallstraße eröffnen, die sich später zum Fachgeschäft für Kosmetik entwickelte. Nachdem Friedrichsen 1961 sein 25-jähriges Geschäftsjubiläum feierte, machte er seinen Sohn Jens, der ebenso Drogist lernte, zum Leiter einer zweiten Filiale in Dietrichsdorf in der Insterburger Straße.

Der Geschäftsmann Friedrichsen hatte jetzt ein großes modernes Fotolabor in der Elisabethstraße Nr. 51 in dem Hofgebäude, das man durch eine Durchfahrt in der Johannesstraße erreichte. Das Haus mit der Filiale der Deutschen Bank gehörte ihm ebenso wie ein Ferienhaus am Schönberger Strand. In dieser Zeit, den 1960er Jahren, beschäftigte die Drogerie Friedrichsen 15 Verkäuferinnen, und zusätzlich wurden auch noch viele Drogistenlehrlinge im Hauptgeschäft und in den Filialen ausgebildet. Heinz Friedrichsen verkaufte 1977 seine Vineta-Drogerie, die jetzt zu einem Dromarkt wurde. So zwangen die Veränderungen im Einzelhandel auch immer mehr kleinere Fachgeschäfte zur Aufgabe. 1981 wurden auch die Filialen der Drogerie in Dietrichsdorf geschlossen. Heinz Friedrichsen, der rührige Drogist, starb 1996.

Schon vor dem Zweiten Weltkrieg existierte in dem Haus nebenan, Elisabethstraße Nr. 64, das Geschäft des Juweliers Petersen, dem auch das Haus gehörte.

Von 1907 bis 1999 am Vinetaplatz: Juweliergeschäft Arthur Petersen – Uhren, Schmuck, Bestecke

Geschäfts-Eröffnung.

Dem geehrten Publikum von Gaarden und Umgegend zur gefl. Kenntnisnahme, daß ich am heutigen Tage in meinem Hause

Elisabethstrasse 64, am Vinetaplatz,

ein Gold-, Silber- und Alfenide-warengeschäft,

verbunden mit eigener Werkstatt für Neuarbeiten und Reparaturen eröffnet habe.

Durch gute Ware, reelle Bedienung und billige Preise werde ich stets bestrebt sein, mir das Vertrauen meiner Kundschaft zu erwerben und bitte ich, mein junges Unternehmen gütigst unterstützen zu wollen.

Hochachtend
Arthur Petersen, Goldschmied.

ABB 43 | Anzeige in den Kieler Neuesten Nachrichten vom 7. Dezember 1907

Der Goldschmied und Juwelier Arthur Petersen, der am 31. Juli 1878 in Gaarden geboren wurde, aber aufgrund seiner schwedischen Vorfahren zunächst Arthur Reinhold Niels Persson hieß, wurde 1905 amtlich eingedeutscht und hieß erst von da ab „Petersen" mit Nachnamen. Der gelernte Goldschmied eröffnete am 7. Dezember 1907 am Vinetaplatz in dem Haus Elisabethstraße Nr. 64 sein Fachgeschäft für Gold, Silber und Alfenidewaren (heute Neusilber). Zwei Jahre später, am 11. September 1909, heiratete er Martha Bayer. In den folgenden Jahren baute Petersen seinen Betrieb zu einem sehr bekannten und angesehenen Geschäft für Uhren, Schmuck und Silberwaren aus. Sein Erfolg gründete sich auf dem handwerklichen Geschick und seinen Fertigkeiten als Graveur. Arthur Petersen ahnte schon vor 1920, dass die Häuser am Vinetaplatz wegen des moorigen Untergrundes dem Verfall ausgeliefert waren und somit dem Abriss immer näher kämen. Er wusste, dass sein Haus mit den Nachbarhäusern auf einer Betonplatte und eben nicht auf einer stabilen, ausreichenden Pfahlgründung erbaut worden war. Alle seine Einwendungen blieben ungehört, so auch eine Eingabe aus dem Jahr 1931 an den Polizeipräsidenten.

Der clevere Goldschmied und Firmengründer einer namhaften Gaardener Institution starb 1942. Seine Witwe Martha Petersen führte das Geschäft weiter mit ihrer Schwester Wilhelmine, die seit ihrer Jugend im Haushalt und Geschäft tätig war und wenig später ihre Geschäftspartnerin wurde. Sie stellten am 1. Dezember 1952 den Uhrmachermeister Christian Berg als Mitarbeiter ein. Er heiratete dann auch bald jene Wilhelmine Bayer, die Mitinhaberin. Martha Petersen, Wilhelmine Berg und ihr Mann Christian führten dann das Geschäft bis ins hohe Alter.

Ein Zeichen der Verbundenheit mit dem Stadtteil zeigte das kleine Unternehmen als Lieferant der traditionellen Schützenvereine, wie der Alten Gaardener Gilde und dem Gaardener Verein. Von diesem Juweliergeschäft kamen die Königsketten, Orden, Eh-

ABB 44 | Blick in den Verkaufsraum von Juwelier A. Petersen – Inhaber Chr. Berg, 1979. Foto privat/Bodo Feld

renabzeichen und Pokale mit den vielen entsprechenden Gravuren. Ein altes Auftragsbuch zeigt noch handschriftlich alle Entwürfe über die ganzen Jahre hinweg auf. Christian Berg wurde 1961/62 selbst Schützenkönig der Alten Gaardener Gilde.
Am 1. November 1979 verkauften Wilhelmine und Christian Berg das Geschäft an Bodo Feldt. Dieser führte es dann unter dem alten und sehr bekannten Namen „Juwelier Arthur Petersen" fort. Das Haus gehörte aber weiterhin bis zum Abriss dem Ehepaar Berg. Wilhelmine Berg starb im September 1980, und der Uhrmachermeister Christian Berg verbrachte seine letzten Tage nach dem Abriss seines Hauses in einer neuen Wohnung in der ebenfalls zum Gaardener Sanierungsgebiet gehörenden Schulstraße. Er starb 1984 im 85. Lebensjahr.
Der gelernte Uhrmacher und Juwelier Bodo Feldt, der 1945 aus Westpreußen nach Kiel kam, war zuvor Geschäftsführer in der Kieler Filiale eines großen Unternehmens der Schmuckbranche. 1982 war dann der erste Bauabschnitt der Sanierung um den Vinetaplatz abgeschlossen, und am 2. August 1982 konnte Bodo Feldt mit seiner traditionsreichen Firma endlich in die neu errichteten Räume des ersten Bauabschnitts in der Elisabethstraße Nr. 76 einziehen und dort im Dezember 1982 das 75-jährige Firmenjubiläum feiern.
Das vorhandene breite Warenangebot wurde von dem neuen Besitzer Bodo Feldt nun mit modischen Artikeln ergänzt, und er erweiterte auch das Uhrensortiment. Bestecke und Artikel der Soltauer Zinngießerei rundeten das Angebot ab. Selbstverständlich blieben auch weiterhin die Anfertigungen für die Gaardener Schützenvereine der mit dem Stadtteil besonders verbindende Geschäftszweig.
Freundliche Bedienung, fachliche Beratung durch geschulte Mitarbeiterinnen bei einem großen Warenangebot waren wichtige Bestandteile auch dieses Unternehmens. Selbstverständlich gehörten auch kostenlose Schmuckpflege, Gravuren in kürzester Zeit sowie sämtliche Goldschmiedearbeiten nach wie vor zu diesem Geschäft mit seinen vielen Stammkunden, die ihm die Treue hielten.
Später musste Bodo Feldt nochmals mit seinem Geschäft umziehen. Der letzte Bauabschnitt wurde im Jahr 1985 fertiggestellt, und der Name Arthur Petersen stand ab jetzt über der Tür des Hauses Elisabethstraße Nr. 66b.
Der Vinetaplatz bekam ein neues Gesicht mit einem attraktiven Brunnen, den seit 1987 eine Plastik mit einem tanzenden Paar von Hans Kock wunderbar verziert. Das erste Gaardener Brunnenfest wurde auch unter der Mitwirkung von Bodo Feldt veranstaltet. Nach der Umgestaltung des Quartiers änderten sich die Kundenströme, und viele alteingesessene Fachgeschäfte mussten bald schließen. So beendete im Juli 1999 auch der Juwelier „Arthur Petersen" seine Geschäftstätigkeit.

Die Konditorei von Dietrich Sobottka:
Das kleine gemütliche Café am Vinetaplatz

Der Eigentümer des Hauses mit dem Café in der Elisabethstraße Nr. 64 war seit 1909 der Juwelier Petersen, der auch sein Geschäft in demselben Haus hatte.
Nachdem hier die Filiale des Bäckers Steffen noch vor dem Zweiten Weltkrieg ausgezogen war, hatte der Konditormeister Karl Schreiner daraus nach 1934 eine Konditorei mit integriertem Café gemacht und dieses Geschäft bis 1967 erfolgreich geführt.
Schreiner verkaufte an seinen ehemaligen Gesellen Dietrich Sobottka, der 1941 in Ostpreußen geboren wurde und in Barsbek in der Probstei groß geworden war. Sobottka hatte den Beruf des Bäckers und Konditors in Plön und in Preetz über fünf Jahre hinweg gelernt, bis er endlich nach Kiel kam. Arbeitssuchend hatte der Junggeselle sich auf dem Arbeitsamt gemeldet und prompt die Adresse einer freien Stelle bei Karl Schreiner am Vinetaplatz bekommen. Glück gehabt! Immer wenn Dietrich Feierabend hatte, ging er ein paar Häuser weiter, um hier in das Schaufenster von Arko, dem Süßwarenladen, nach der netten Verkäuferin Brigitte Ausschau zu halten. Es kam natürlich so, wie es auch kommen sollte: Die beiden heirateten 1967, nachdem Dietrich Sobottka seine Meisterprüfung abgelegt hatte.

ABB 45 | Konditorei und Café Dietrich Sobottka vorm. Karl Schreiner, Elisabethstraße 64, 1967. Foto privat/Familie Sobottka

Hinter der Karriere des Konditormeisters Sobottka stand der ihm freundlich gesonnene Karl Schreiner. Bei seinem erst 26 Jahre alten Nachfolger wusste der mittlerweile 68-jährige Schreiner sein Geschäft in den besten Händen. Am 3. Mai 1967 waren Dietrich und Brigitte Sobottka die neuen Geschäftsinhaber der Konditorei in dem schiefen Haus in der Elisabethstraße Nr. 64 – direkt am Vinetaplatz. Das junge Paar bezog auch die Wohnung direkt über dem Café. Dietrich hatte vorher nur ein Zimmer von dem Hausbesitzer Petersen gemietet. Die neuen Geschäftsinhaber legten sich von Anfang an mächtig ins Zeug. Da hatten sich zwei fleißige junge Menschen gefunden, die mit viel Elan und mit Freude ans Werk gingen. Das sollte über die vielen gemeinsamen Jahre auch noch so weitergehen. Hier wurde ein sehr erfolgreiches Unternehmen aufgebaut. Die Kunden gaben sich sprichwörtlich die Klinke in die Hand – immer war mindestens ein Kunde am Verkaufstresen, und mehrere saßen stets im Café. Das ging von morgens bis abends so, und an den Wochenmarkttagen war der Laden proppenvoll. Hinten in der Backstube wirkte der Meister mit seinen Gesellen, während seine Ehefrau den Laden leitete. Sobottka entdeckte auch sehr bald, wie er seinen Umsatz erhöhen und mehr Kunden in sein Geschäft ziehen konnte. Jetzt fing er schon des Nachts um 1.00 Uhr an und backte Brötchen für den Verkauf gleich am frühen Morgen. Das war für die traditionelle Konditorei neu – hatte aber (schon wieder) Erfolg. Dieser Erfolg hielt bis 1982 an. Dann wurde das schiefe Haus am Vinetaplatz abgerissen, und die Konditorei musste umziehen. Im Rahmen der Sanierungsmaßnahmen um den Vinetaplatz wurden die schiefen Häuser in zwei Abschnitten abgerissen. Als der erste Bauabschnitt fertiggestellt war, zog vorübergehend der gesamte Konditoreibetrieb mit der Backstube, allen Maschinen sowie dem Café und allen Einrichtungsgegenständen dorthin. Auch der alte Verkaufstresen musste für ganze drei Jahre mit in die Interimslösung des Geschäftes.
Erst am 1. November 1985 konnten die neuen Betriebsräume an alter Stelle wieder bezogen werden. Das wurde ein sehr heller, schöner und ganz moderner Verkaufsraum unter den attraktiven Arkaden am vollständig neu gestalteten Vinetaplatz. Für ihr neues Geschäft suchte sich das Ehepaar Sobottka während einer Fachmesse eine sehr exklusive Einrichtung eines Ladenbauers aus Wiesbaden aus. Sie legten großen Wert auf die Ausleuchtung des modernen Verkaufstresens, und die Farben der Möbel waren passend und ansprechend ausgewählt. Das Café war jetzt mit gemütlich aussehenden, wertvollen Tischen und bequemen Sesseln ausgestattet. Von der Decke tauchten goldschimmernde Kronleuchter den romantisch anmutenden Raum in einen gemütlichen Lichterschein. Ein Ambiente, das dem Geschmack von Brigitte Sobottka entsprach und damit den Gästen ihres Cafés einen gehobenen und heimischen Eindruck vermittelte. Das hatte Stil.

> **Neueröffnung**
> **Freitag, den 1.11.1985**
>
> # Dietrich Sobottka
> **Konditorei · Café · Telefon 73 13 81**
> **Elisabethstraße 64 b (Neubau)**
>
> Wir würden uns freuen, wenn wir Sie wieder in unseren neueingerichteten Räumen begrüßen dürfen. Am Eröffnungstag und am 2. November servieren wir Ihnen ein Kännchen Kaffee und 1 Stück Torte zum Preis von 3,90 DM. Aus unserer Bäckerei bieten wir Ihnen unsere leckeren Rundstücke für 5 Stück 1,- DM an.

ABB 46 | Anzeige anlässlich der Neueröffnung in den Kieler Nachrichten vom 1. November 1985

Mit einer Aufsehen erregenden Eröffnungsfeier und viel Optimismus ging es in die nächsten Jahre. Die Konditorei hatte jetzt bis zu 14 Mitarbeiter. Darunter waren Auszubildende sowohl im Verkaufs- wie auch im handwerklichen Bereich. In der Backstube wurde bereits früh um 6.00 Uhr angefangen, um die Torten und die anderen vielen Kuchenspezialitäten herzustellen. Da waren die Brötchen schon längst vom Meister selbst fertiggebacken. Hier war um 15.00 Uhr Feierabend. Die Verkaufskräfte im Laden arbeiteten im Schichtbetrieb bis 18.00 Uhr. Und sonntags gab es im Laden auch noch Aushilfen. Jetzt kam in den Sommertagen noch ein großes Angebot an Speiseeis zum Straßenverkauf dazu. Frau Sobottka nahm gerne Studentinnen zur Aushilfe, die in einer höflich-intelligenten Weise die Kunden ansprachen und zuverlässig sehr viel Freude an der Arbeit hatten. Mit allen Aushilfen kam der Betrieb oftmals auf eine Anzahl von 20 Mitarbeitern, die, so versicherte Dietrich Sobottka, alle sehr motiviert waren. Nach nahezu 30 Jahren Café und Konditorei verkauften Dietrich und Brigitte Sobottka das Geschäft an den Bäckermeister Leefen, der sich schon länger sehr interessiert gezeigt hatte. Inzwischen ist das Konditoreigeschäft längst in andere Hände übergegangen. Das Café ist ganz anders möbliert worden. Es zeigt sich jetzt wie ein typisches Bäckerei-Café. Der alte bürgerliche Feinschliff ist nicht mehr zu erkennen. Gaarden hat sich verändert.

1952 AUF DEM NACHKRIEGS-WOCHENMARKT: ERNST UND GUNDA DRESSLER – OBST, GEMÜSE UND BLUMEN

Der Wochenmarkt, Tradition seit 1907, ist so etwas wie eine Bühne für das alte Gaarden. Von jenen Wochenmarkttagen auf dem Vinetaplatz in der Nachkriegszeit weiß Frau Gunda Dressler noch ganz genau zu berichten. Sie und ihr Ehemann begannen 1952 mit einem Markthandel und verkauften an ihre Gaardener Marktbesucher frisches Obst und Gemüse. Frau Dressler ist die Tochter einer Drogisten-Familie. Die Eltern betrieben eine Drogerie an der Ecke zur damaligen Kattenstraße, direkt gegenüber der Seegartenbrücke. Ernst Dressler wurde 1928 in Schlesien geboren und heiratete die zwei Jahre jüngere Gunda im Mai 1949. Das Paar legte den Grundstein für ein erfolgreiches Familienunternehmen, das auch noch weit ins neue Jahrhundert von ihren zwei Söhnen geleitet wird. Der Umbau des Wochen-

ABB 47 | Ernst Dressler und seine Frau Gunda mit ihrem Obst- und Gemüsestand auf dem Vinetaplatz, 1961. Foto privat/Familie Dressler

marktes im Rahmen der Sanierung des gesamten Quartiers wurde allerdings schon ab 1974 für den jetzt expandierten Gartenbaubetrieb „Dressler" nicht mehr interessant, und die Aktivitäten des Unternehmens wurden auf den Wochenmärkten auf dem innerstädtischen Exerzierplatz und dem Blücherplatz entsprechend verstärkt.

Das in ganz Kiel bekannte Gartencenter Dressler liegt am Rande der Stadt in Russee. Hier wohnt auch Gunda Dressler, und das ist ihre Geschichte, die sie im Juli 2014 niederschrieb: „Es begann im Frühling 1952. Kaum ein Obst- und Gemüsehändler hatte zu dieser Zeit ein eigenes Fahrzeug, und so fuhren wir um 2.00 Uhr – mitten in der Nacht – zunächst mit dem Fahrrad zur Tankstelle von Anton Willer in die Hermann-Weigmann-Straße. Dort war der verabredete Sammelplatz für acht, zehn oder oftmals sogar zwölf Marktbeschicker. Alle setzten sich auf die Ladeflächen der Lastkraftwagen von den Spediteuren ‚Hansen' oder ‚Rehbehn', der sein Büro in seiner Wohnung im Gaardener Kirchenweg Nr. 51 hatte, um nun in aller Frühe zum Großmarkt nach Hamburg verfrachtet zu werden. Nicht nur die Wochenmarkthändler, sondern auch das jeweilige Leergut der unzähligen Obststiegen sowie die hölzernen Gemüsekästen der Großhändler und Gemüsebauern aus Vierlanden waren nun dichtgedrängt mit uns auf den Fahrzeugen verstaut. Nach mehr als eineinhalb oder oft gar auch über zwei Stunden mit angewinkelten Knien, den Rücken fest gegen die Seitenplanken gedrückt inmitten der Kisten, war es eine wohltuende Erlösung, als uns beim Öffnen der schweren LKW-Plane die ersten Sonnenstrahlen begrüßten. Es ging dann sofort ans Einkaufen der frischen Waren, wie dem Obst je nach Angebot, dem Gemüse – das knackte noch richtig, so frisch war es – und der bunten Pracht von Blumen aus den Treibhäusern regionaler Gärtner. Alles wurde neben die LKW unserer Speditionen gestapelt, um anschließend in einer genauen Reihenfolge, nach Händlern sortiert, verladen zu werden.

Am nächsten Morgen, ca. 5.00 Uhr, stapelte sich, nach Artikeln sortiert, jeder der Wochenmarktbeschicker seine Ware fein säuberlich neben seinen Marktstand. Das Wort Logistik kannte noch keiner im Jahr 1952. Aber hier muss von einer logistischen Meisterleistung gesprochen werden. Es klappte einfach alles. Ausnahmslos zufriedene Kunden waren dann der Lohn für die Strapazen. Kenner, die ja immer in aller Frühe auf den Markt kamen, wussten genau, wo sie das frischeste Gemüse angeboten bekamen. Sie erkannten genau, dass das Knacken und Knirschen der Ware an der absoluten Frische lag. Frisch – genau das war es, was die Menschen auf die Wochenmärkte in der Stadt zog. Nach dem Krieg und der Zeit vieler Entbehrungen wurde wieder besonderer Wert auf qualitativ gutes Essen gelegt. Die Märkte wurden folglich immer voller, auch auf dem Vinetaplatz.

ABB 48 | Der erste Lieferwagen von Ernst Dressler, 1961. Foto privat/Familie Dressler

Der Vinetaplatz wurde ab 1958 unser Hauptmarkt. Es gab auf dem Markt zu dieser Zeit keine freien Standplätze mehr. Wir begannen dort um 4.30 Uhr gleich mit allem Elan, gepaart mit einer großen Portion guter Laune, um dem Kundenansturm gerecht zu werden. Neben uns gab es noch weitere Anbieter von Obst, darunter auch Südfrüchte und Gemüse, sowie Blumen, Topfblumen, Schnittblumen, Balkon- und Gartenpflanzen – die ganze Palette. Andere Stände handelten mit Fisch, Fleisch und Wurst oder mit Eiern und Käse – eben alles, was der Kunde an Frischware auf einem großen Wochenmarkt erwartete. Überwiegend haben die Leute noch Plattdeutsch gesprochen – die Markthändler sowieso, aber auch viele Gaardener Kunden. Es wurde stets und mit allen viel erzählt und sehr viel gelacht. Trotz einer regen Betriebsamkeit und der Enge auf dem Markt überstrahlte alles eine gewisse dörfliche Ruhe und Harmonie. Keiner hatte es sonderlich eilig.

Das Marktgewerbe fand unter freiem Himmel statt und war natürlich höchst wetterabhängig. So konnte ein verregneter Markttag schon mal recht unangenehm ans Nervenkostüm gehen. Da erinnere ich mich an ein fürchterliches Unwetter. Die Gullydeckel in der tiefer liegenden Elisabethstraße wurden hochgedrückt, und überall auf dem Vinetaplatz schwammen Kartons und Kisten, aber auch jede Menge Ware. Es waren ein fürchterliches Gewitter und ein Chaos auf dem Wochenmarkt. Trotzdem sind wir am nächsten Samstag alle wieder auf dem Markt gewesen – alle Händler und alle Kunden. Es war eine Zeit von ungebremstem Optimismus und gegenseitiger Motivation."

Ein Leben für und mit dem Käse: Ernst August Cordes – Markthändler auf dem Vinetaplatz

Im Jahr 1958 war der Gaardener Wochenmarkt auf dem Vinetaplatz immer brechend voll. Nicht nur die Marktstände standen dicht an dicht, sondern auch die Kunden mussten sich drängen, um bei ihren Stammhändlern ihre frische Ware zu bekommen. In der Reihe der Fleisch- und Wurstwaren hatten auch sieben Käsehändler ihre Marktstände.

Einer von ihnen war Ernst August Cordes – wahrlich ein Mann vom Fach. Er hatte alles über Käse von Grund auf gelernt und zu seiner Passion gemacht. Seine Arbeitsstelle war die Meierei in Raisdorf, die eine von sechs Meiereien des aus der Schweiz stammenden Gregor Bamert war. Dazu gehörten zwei weitere Meiereien in Schleswig-Holstein und drei in Westpreußen, die nach dem Zweiten Weltkrieg verloren gingen. Die Spezialität dieser Betriebe war, durch die Herkunft des Inhabers bedingt, der Schweizer Käse. Der 1933 geborene Cordes wendete und pflegte

ABB 49 | Ernst August Cordes in seinem Käsestand auf dem Gaardener Wochenmarkt, um 1971.
Foto privat/Familie Cordes

während seiner Lehre die 100 Kilogramm schweren Käselaibe und war auch sonst ein so fleißiger Mitarbeiter, dass es Bamert durchaus positiv auffiel. Er übergab Ernst August Cordes und dessen Frau Renate nach der Heirat im Jahr 1957 den Laden in der Raisdorfer Meierei.

Bereits am 1. Februar 1958 wurde das junge Paar mit seinem Käsestand, einem gestreiften Zeltstand, auf dem Vinetaplatz aktiv. Damit aber nicht genug. Hinzu kamen auch der Markt auf dem Kieler Exerzierplatz sowie der auf dem Blücherplatz. Der Laden in Raisdorf blieb ebenfalls noch geöffnet. Auf dem Exerzierplatz hatte Cordes stets Pech mit seinem Personal, sodass er diesen Standort 1964 wieder aufgab. Aus Gaarden wollte der Käsefachmann aber nicht weg. Hier waren Höchstumsätze zu erzielen. Die Stammkundschaft wuchs, denn die Qualität, die Ehrlichkeit und die Freundlichkeit dieses Händlers wurden geschätzt.

Cordes bot Tilsiter Käse in mehreren Sorten, Schweizer Käse, drei Sorten Gouda (jung, alt und sehr alt), Harzer, Edamer Käse sowie selbstverständlich auch Importware aus Dänemark und Frankreich an. In den Raisdorfer Betriebsräumen ging Ernst August Cordes seinem Hobby nach, indem er in dem riesigen Käselager alle Produkte selbst angepackt, gedreht und gewaschen hat. Von den 1950er Jahren bis in die 1970er war der Gaardener Wochenmarkt für Cordes der Markt mit der kauffreudigsten Kundschaft, und jeden Markttag vor dem Beginn des Kundenansturms schnitt der Käsehändler von jedem Käse des Vortages die erste Scheibe ab, um so die Frische seiner Ware zu demonstrieren. Überhaupt hatte er einen sehr ansprechend dekorierten Verkaufsstand mit sauberen Schildern und übersichtlich gestapelter Warenpräsentation. 1971 wurde der Laden in Raisdorf geschlossen, und die Wochenmärkte in Friedrichsort und in der Stadt Neumünster wurden mit in den Marktverkauf einbezogen. Im Jahr 1974 zog der ganze Wochenmarkt wegen der Sanierung des gesamten Quartiers in die Wikingerstraße um. Mit Cordes zog nur noch ein weiterer Käsehandel mit an die neuen Standplätze, und das war schon zu viel für die wenigen Kunden, die ab jetzt nur noch den Wochenmarkt aufsuchten. Die Laufkundschaft blieb ganz weg. Cordes verkaufte zusätzlich noch Honig aus einer nahen Imkerei und belieferte ohnehin schon den Konditormeister Sobottka mit einer größeren Menge Quark. Trotzdem musste er zu dieser Zeit harte Umsatzeinbußen auf dem Gaardener Markt hinnehmen.

1976 zog die Familie in das jetzt eigene Haus in Löptin, welches vorher mit zu den Meiereien von Bamert gehörte. Bis zu diesem Tag hatten Ernst August und Renate Cordes noch keinen einzigen Tag Urlaub gemacht. Oftmals standen sie um zwei Uhr in der Früh auf und arbeiteten bis in den späten Abend hinein. All das spiegelte sich bald in dem Gesundheitszustand von Ernst August wider. Er hatte sich mit den vielen Wochenmärkten und seinem Einsatz für die täglich frischen vielen Tonnen Käse aufgearbeitet. Im Oktober 1999 verließ der bekannt ehrliche und freundliche Händler mit seinem gut sortierten Käsestand den Wochenmarkt in Gaarden. Er setzte sich in der alten Löptiner Meierei zur Ruhe und verkaufte sein ganzes Geschäft an eine Familie Müller. Am 25. Mai 2013 wurde Ernst August Cordes 80 Jahre alt.

ABB 50 | Wochenmarkt vor den „schiefen Häusern" am Vinetaplatz, Ansichtskarte 1958

Seit 1951 auf dem Wochenmarkt: Gerhard Haase – Der Eiermann vom Vinetaplatz

Ein Marktbeschicker, der hier immer wieder – Jahr für Jahr – dienstags und sonnabends anzutreffen ist, hat schon locker sein persönliches 50-jähriges Marktjubiläum hinter sich. Seit 60 Jahren fährt der mittlerweile über 80-jährige Gerhard Haase von Boostedt aus dem Kreis Segeberg nach Gaarden, um dort auf dem Markt Eier zu verkaufen. Das sind nahezu 100 km hin und zurück. Das erste Mal kam Gerhard Haase schon vor dem Zweiten Weltkrieg nach Kiel. Damals hatte er mit seiner Mutter noch lebendes Geflügel und Eier auf dem Exerzierplatz verkauft.
Nach dem Krieg teilten sich Mutter, Schwester und Gerhard Haase das Geschäft. Die Schwester ging nach Elmschenhagen auf den Markt, und Gerhard kam ab 1951 auf den Vinetaplatz. Von nun an sollte er jeden Dienstag und Samstag auf „seinem" Platz an dem Markthaus stehen. Es waren zuerst recht magere Jahre für den jungen Bauern Haase. Nicht nur mit der Maul- und Klauenseuche sollte er sich 1951 rumschlagen, sondern es gab auch karge Ernten, denn der Dünger war sehr teuer.
Also fuhr Gerhard Haase mit einem alten 180er Diesel vollbeladen mit mehr als 1.000 Eiern in Kartoffelkörben nach Gaarden. Die Eier wurden noch in Tüten verkauft. Dann ging es mit dem Handel auf dem Wochenmarkt steil bergauf, und ab 1957 fuhr Haase mit einem Hänger. Trotzdem musste die Schwester mit einem zweiten Pkw aus Boostedt kommen, um Nachschub an seinen Stand zu bringen. Jetzt verkaufte Gerhard Haase von Platten, die über Böcke gelegt wurden, fast 3.000 Eier. Als Haase 1970 schon über 4.000 Eier pro Markttag verkaufte und bei schlechtem Wetter alles nass wurde, kaufte er sich einen kleinen Verkaufswagen. Jetzt war die Zeit vorbei, dem Marktmeister hinterherzulaufen, um eine heile Verkaufsplatte und seinen Stammplatz zu erhalten.
Aber es gab für den rührigen Eierhändler auch Konkurrenz. Zu Beginn der 1970er Jahre fuhren Verkaufsfahrer mit Oldenburger Landeiern von Tür zu Tür. Das dauerte aber nicht sehr lange, und die Stammkundschaft kam schnell und leise zu Gerhard Haase zurück. Sein Platz war immer direkt an dem Markthaus, das war jedermann bekannt. Als dann die Trödler mit all den Textilien und anderen Kleinwaren kamen, fing die Enge auf dem Vinetaplatz an ungemütlich und eher kundenfeindlich zu werden. Hinzu kamen noch die Störungen durch die begonnenen Sanierungsarbeiten mit dem lauten Abriss der schiefen Häuser sowie das knallende Rammen der neuen Pfahlgründungen. Ab dieser Zeit mussten alle Marktbeschicker in die Wikingerstraße umziehen und sich dort einen neuen Platz „erkämpfen".

Es gab viel Ärger – auch mit den Kunden. Jetzt wurde es richtig eng, und die ersten der Händler, die schon seit den frühen Nachkriegsjahren auf dem Vinetaplatz einem regen, soliden Handel nachgingen, verließen für immer den Gaardener Wochenmarkt. Erst 1986 wurde die Neugestaltung des Vinetaplatzes abgeschlossen, und die Händler konnten zurückkehren. Da gab es auf einmal viel Platz für alle Händler. Aber der Lauf der Kunden und deren Zusammensetzung hatten sich mit den Jahren immer mehr verändert. Der Platz, der einmal für den Markt vorgesehen war, wurde in die Elisabethstraße verlegt. Nur Gerhard Haase war nicht zu erschüttern. Er bediente eine Stammkundschaft, die die Qualität seiner Waren zu schätzen wusste.

Der Hof von Haase und seinem Sohn in Boostedt hat für heutige Verhältnisse eine eher übersichtliche Anzahl von Legehennen, die artgerecht gehalten wurden. Eine Bodenhaltung wäre zu kalt, und die Hühner würden auch immer im eigenen Dreck laufen. Bei Freilandhaltung droht den Hühnern die Gefahr, vom Habicht geholt zu werden. Auf dem Haaseschen Hof befinden sich alle Hühner in einem gut belüfteten Stall und laufen auf Rosten. Um artgerecht zu scharren und sich wohl zu fühlen, kommen alle nach der Eiablage automatisch in den angebauten „Wintergarten".

So bekam Gerhard Haase in einem landesweiten Wettbewerb vom Ministerium einen Preis für die beste Hennenhaltung. Mit seinen 2.500 bis max. 3.000 Hühnern ist Haase nicht abhängig von den Discountern, sondern beliefert die Stammkunden in seiner Umgebung und fährt seit über 50 Jahren immer noch zum Gaardener Wochenmarkt auf den Vinetaplatz. Qualität verkauft sich, auch über die vielen Jahre hinweg, eben besser!

Heringsvariationen einer lebensfrohen Klavierspielerin: Elfriede Aaroe mit hausgemachten Marinaden auf dem Gaardener Wochenmarkt

Diese kleine, äußerlich unscheinbare Person mit dem etwas provisorisch aussehenden zusammengesteckten Zeltstand auf dem Gaardener Vinetaplatz war eine Institution des damals, in den 1960er bis 1980er Jahren, sehr regen Wochenmarktgeschehens. Elfriede Aaroe wurde in Tensfeld bei Bornhöved am 18. November 1939 als Elfriede Kiel geboren. Die Eltern hatten ein landwirtschaftliches Lohnunternehmen und förderten die musische Veranlagung ihrer Kinder. Die Tochter Elfriede spielte ausgezeichnet Klavier, und das führte sie bis ins hohe Alter mit zunehmender Leidenschaft fort. Nach ihrem Schulabschluss besuchte sie jedoch zunächst die Hauswirtschaftsschule in Hanerau-Hademarschen. Es ist wahrscheinlich, dass sie hier die Grundkenntnisse zur Marinaden- und Salatherstellung erwarb, die sie dann mit sehr viel Kreativität bis zur geschmacklichen Perfektion weiterentwickelt hatte.
Der aus Neumünster stammende Lebensmittelkaufmann Horst-Günther Aaroe gewann 1959 das Herz der jetzt 19-jährigen Elfriede Kiel. Die beiden heirateten im gleichen Jahr und bezogen ein Haus in Schönhorst, einem kleinen Ort, zwischen Flintbek und Preetz gelegen. Alles begann in der Garage dieses Hauses. Hier entstand die bescheidene Fertigungsküche für die später so begehrten und berühmten Marinaden, die zunächst auf dem Preetzer Wochenmarkt verkauft wurden. Die Kunden nahmen das Geschäft begeistert an: Endlich Ware, die nicht aus der Fabrik kam, sondern Köstlichkeiten, bei denen jeder die exklusive Hausmacherart erkennen konnte. Elfriede Aaroe hatte den Nerv der Zeit getroffen. Jetzt wollten die Menschen wieder qualitativ hochwertige Lebensmittel genießen. Ja, Zeitgenossen sprachen gar von einer neuen Fresswelle im Lande.
Nachdem der Sohn Hans-Joachim im Jahr 1960 geboren und man „aus dem Gröbsten heraus" war, wurde das Geschäft immer wieder erweitert, bis sich die Eheleute Aaroe auf einen für beide Teile passenden Ablauf geeinigt hatten. Das Paar betrieb bald auf vier Wochenmärkten regelmäßigen Handel. Zweimal fuhr Horst-Günther zum Wochenmarkt auf den Exerzierplatz und zweimal zum Einkauf auf den Hamburger Fischmarkt. Elfriede übernahm die Produktion und arbeitete in ihrer Garage – täglich mit Essig, Gewürzen und immer wieder mit kaltem Wasser. Das sah bald jeder ihren Händen an. Samstags stand Elfriede nun auf dem Vinetaplatz in einem Marktverkaufsstand, der einem alten Fischerehepaar abgekauft worden war und der, im Eigenbau in zwei Hälften geteilt, je einen Stand für Horst-Günther und

ABB 51 | Elfriede Aaroe in ihrem kleinen Fischverkaufsstand auf dem Gaardener Wochenmarkt, um 1970.
Foto privat/Familie Aaroe

einen für Elfriede abgab. Vor diesem Verkaufsstand bildete sich regelmäßig jeden Samstag eine Kundenschlange, oftmals bis über den halben Vinetaplatz, an allen Ständen vorbei. Selbst bei sehr vollem Marktgeschehen störte sich keiner an dieser Schlange.

Elfriede Aaroe hatte nur ganz frische Ware, die erst am Vortag in ihrer Garage hergestellt wurde. Matjes gab es in allen Variationen: Als Matjessalat oder in Sahnesoßen, saure Heringe und auch hiervon Salate und Heringsfilets in verschiedenen Marinaden, selbstverständlich auch Krabben und Krabbensalat sowie verschieden eingelegte Gurken und Fleischsalat. Alles Spezialitäten, deren Rezepte Elfriede geheim hielt. Selbst der Sohn Hans-Joachim sollte die Rezepte seiner Mutter nie kennenlernen. Im Winter wurde pausiert, weil es einfach zu kalt war, auf den Märkten zu stehen. Eine aufwendige Heizung war mit hohen Kosten verbunden. Ebenso scheuten sich die Aaroes, in den Urlaub zu fahren. Auch hierfür waren ihnen die Kosten zu hoch.

Zweimal, zu Weihnachten und zu Silvester, hatten Diebe die Kasse erbeutet. Das war ein sehr harter Schlag für eine Frau, die eher in spartanischer Weise lebte. 1990, als Horst-Günther Aaroe in Rente gegangen war, gab auch Elfriede ihre Tätigkeit als Markthändlerin auf. Jetzt war der Stand mit den Marinaden nicht mehr auf dem Vinetaplatz zu finden. Horst-Günther und Elfriede Aaroe lebten nun gemeinsam ganztags in Schönhorst, bis Horst-Günther 1999 starb. Elfriede zog mit der Familie ihres Sohnes für dreieinhalb Jahre nach La Gomera. Das war zwar ein sehr sonniges Leben, aber nichts für die kleine norddeutsche Frau. So kam die Familie zurück in das Herz von Schleswig-Holstein – nach Ellingstedt. Hier baute Elfriede sich einen neuen Freundeskreis auf. Die ohnehin positiv eingestellte Frau pflegte sehr regen Kontakt mit den Nachbarn und ging ihren liebsten Tätigkeiten wie dem Kochen und der gemütlichen Gastlichkeit, immer verbunden mit schönem Klavierspiel, ausgiebig nach. Sie fuhr einen flotten BMW, den auch recht sportlich, und rauchte schon seit vielen Jahren leidenschaftlich gern Zigaretten. Vielleicht war ja auch eben dieser recht starke Tabakgenuss der Grund für ihre markant tiefe Stimme. So lebte Elfriede Aaroe in dem Haus des Sohnes in Ellingstedt am Danewerk, bis sie schwer krank wurde und von ihrer Schwiegertochter gepflegt werden musste. Im Jahr 2004 schloss sie für immer die Augen und nahm ihre individuellen Rezepte für die köstlichen Salate und Marinaden mit ins Grab. Vielen Gaardener Marktgängern der 1970er und 1980er Jahre blieb diese freundliche Händlerin noch lange im Gedächtnis – wünschte sie doch jedem ihrer vielen Samstagskunden nach jedem Einkauf auch noch einen „schönen Sonntach".

Fisch war bis in die 1970er Jahre hinein ein preiswertes und vor allen Dingen ein inhaltsvolles Lebensmittel. In den letzten Jahren des Zweiten Weltkriegs wurde kaum noch in der Ostsee gefischt, und die Bestände aller Fischarten wuchsen dermaßen an, dass auch reichlich gefangen werden konnte. Fisch war billig. Auf dem Vinetaplatz waren auch außerhalb der Wochenmarkttage stets zwei Fischstände, die hier ihre frische Ware verkauften.

Die ganze Familie seit über 50 Jahren auf dem Vinetaplatz: Fischhandel Fentross – Makrele, Aal, Bückling, Dorsch, Hering und Butt

... sie und noch viele andere dieser Artgenossen gehörten schon seit Generationen zum Leben der Familie Fentroß. Sie kam 1946 aus Junkersacker in der Nähe von Danzig, daher also, woher so viele Fischer nach Heikendorf und Kiel flüchteten.
Als Fischhändler begannen die Fentroß schon 1951. Da bot Fritz Fentroß die frischen Fische nicht nur auf dem Vinetaplatz feil, sondern fuhr auch mit seinem dreirädrigen Goliath über Land. Fritz war wohl in jenen Tagen einer der Jungunternehmer, die alles ausprobieren mussten. Er hatte ein Lebensmittelgeschäft, in der Stormarnstraße ein Fischgeschäft, eine Nerzfarm, ein Taxi-Unternehmen und eben jenen mobilen Fischverkauf.
Fritz Fentroß feilschte schon auf dem Kieler Seefischmarkt in Wellingdorf um die damals noch in ganz großen Mengen angebotenen Fische. Er kaufte sie dort, nahm sie aus, putzte sie und verkaufte sie wieder. So beschickte er als mobiler Fischhändler die Wochenmärkte in Gaarden, Wellsee, Gettorf und Ellerbek. Doch die zahlreichen Unternehmungen wurden Fentroß bald zu viel, und so überredete er 1968 seinen jüngeren Bruder Erich, den Verkaufsanhänger zu übernehmen. Erich war eigentlich gelernter Maurer und Kranführer. Seit 1949 war er mit Ingeborg Neumann aus Stettin verheiratet. Beide hatten einen Sohn, Bernd, der 1953 geboren wurde und zunächst mit dem Fischhandel rein gar nichts „am Hut" hatte.
Auch Erich Fentroß kam ab 1966 als Markthändler auf den Vinetaplatz. Er fuhr aber auch die Touren seines Bruders ab. Mit einem gebrauchten Ford Transit verkaufte der Händler seinen Fisch in Elmschenhagen und Kroog, in Hassee und Wellsee sowie im Barkauer Land. Sohn Bernd interessierte sich für Autos. Dementsprechend machte er eine Lehre als Kfz-Schlosser, arbeitete als Tischler und ging zur Bundeswehr. Die Aussichten auf gute Verdienste lockten ihn dann doch in das elterliche Gewerbe. Bernd Fentroß platzierte 1976 den gerade erstandenen Verkaufswagen neben dem seiner Eltern, und zusammen mit seiner Ehefrau Mariette begann die Selbstständigkeit. Die Fische wurden, nachdem es den Seefischmarkt in seiner alten Form nicht mehr gab, bei regionalen Großhändlern und hiesigen Räuchereien eingekauft.
Als Bernd und Mariette Fentroß anfingen, gab es auf dem Gaardener Wochenmarkt noch sechs weitere Fischhändler. Bis um die Jahrhundertwende sind es nur noch zwei. Von 1984 bis 1989 hatten die jungen Eheleute direkt am Vinetaplatz noch ei-

nen Fischladen, der in den Räumen des ehemaligen Reformhauses Eckers gelegen war. Aber gegen Ende der 80er Jahre veranlasste ein Rückgang in der Nachfrage nach Fisch mehrere Marktbeschicker, ihren Handel einzustellen. Auch für das Ladengeschäft von Fentroß kamen magere Zeiten. Über die Durststrecke hinweg halfen auf dem Wochenmarkt nur noch die Stammkunden. Im Jahr 2004 starb Erich Fentroß, und 2010 folgte ihm seine Frau Ingeborg. Bernd Fentroß wird vielleicht noch bis 2018 jeden Dienstag und Samstag auf dem Gaardener Wochenmarkt seine frischen Fische verkaufen. Es ist fraglich, ob sich dann noch ein Nachfolger findet.

ABB 52 | Zerkleinern und Einlegen von Heringen, 1949. Foto H. Nafzger/StaK

ABB 53 | Ambulante Fischhändler ziehen mit frischem Fisch auf ihren „Schottschen Karren" durch die Straßen, um 1920. Sammlung Walter Ehlert

Der beste Matjessalat der Welt: Eine Kindheitserinnerung aus der Iltisstrasse

Wer das kleine Fischgeschäft von Emilie Totte betreten wollte, der musste sich drei Stufen hinunter ins Souterrain des Hauses Kirchenweg Nr. 36 begeben – und zwar von der Iltisstraße aus, denn das Haus war und ist ein Eckhaus. Der Verkaufsraum, vollgestellt mit einem winkeligen Tresen und einigen Holzfässern sowie einer Stellage für die Fischkisten, war nur so um die 25 m² groß. Zum Laden gehörte noch ein weiterer Raum, der aber durch eine immer geschlossene Tür der Kundschaft keinen Einblick gewährte.

Es roch nach frischem Fisch und Essiggurken – keine Spur von „Fischgestank". Der Laden, dessen Wände halbhoch und sehr gelb gefliest waren, zeigte sich appetitlich und sauber, wenn auch etwas feucht und kalt. In Holzfässern lagerten Salz- und Gewürzgurken sowie Sauerkraut. Frischfisch wie Makrelen, Heringe oder Rotbarschfilets stand in braun-gelben Fischkisten zum Verkauf bereit. Hinter dem Tresen auf der linken Seite, der mit einem Glasaufsatz als Verkaufs- und Präsentations-Installation gedacht war, bediente Emilie Totte mit schneeweißer Kittelschürze, die sie so elegant trug, als wäre es ein prunkvolles Ornat, ihre Kunden. Sie war eine recht stabil aussehende, freundliche Frau mittleren Alters. In meiner Erinnerung war Frau Totte eine beeindruckende Erscheinung, die mich sechsjährigen Jungen immer lächelnd ansah und stets mit netten Worten begrüßte. Mit einer bunten, im Grundton hellgrauen Kittelschürze und der wohl unvermeidlichen, hässlich schwarzen Gummischürze bekleidet, Fische schlachtend oder Fischsalate herstellend, werkelte an der anderen Ecke des Tresens die Mutter von Emilie Totte. Hier ließ diese mit einer spärlichen grauhaarigen Dutt-Frisur versehene kleine alte Frau in feiner Handarbeit den für mich besten Matjessalat der Welt entstehen.

Matjesheringe wurden aus in hellem Holz gefertigten Fässern verkauft, die schon äußerlich auf ihren Inhalt durch eine leichte Nässe hinwiesen. Das waren keine fertigen oder vielleicht sogar aus Holland importierten Filets, sondern ganze Heringe mit Gräten, Schwanz und Flossen. Da musste noch reichlich geputzt werden.

Matjesheringe als „ganze" Fische kamen stets mit Pellkartoffeln auf den Tisch. Bei uns zu Hause gab es sehr oft Heringe, denn die waren damals in den 1950er Jahren sehr billig. Frische Heringe, die wir selbstverständlich auch bei Frau Totte kauften, wurden gebraten und heiß aus der Pfanne verzehrt. Als Kind schaffte ich schon drei Stück. Die Heringe, die nicht gegessen wurden, legte mein Vater dann in eine Essiglake ein. Nur er kannte das optimale Rezept dafür. Das hatte er von seiner Mutter. Den wunderbaren, besten Matjessalat der Welt von Totte gab es abends auf Schwarzbrot – für mich auch schon als Kind ein Festessen.

Irgendwann am Ende der 1950er Jahre starb die alte Frau Totte, und Emilie nahm sich eine Hilfe ins Geschäft. Sie übernahm ab jetzt persönlich die Herstellung der Salate. Noch heute sehe ich Emilie vor mir, wie sie an dem hölzernen Ladentisch die einzelnen Fischstücke mit zerhackten Zwiebeln, kleingeschnippelten Gurken, Essig, Öl und anderen für den Geschmack sehr wichtigen Zutaten vermischte. Das Rezept, wie der Matjessalat seinen wunderbaren Geschmack bekam, blieb dabei immer ein Geheimnis.

Unvergesslich ist mir auch die Ladenhilfe geblieben, die nach dem Tod der Mutter nun hinter dem Verkaufstresen stand und alle anderen Arbeiten übernahm, wie das Schlachten der Fische oder die Reinigung des Fischgeschäftes. Sie hieß Lore und war so stark sehbehindert, dass sie eine Brille mit ganz dicken, glasbausteinartigen

Gläsern trug. Wenn ich sie ansah, konnte ich ihre Augen kaum durch diese Brille erkennen. Dabei musste ich sie, fasziniert von dieser Brille, immer wieder ansehen. Eine Begegnung der unvergesslichen Art hatte ich einmal mit Lore, als ich – jetzt bereits zehnjährig – Senf kaufen sollte. Meine Mutter hatte mir ein kleines Glas ohne Deckel und 20 Pfennige in kleinen Münzen gegeben. Der Einfachheit halber habe ich die Münzen in das Glas getan und mich dann die Treppen hinunter über die Straße hinab in den Fischladen begeben. Als ich den Laden betrat, hat Lore mich nicht erkannt. Sie hat mich etwas mürrisch angeblinzelt und gefragt, was ich denn wolle. Dass Emilie nicht im Geschäft war, empfand ich als unangenehm und stellte etwas kleinlaut mein Glas mit dem klingelnden Kleingeld auf den mich überragenden Glasaufsatz des Verkaufstresens. „Ich soll für 20 Pfennig Senf holen", sagte ich, und schaute der Lore blinzelnd auf die dicken Brillengläser, um dahinter die Farbe der Augen genauer zu erkennen. Lore drehte sich um und füllte den Senf – es gab nur eine Sorte – aus einem keramischen Behälter, auf dem „Petersens Senf" stand, pumpend in mein Glas. Dass darin noch das Geld war, hatte Lore nicht wahrnehmen können. Und somit versenkte sie all die kupfernen Münzen unsichtbar unter die glitschige, hellbraune, mittelscharfe Masse. Der Ärger danach blieb jedoch gering. Meiner Mutter war das zwar alles sehr peinlich, und so hat sie dann am nächsten Tag den Senf bezahlt. Sie wollte doch nicht wieder wie in den frühen Nachkriegsjahren Schulden machen und bei Frau Totte anschreiben lassen.

Neben dem kleinen bemerkenswerten Fischgeschäft im Souterrain des Hauses Kirchenweg Nr. 36 beherbergte das Erdgeschoss einen Eckladen, der früher von einem Lebensmittelhändler namens Kaul genutzt wurde. Nachmieter von Kaul wurde ein gewisser Schieferdecker, der das Haus dem Besitzer Jensen abkaufte. Irgendwann, es muss wohl nach 1960 gewesen sein, kündigte Anton Schieferdecker wegen „Eigenbedarfs" Emilie Totte, sodass sie notgedrungen mit ihrem Fischgeschäft umziehen musste. Einmal habe ich sie noch besucht, um selbstverständlich wieder Matjessalat zu kaufen. Frau Tottes kleiner gewordenes Geschäft befand sich jetzt in einem anderen Haus im Kirchenweg, nahe der Reeperbahn. Um in den Laden zu gelangen, musste ich jetzt zwei Stufen hochgehen. Frau Totte war wieder sehr freundlich. Sie sagte zu mir, dass sie sehr enttäuscht wäre über die Kündigung des Herrn Schieferdecker. Als ich ihren kleinen Notlösungs-Fischladen wieder verließ, da lächelte sie mir etwas traurig hinterher.

Das ist nun schon über fünfzig Jahre her. Aber immer dann, wenn ich Matjessalat esse, messe ich die Qualität an der des besten Matjessalates der Welt, und dann denke ich an das Lächeln der Fischfrau Emilie Totte und an ihren wunderschönen Fischladen in der Iltisstraße. (Walter Ehlert)

Seit 1874 Gaardener Apotheke: Die erste Apotheke auf dem Ostufer

1870 wurde auch das Karlstal, eine sumpfige Niederung, in Baugelände umgewandelt. 1875 beschloss der Gaardener Gemeinderat die Übernahme der Privatstraße vom Bauunternehmer und Ziegeleibesitzer Bleßmann. Der alte Straßenname, der nach dem Sohn des Bauunternehmers und Erbauers der Straße bereits vorher Carlstal lautete, wurde beibehalten. Die Straße hat seitdem ihren Verlauf nicht verändert und geht seit 1875 von der Schönberger Straße (ab 1910 als Werftstraße benannt) bis zur Kaiserstraße. Die Post im Klösterlichen Gaarden befand sich noch 1885 im Wohnhaus des Hufners Mordhorst an der Schönberger Straße, später in einem Eckhaus an der Schul- und Augustenstraße. 1895 wurde die Post dann in größere Räume in das Haus Augustenstraße Nr. 36 verlegt. 1901 errichtete die Post ihr Gebäude am Karlstal.
Die erste Apotheke in Gaarden war im Haus Werftstraße Nr. 155 (früher Schönberger Straße) untergebracht. Eine neue Apotheke wurde 1901 im Karlstal Nr. 22, an der Ecke zur Verbindungsstraße, erbaut. Im Adressbuch der Stadt Kiel von 1915 ist dort der Apotheker G. U. Krieg als Besitzer des Hauses und der Apotheke verzeichnet. Im selben Haus befand sich damals auch das Geschäft des Uhrmachers Petersen. Dann hatte der Apotheker G. Müller das Haus mit der Apotheke gekauft und diese mit dem offiziellen Namen „Gaardener Apotheke" eintragen lassen. Statt des Uhrmachers praktizierte jetzt der Arzt Dr. med. Begemann neben der Apotheke im Erdgeschoss. Die Räume der Apotheke wurden im Jahr 1934 noch erweitert, als der Arzt seine Praxis in dem Haus aufgab.
Im Zweiten Weltkrieg wurden fast alle Häuser im Karlstal total zerstört. Auf der rechten Seite von der Werftstraße an bis zum Postamt stand nur noch die Werkstatt des Tischlers, dort wo heute ein großes türkisches Restaurant seinen Sitz hat. Auf der gegenüberliegenden Straßenseite gab es bis zur Schulstraße hin kein einziges Haus mehr. Alles war in Trümmern. Der Apotheker Müller kam bei der Zerstörung seines Hauses und Geschäftes an der Ecke zur Verbindungsstraße um. Zerstört wurde auch das Haus Karlstal Nr. 35, in dem sich das Pastorat der Matthäus-Gemeinde und die Wohnung des Pastors befanden, sowie ein Anbau, der für den Konfirmandenunterricht genutzt wurde.
Die Villa nebenan mit der Nr. 37 war nur teilweise beschädigt. An der Ecke zur Elisabethstraße war das große Gebäude mit dem runden Erker, in das später die Apotheke einziehen sollte, zwar stark beschädigt, blieb aber durchaus bewohnbar.

ABB 54 | Ecke Karlstal/Elisabethstraße, Standort der Apotheke, Ansichtskarte 1911. Sammlung Wolfgang D. Kuessner

ABB 55 | Verkaufsraum der Gaardener Apotheke vor dem Zweiten Weltkrieg. Foto privat/Familie Kümmerle-Jensen

Dieses Haus war 1952 noch im Besitz der Friedr. Krupp Germaniawerft. Im Erdgeschoss befand sich auf der Seite zur Elisabethstraße der Schlachterladen von Chr. Danielsen. Der Eingang an der Ecke, direkt unter dem runden Erker, führte ab 1949 in die Gaardener Apotheke, die von Wilhelm Jensen in diesem Jahr eröffnet worden war. Jensen, ein Doktor der Pharmazie, hatte 1949 ein Privileg, also eine sogenannte Betriebserlaubnis, für diese Apotheke gekauft.
Bereits seit dem 13. Jahrhundert gibt es die Apotheken, wie wir sie heute kennen, als behördlich überwachte und an Vorschriften gebundene Herstellungs- und Abgabestellen für Arzneimittel. Auch ein sogenanntes Privileg, das an eine bestimmte Person gebunden war, ist seit dem 14. Jahrhundert nachgewiesen. Dr. Jensen hat für das Privileg sehr viel Geld bezahlen müssen, sodass er seine Apotheke noch über viele Jahre hinweg abbezahlen musste. Der Apotheker war mit einer eigenen Apotheke im mecklenburgischen Sternberg ausgebombt worden und zog mit Frau und Tochter nach Neubrandenburg, wo er die Uranus-Apotheke übernahm. Als diese bekannte Apotheke ein volkseigener Betrieb werden sollte, flüchtete Jensen mit seiner Familie nach Kiel. In der Gaardener Apotheke wurden zunächst Regale aus einfachem Holz, ein Tresen mit einer alten Kasse sowie ein aus heutiger Sicht recht antiquarisch anmutendes Laboratorium installiert.
Im Laufe der folgenden Jahre bekam die Apotheke aber ein doch sehr bemerkenswertes Interieur. Wer damals in den 1950er Jahren den Verkaufsraum betrat, sah staunend seine Dekoration und fühlte sich beinahe in den Orient versetzt. Kunstvolle kleine Wandteppiche und große mit arabischen Zeichen gepunzte Messingteller und -kannen schmückten nicht nur die Regale aus, sondern hingen in vielfacher Zahl an den Wänden rundherum und zeigten so einen Raum wie aus Tausendundeiner Nacht. Dazu kam noch ein fremdartig anmutender aber angenehmer Duft von exotischen Kräutern. All das war damals faszinierend und irgendwie geheimnisvoll.
Erica Jensen, die Tochter des Apothekers, studierte mittlerweile in Innsbruck und Tübingen Pharmazie und arbeitete zusätzlich in Konstanz. Wilhelm Jensen starb 1964. Die Apotheke wurde dann für die nächsten fünf Jahre an den Apotheker Lorik verpachtet, bis die Tochter von Dr. Jensen nach abgeschlossenem Studium der Pharmazie 1969 Inhaberin des väterlichen Geschäftes werden konnte.
Erica Jensen hatte während ihrer Zeit in Konstanz Jacob Kümmerle kennengelernt. Die beiden heirateten im Jahr 1973. Der Nachname Jensen wurde traditionell beibehalten, sodass die Apothekerin jetzt Erica Kümmerle-Jensen hieß.
Immer wieder musste die Apotheke das Labor und die weiteren Räume im rückwärtigen Teil des Gebäudes den Anforderungen neuester Arzneimittelforschungen anpassen. Auch der Verkaufsraum wurde im Laufe der folgenden Jahre ständig

ABB 56 | Das Laboratorium der Gaardener Apotheke, 1947. Foto privat/Familie Kümmerle-Jensen

umgestaltet und entsprach dem jeweiligen Zeitgeist bei Beibehaltung der orientalischen Dekoration. Immer wieder kamen größere Investitionen der Apotheke und ihrem Labor zugute.

Das Haus und besonders die Fassade wurden im Rahmen der Sanierung rund um den Vinetaplatz im Jahr 1980 renoviert. 1990 veränderte sich die Ladeneinrichtung zu mehr Sachlichkeit. Es entstand eine zeitgerechte Apotheke mit einem attraktiven Tresen zur Kundenberatung und einer Wartezone mit Sitzplätzen. Unverändert blieb die schöne Dekoration der Wände. Hier legten die Inhaber z.B. weiterhin Wert auf ein von dem ehemaligen Apotheker Jensen noch selbstgefertigtes buntes Kirchenfenster mit einer Bleiverglasung. Dieses Fenster hängt noch heute über dem Beratungstresen und wird Tag und Nacht effektvoll beleuchtet.

Jochen Kümmerle, Jahrgang 1973, der Sohn der Inhaber, hatte zunächst Medienwissenschaften in Marburg studiert und wechselte nach dem Abschluss ins pharmazeutische Studium. In der Gaardener Apotheke ist bereits der Generationswechsel vollzogen. Der Enkel von Wilhelm Jensen arbeitet sich schon in die Abläufe der traditionellen Gaardener Institution ein und wird ab 2016 das Geschäft übernehmen.

Klempnerei Gebhardt: Gegründet 1877 in der Schulstrasse 26

Der Firmengründer war Ludwig Johann Christoph Gebhardt. Er wurde im Jahr 1852 in Preetz geboren, ging hier in die Schule und lernte den Beruf des Klempners.
Der Ort Gaarden wurde zu dieser Zeit noch vom Amt Plön verwaltet und erst 1901 in die Stadt Kiel eingemeindet. Aber bereits im Jahr 1867 beschäftigte die Norddeutsche Werft am Sandkrug über 600 Arbeiter. Sogar die erste kaiserliche Yacht „Hohenzollern" wurde hier gebaut. Die Werftanlagen wurden später in die Schiffs- und Maschinenbau AG „Germania" eingegliedert und von Friedrich Krupp aus Essen übernommen. Nicht nur auf dem Werftgelände selbst, sondern auch in der näheren Umgebung setzte eine beachtliche Bautätigkeit ein, denn es wurden zunehmend Wohnungen für die wachsende Anzahl der Werftarbeiter gebraucht.
Gebhardt errichtete 1877 auf dem Grundstück in der Schulstraße Nr. 26 ein Haus an der Ecke zur Johannesstraße, auf dessen Hof sich die Klempnerwerkstatt befand. Er hatte am 26. Oktober 1877 die Tochter des Gaardener Hufners Johann Schnoor, Christina Magdalena, geheiratet.

ABB 57 | Das Ehepaar Ludwig Johann Christoph Gebhardt und Christina Magdalena, geb. Schnoor, 1880. Foto privat/Familie Gebhardt

Johann Schnoor gehörte ein Grundstück (eine Hufe) an der Hörn, auf dem die „Germaniawerft" errichtet wurde. Dieses Grundstück erstreckte sich von der Hörn bis zur heutigen Werftstraße, die einst Schönberger Straße hieß. Die Johannesstraße wurde 1877 nach Johann Schnoor benannt. Der Name wurde durch den damaligen Gemeinderat beschlossen. Am Ende zum Berghang hin legte man eine Wendeschleife mit einem Durchmesser von 15 Metern für Fuhrwerke an. Verlauf der Straße 1880: vom Berghang (Schönberger Straße) bis Schulstraße, 1903 Verlängerung bis zur Kaiserstraße.

Das Ehepaar Gebhardt bekam am 28. Februar 1881 den Sohn Heinrich Gustav Martin, der nach dem Abschluss der Schule im elterlichen Betrieb den Beruf des Klempners erlernte. Er übernahm am 1. Januar 1908 den „Betrieb für Bauklempnerei und Installation" in der Schulstraße Nr. 26 als Alleininhaber. Mit seiner Frau Martha Ottilie Henriette, geb. Hübner, der Tochter eines Maurermeisters aus Gaarden, hatte Heinrich Gebhardt zwei Söhne: Ernst und Ludwig. Im Jahr 1917 starb der Firmengründer.

Nachdem Ernst Gebhardt seine Gesellenprüfung, ausgezeichnet mit einem Ehrenpreis, absolviert und eine Zeit als Geselle im väterlichen Betrieb gearbeitet hatte,

ABB 58 | Der Firmengründer in seiner Werkstatt, 1907. Foto privat/Familie Gebhardt

ABB 59 | Heinrich Gebhardt (rechts) mit einem Mitarbeiter vor dem Dreiradfahrzeug seiner Firma, 1928. Foto privat/Familie Gebhardt

wurde er am 21. März 1936 Meister im Klempner- und Installationshandwerk. Ludwig, der zweite Sohn von Heinrich und Martha, studierte Jura in Kiel und wurde danach in den Staatsdienst übernommen.

Heinrich Gebhardt blieb bis zum 31. Dezember 1948 alleiniger Inhaber der Firma. Am 1. Januar 1949 firmierte der Betrieb in eine offene Handelsgesellschaft (OHG) um und hieß ab jetzt: „Heinrich Gebhardt & Sohn Installations- und Klempnereibetrieb". Die Gesellschafter waren Heinrich und Ernst Gebhardt.

Ernst hatte Ursula Richter geheiratet, und am 24. November 1946 wurde ihnen der Sohn Jürgen geboren, die nächste Generation in dem aufstrebenden Gaardener Klempnereibetrieb. 1948 kam der zweite Sohn, Karsten, und 1951 die Tochter Ingeborg zur Welt. Heinrich Gebhardt starb am 31. März 1956 und der Sohn Ernst wurde ab 1. Januar 1958 Alleininhaber der Firma Heinrich Gebhardt & Sohn. Im Jahr 1958 wurden das Haus in der Schulstraße mit den Werkstatt- und Büroräumen sowie die Ausstellung der Gasherde, Warmwasserbereiter, Dusch- und Wascharmaturen modernisiert. Die Firma Gebhardt wurde damit den Ansprüchen der Zeit gerecht und war so für die Herausforderungen der nächsten Jahre gut gerüstet.

Im April 1965 trat Ernsts ältester Sohn, Jürgen, als Lehrling in den elterlichen Betrieb ein. Kurze Zeit später, im November 1966, verstarb Ernst Gebhardt im Alter von nur 55 Jahren, sodass ab jetzt seine Witwe Ursula den Betrieb aufgrund des sogenannten Witwenprivilegs weiterführte. Als Betriebsmeister wurde Herr Wenzel Pluharsch in die Handwerksrolle eingetragen. Das Unternehmen wuchs kontinuierlich, und der Bekanntheitsgrad stieg. Hatte sich der Firmengründer mit Blecharbeiten, Gaslaternen und Dachrinnen beschäftigt, so änderten sich jetzt die Betätigungsfelder und somit auch das Leistungsangebot gerade für Privatkunden.
Die Geschäftsräume in der Schulstraße Nr. 26 wurden zu klein. Die Firma Gebhardt baute ein neues Betriebsgebäude auf dem Grundstück in der Kieler Straße Nr. 20 mit Wohnungen und Platz für das 5. Polizeirevier als Mieter sowie einem Werkstatthof mit Garagen. Das alte Haus in der Johannesstraße wurde im Rahmen der Sanierung der Schulstraße abgerissen.
Jürgen Gebhardt legte 1974 seine Meisterprüfung ab und übernahm den traditionsreichen Gaardener Betrieb in vierter Generation. Im Dezember 1977 wurde umfirmiert. Der Installations- und Klempnereibetrieb hieß jetzt: Heinrich Gebhardt & Sohn GmbH, und Jürgen Gebhardt ist der Geschäftsführer. Er konnte durch innovative Ideen und einen herausragenden Service die Marktstellung festigen, und der Betrieb wuchs weiter. Um den Anforderungen der neuen Zeit gerecht zu werden, musste das Handwerksunternehmen bald schon wieder in größere Räume umziehen. Seit Juni 1988 ist der Sitz der Firma Heinrich Gebhardt & Sohn im Gewerbegebiet Kiel-Wellsee. Ursula Gebhardt, einst die Chefin des Unternehmens, erlebte noch, dass mit ihrem Enkel Markus die fünfte Generation der traditionsreichen Klempnerfamilie in das Unternehmen eintrat. Sie starb im Jahr 2012.

1997 SCHLOSS DER LETZTE „TANTE-EMMA-LADEN" IN GAARDEN: DER MILCHLADEN CHRISTEN IM HAUS SCHULSTRASSE NR. 17

ABB 60 | Lebensmittelladen Hans Christen in der Schulstraße 17, 1995. Foto privat/Familie Christen

Als nach dem Ersten Weltkrieg 1918 die Welt neu aufgeteilt wurde, kam es dazu, dass Ostpreußen durch den polnischen Korridor vom Rest Deutschlands abgetrennt wurde und nur noch über die Ostsee unkontrolliert erreichbar war. Viele Menschen verließen jetzt Ostpreußen, um im westlicheren Deutschland der Weimarer Republik eine neue Heimat zu finden. So kam damals Johannes Christen mit seiner Frau Johanna aus Königsberg nach Kiel. Der Bruder von Johannes, Wilhelm Christen, hatte bereits einen Milchladen in der Elisabethstraße Nr. 113. Johannes eröffnete sein Geschäft in der Schulstraße Nr. 17, und 1919 wurde der Sohn Hans August Franz hier in der Schulstraße geboren. Johannes starb sehr früh und hinterließ das Geschäft seiner Frau Johanna, die es dann mit Hilfe ihrer Kinder, des Sohnes und ihrer Tochter Hanna, weiterführen konnte. Doch Sohn Hans sollte zunächst auf der Werft den Beruf des Drehers erlernen. Später, 1939 musste er in den Krieg ziehen. Johanna Christen und ihre Tochter Hanna bewirtschafteten das Milchgeschäft dann so gut wie es eben in den Kriegsjahren ging.

Als Hans, der das Glück hatte, unversehrt den Krieg als Gebirgsjäger zu überstehen, wieder nach Gaarden zurückkam, konnte er auf der Werft erneut als Metallarbeiter Fuß fassen. Nur zögernd begann der Wiederaufbau der Stadt, und auch in Gaarden deutete sich ein wirtschaftlicher Neuanfang an. Langsam füllten sich die Regale wieder in den Geschäften. Hans Christen und Ilse Schumacher heirateten im Jahr 1947, und 1948 kam der gemeinsame Sohn Hans-Peter zur Welt. Die junge Familie wohnte hinter dem Geschäft in einer Wohnung von ca. 20 m². Das Haus gehörte dem Glaser Harrs, der seine Glaserei auf dem Hof hatte und neben dem Milchladen noch ein Schaufenster mit Bildern und Rahmen dekorierte. Die Arbeit im Milchgeschäft nahm nun immer mehr zu, und Hans gab seine Arbeit auf der Werft auf, um jetzt mit seiner Ehefrau die Geschäftsführung zu übernehmen. Die Tochter Hanna heiratete den Tabakhändler Heinrich Wohlsen, der zunächst einen kleinen Kiosk und später ein Tabakwarenfachgeschäft an der Ecke Augustenstraße und Elisabethstraße hatte.

Der Geschäftsidee, mit einem Fahrrad mit Anhänger einen mobilen Milchhandel zu betreiben, ist es zu verdanken, dass Hans Christen einen kleinen Milchladen zum erfolgreichen Geschäft führte. Jeden Morgen fuhr der Kaufmann eine Tour zur Werft, um dort Milch und Brötchen zu verkaufen. Er kam dann gegen 8.00 Uhr zurück und fuhr mit neuer Ware eine zweite Tour, um Mitarbeiter in anderen Betrieben mit Frühstück zu versorgen. Über viele Jahre wurde Hans Christen täglich von seinem Schäferhund Harro begleitet, der bei allen Kunden, darunter die vielen Zulieferbetriebe der Werft, bekannt und beliebt war. Erst 1957 machte Hans den Führerschein und kaufte einen gebrauchten VW-Käfer, Modell „Standard" mit Zwischengas. Die Sitze wurden aus dem Wagen ausgebaut und machten so einigen maßgerechten Holzbrettern Platz. Mit Kisten, Kartons und Milchflaschen beladen ging es früh morgens auf die Verkaufstouren – jetzt ohne Hund. Selbstverständlich wurde das Verkaufsfahrzeug am Wochenende wieder zurückgebaut für den Familienausflug. Das Geschäft lief so gut, dass Hans Christen nun alle zwei Jahre ein neues Fahrzeug anschaffen konnte. Es war dann immer ein Opel-Caravan, und mit dem wurde das Wochenend-Zeremoniell stets wiederholt.

In den 1960er Jahren bekam Christen durch seinen hohen Bekanntheitsgrad auf der Werft auch Lieferaufträge von einem Schiffsausrüster für die im Dock liegenden

ABB 61 | Hans Christen hinter seinem Ladentresen, 1965. Foto privat/Familie Christen

Schiffe. Von der Wache am Werfttor wurde er mit seinen 40-Liter-Milchkannen im Fahrzeug selbst zu ungewöhnlichen Zeiten nicht mehr kontrolliert.

Immer wenn Hans auf Tour war, führte seine Frau Ilse den kleinen Milchladen, der nur 17 m² groß war. Sie stand morgens schon um 4.30 Uhr bereit, um die tägliche Milchanlieferung in Empfang zu nehmen und wechselte, wenn Hans von der Tour kam, in den eigenen Haushalt, zu dem jetzt auch die Versorgung der Schwiegermutter und die Erziehung des Sohnes gehörten. Während der Wochentage musste die gesamte Familie auf eine Mittagspause verzichten. Erst nach der Reinigung des Ladens und dem sehr aufwendigen Putzen der Milchverkaufspumpe, die mit jeder Pumpbewegung einen halben Liter Milch in die mitgebrachten Milchkannen pumpte, konnte das Geschäft nach 19.00 Uhr geschlossen werden. Der kleine Laden, so der Eindruck der Kunden, hatte immer geöffnet.

Mit den 1970er Jahren setzte eine große Veränderung im Einzelhandel ein. Die Kundschaft suchte sich neue Wege, um einzukaufen. Auch ein 14-Stunden-Tag und das „Anschreiben" sowie die persönliche Ansprache der Kunden – schließlich kannte man sich hier noch und nannte sich beim Namen – konnten diesen Wandel nicht aufhalten. 1972 machten Hans und Ilse Christen vierzehn Tage Urlaub. Der

Sohn Hans-Peter fuhr die immer kleiner gewordene Verkaufstour, und die Schwiegertochter bediente im Laden.

Gemütlichkeit und Atmosphäre waren die Eigenschaften, die einen Stadtteil wie Gaarden zu dieser Zeit auszeichneten und nicht zuletzt lebenswert machten. Diese Ära ging nun langsam aber stetig zu Ende. Vorbei war längst die Zeit, in der noch der Zucker in 500 Gramm-Tüten ausgewogen und die Milch einzeln in Flaschen abgefüllt wurde. Das Verkaufssortiment schrumpfte bald bis auf die Frischeartikel des täglichen Bedarfs. 1974 schloss Hans Christen seinen Milchladen und fuhr ganze vier Wochen mit seiner Frau in den Urlaub. Die kleine Milchtour bediente zwischenzeitlich die Schwiegertochter.

Im Jahr 1983 starb Ilse Christen. Hans Christen musste das Milchgeschäft jetzt ganz allein bewältigen, und das hieß für ihn, morgens nach der Milchanlieferung auf Tour zu fahren und dann erst um 10.00 Uhr den Laden zu öffnen. Eigentlich konnte das kleine Geschäft von den Kindern allein, die hier für Pfennige ihre Süßigkeiten kauften, nicht mehr bestehen. Der Laden schloss nun zur Mittagspause von 13.00 bis 15.00 Uhr und wurde ohnehin immer recht flexibel geöffnet, um jeden Kunden zufrieden zu stellen. Der Idealismus des Inhabers Christen, gepaart mit viel Herzblut, war es, was den Laden in den letzten Jahren noch in Betrieb hielt. Am 15. September 1997 fiel der fleißige Milchmann hinter dem Tresen in seinem kleinen Milchladen in der Schulstraße Nr. 17 um und stand nie wieder auf. Mit dem Tod des Besitzers endete die Institution „Tante-Emma-Laden" in Gaarden, und so ging auch hier ein Stück Gaardener Geschichte zu Ende.

Eis-Tempel: Gaardener Treffpunkt mit einem sakralen Namen in der Schulstrasse Nr. 20

Der Gründer der kleinen Eisdiele in der Schulstraße war der im Jahr 1901 in Rendsburg geborene Johannes Tempel, welcher zunächst auf der Werft als Anstreicher gearbeitet hatte und dann 1933 sein erstes Eisgeschäft an der Ecke Schulstraße und Augustenstraße eröffnete. Zu dieser Zeit kostete eine Kugel Eis nur 5 Pfennige. Der Laden lag direkt am Weg zur Fähre, und die Laufkundschaft, die auf oder von dem Weg zur Stadt kam, brachte den Umsatz spürbar in die Höhe.
Einer der ersten Bombenangriffe, die 1942 in Kiel schon viele Häuser zerstört hatten, traf auch das Haus mit dem Eisladen der Familie Tempel. Die gerade noch vorher angeschafften zwei neuen Eismaschinen und ein schöner neuer Verkaufstresen waren wie durch ein Wunder von den Bomben verschont geblieben und kamen in der Turnhalle der Schule in der Kaiserstraße zunächst in ein Zwischenlager. Tempel und seiner Familie wurden bald neue Geschäftsräume angeboten, und die Maschinen sowie der neue Verkaufstresen wurden in die Schulstraße Nr. 20 in einen Ladenraum, der sich im Souterrain des Hauses befand, gebracht. Vorher bot der Obst- und Gemüsehänd-

ABB 62 | Das Ehepaar Walter und Ursula Kuchel vor seinem Geschäft in der Schulstraße 20, 1950er Jahre. Foto privat/Familie Kuchel

ler Gebhardt, dem auch das Haus gehörte, hier seine Waren an. Im Mai 1943 hagelten wieder die Bomben auf Gaarden und zerstörten auch einen Teil des Hauses mit dem kleinen Eisladen, der dann bis 1948 nicht wieder geöffnet werden konnte.

Seit 1925 hatten Johannes Tempel und seine Frau eine Tochter namens Ursula. Als sie 1946 den Ellerbeker Walter Kuchel heiratete, plante ihr Vater bereits die Nachfolge für sein Geschäft. Im selben Jahr hatte Tempel dem Gemüsehändler Gebhardt das Haus abgekauft, und das junge Ehepaar zog in das Hinterhaus. Das Eisgeschäft verpachtete der alte Tempel jetzt an die Tochter und den Schwiegersohn, welche dann 1948 den neuen Eisladen mit einem zusätzlichen Imbiss eröffneten. Zu seiner kleinen Rente hatte Johannes Tempel jetzt die Pachteinnahmen und fuhr auch zusätzlich mit einer selbstgebauten Schottschen Karre im Sommer in die nähere Umgebung von Gaarden, um Speiseeis zu verkaufen.

1951 zogen auch die Senioren der Familie Gebhardt aus dem ersten Stockwerk des Hauses aus, und die junge Familie zog mit der jetzt bereits zwei Jahre alten Tochter ein. In der Etage darunter, welche wohl eher als Souterrain gemacht war, lag hinter dem Eisladen noch ein Zimmer. Hier standen ein großer Eisschrank und die Maschinen für die Speiseeisproduktion, einschließlich einem großen Kühlaggregat.

Es war auch noch Platz für eine kleine Küchenecke, die dem ganzen Raum eine recht gemütliche Atmosphäre verlieh. Das war der heimelige Platz für die Wiege des 1951 geborenen Sohns Torsten. Im Winter der ersten Geschäftsjahre arbeitete Walter Kuchel für einen Lesezirkel, und im Sommer war der Laden stets voller Kunden. Ein gutes Geschäft. Der Innenraum des Eisladens war hinter dem Tresen mit einem stimmungsreichen und mediterran anmutenden Gemälde ansprechend von dem Maler Ernst Hauser verziert worden. Als dann die Jugendherberge und das Gaardener Schwimmbad erbaut wurden, reichte das Warenangebot nicht mehr aus. Der Zustrom von überwiegend jungen Leuten ließ nicht nur den Umsatz bei den acht Sorten Eiscreme steigen, jetzt wurden auch Süßigkeiten aller Art täglich in großen Mengen verkauft. Die acht Sorten Speiseeis wurden von Walter Kuchel in dem hinteren Raum im Sommer täglich ganz frisch hergestellt. In dem Verkaufstresen waren vier versenkte Kühlbehälter eingelassen, die jeder zur Hälfte geteilt waren.

In den Folgejahren verkaufte das Ehepaar Kuchel sonntags geschlagene Sahne an die Gaardener Hausfrauen, die ihre Kuchen alle noch selber backten. Sonntags kam ja Besuch. Jeder Kunde erschien noch mit seiner eigenen Glasschüssel, die gewogen werden musste, um sodann mit der Sahne nochmals gewogen zu werden. Das sogenannte Tara-Gewicht wurde danach wieder abgezogen.

Schlug in den ersten Jahren Herr Kuchel die Sahne noch mit einem großen Schnee-

ABB 63 | Ursula Kuchel, geb. Tempel, mit ihrem Sohn Torsten hinter dem Verkaufstresen, 1961. Foto privat/Familie Kuchel

besen von Hand, so musste doch sehr bald eine Maschine mit zwei Besen die Arbeit übernehmen. Die Sahne lieferte der Milchhändler Pautke aus dem Kirchenweg.
Der Eisladen, den jeder nur über drei Stufen hinab betreten konnte, war immer gut besucht, und die 25 Stühle, welche vom Tischlermeister Murr, der gleich nebenan wohnte, gebaut waren, waren meistens besetzt. Auf Gemütlichkeit wurde bei Kuchels auch privat großer Wert gelegt, und Familienfeste wie Geburtstage von Kindern und Erwachsenen wurden in dem kleinen Hinterzimmer ausgiebig gefeiert. Silvester luden Ursula und Walter Kuchel die Nachbarn ein, schlossen die Ladentür und feierten im Hinterzimmer und Laden das Neue Jahr. Das Ehepaar Kuchel leistete sich erst von 1970 an einen regelmäßigen Urlaub, selbstverständlich erst ab Oktober, wenn die Eissaison vorbei war.
1980 hatte Walter Kuchel sich noch im Sanierungsbeirat für das Quartier rund um den Vinetaplatz, den Ebertplatz und die Schulstraße aktiv beteiligt. Aber der kleine gemütliche Eissalon mit dem sakralen Namen und den schön gearbeiteten 25 Stühlen wurde nach der Sanierung nicht mehr eröffnet. Walter Kuchel starb 2007, und seine Frau Ursula lebt seit 2009 in einer Seniorenwohnanlage an der Ecke zum Klausdorfer Weg. Johannes Tempel war bereits 1979 verstorben. Seine Schwester hatte lange Zeit in der Iltisstraße den kleinen Eisladen „Scharmer" geführt. Sie hatte nach dem Krieg mit einem mobilen Eisverkauf angefangen. Aber das ist eine andere Geschichte.

Dora Stamp 1920–1986: Das Original der „Tante Emma" aus der Schulstrasse Nr. 8

„Kolonialwaren und Flaschenbierhandel" hieß es auf der Genehmigung zur Geschäftseröffnung. 1920 machte das junge Paar Dora und Karl Stamp ein Geschäft in der Kieler Straße Nr. 21 in Gaarden auf. Das Haus stand an der Ecke zur Schulstraße und hatte zwei Eingänge. So befand sich der zweite Eingang mit der Hausnummer 14 in der Schulstraße. Das Haus gehörte dem Bäckermeister Max Mews, dessen Vater Christian es gebaut hatte. Der Laden von Dora und Karl Stamp befand sich neben der Bäckerei. Das Ehepaar wohnte in der zweiten Etage, und auf dem Dachboden hatte Karl Stamp seine Brieftaubenzucht. 1925 wurde ihnen der Sohn Hans Stamp geboren.

Am 24. Juli 1944 wurde das Haus bei einem Luftangriff total zerstört. Die Bewohner hatten sich in den Bunker geflüchtet, die Tauben haben nicht überlebt. Nur sechs Wochen danach fing Dora Stamp in der Schulstraße Nr. 8 wieder neu an. Hier, neben dem Schreibwarengeschäft von Volbehr, war vorher die Filiale der Kilia-Brotfabrik, die am Wall sowie im Papenkamp Fabrikationsgebäude hatte. Der

ABB 64 | Geschäftseröffnung von Dora Stamp, 1920. Foto Sammlung Wolfgang D. Kuessner

ABB 65 | Dora Stamp hinter dem Tresen ihres Lebensmittelladens, 1960er Jahre. Foto privat/Gerhard Stamp

Stammsitz war in Lübeck, und dahin zog sich die Bäckerei während des Krieges wieder ganz zurück.

In der Schulstraße Nr. 8 begann nach 1945 das Erfolgsgeschäft von Dora Stamp, die mit ihrem „Tante-Emma-Laden" sehr bald eine gewisse Berühmtheit erlangen sollte.

Tante-Emma-Laden ist eine in Deutschland umgangssprachliche Bezeichnung für ein kleines Einzelhandelsgeschäft, das oft so klein ist, dass nur eine Person, häufig die Ladenbesitzerin persönlich – eben die „Tante Emma" –, dort arbeitet. Überwiegend als Anbieter von Lebensmitteln sorgten sie früher häufig für die lokale Warenversorgung der Bevölkerung, und der Ankauf „auf Anschreiben" spielte eine besondere Rolle bei der persönlichen Kundenbindung. Früher war Emma, wie Minna, eine geläufige Bezeichnung für Dienstmädchen. Das Wort „Tante" wird mehrfach übertragen gebraucht, etwa für eine „(ältere) weibliche Person", und es ist jugend- und kindersprachlich üblich. „Tante Emma" mit der Bedeutung „Inhaberin eines kleinen Einzelhandelsgeschäfts" stammt aus der Nachkriegszeit. Bis 1966 sollte es noch dauern, bis Dora Stamp einen kleinen Ausgleich für die Kriegsschäden an ihrem Geschäft bekommen sollte.

Viele unrentabel werdende Kleinstbetriebe wurden in der Regel nicht sofort aufgegeben, sondern von einem Familienmitglied, meistens der Frau des Inhabers, als Nebenerwerbsbetrieb weitergeführt. Nicht so das Geschäft von Dora Stamp, die ein sehr rentables Geschäft in die Hände ihres Sohnes Hans und der Schwiegertochter Irma geben konnte. Nur der allseits bekannte Name „Dora Stamp" blieb. Aber die alte Dame blieb auch noch weiter im Geschäft. Sie kochte in der Küche, die sich unmittelbar hinter dem Laden befand, Griebenschmalz und Sauerfleisch zum Verkauf. Der erfolgreiche Kieler Unternehmer Dr. Hell schickte regelmäßig eine Angestellte, die in Gaarden wohnte, in das Geschäft, um hier diese Spezialitäten für ihn einzukaufen. Das kleine Geschäft in der Schulstraße gelangte so zu einer allgemeinen Berühmtheit. Hans Stamp, der seine Ehefrau stets „Püppi" nannte, hatte damit den Namen geprägt, der bei allen Kunden für die Bezeichnung des Geschäftes gebräuchlicher wurde als der Firmenname. Der Kreis der Stammkunden wurde kontinuierlich größer und der Laden ein beispielhaftes nachbarliches „Kommunikationszentrum". Die Vertreter der Industrie empfing Dora Stamp in ihrer Küche, und Weihnachten gab es dann in dieser Küche Gänsekeulen für alle.

Dora Stamp wohnte im Seniorenwohnsitz im Sandkrug und kam jeden Tag in ihr Geschäft. Wenn sie bei starkem Wind oder Glatteis nicht so recht vorankam, nahm sie sich zwei alte Bügeleisen in ihre Einkaufstaschen. So war sie schwerer und konnte nicht mehr wegwehen – sagte sie. Dora Stamp starb mit 84 Jahren im Jahr 1981. Sie erlebte die Schließung ihres Lebenswerks nicht mehr. Der Vinetaplatz und die Schulstraße sollten saniert werden. Das bedeutete das Ende für diesen jetzt 66 Jahre alten, im Quartier unverwechselbaren, liebevoll geführten kleinen Laden. Ostersamstag, am 26. März 1986, wurde das Geschäft geschlossen. Für Hans und Irma (Püppi) Stamp hieß es nun, in den Ruhestand zu gehen, und das gelang ihnen auch, vor allem in ihrem Feriendomizil an der Eckernförder Bucht. Jetzt brauchten sie nicht mehr um 5 Uhr in der Küche ihres Ladens mit der Arbeit anzufangen und bis nahezu 20 Uhr durchzumachen.

Der Sohn Gerhard Stamp (geb. 1952) lernte Kaufmann in einer Großhandlung für Tabakwaren und hatte später lange Jahre einen Kiosk an der Garnisonskirche in der Wik. „Püppi" Irma Stamp starb 1990, und Hans Stamp lebte noch bis 2004.

Heute gilt der nostalgische Begriff „Tante-Emma-Laden" als Synonym für eine persönliche Beziehung und Dienstleistungsbereitschaft zwischen dem lokalen Händler und seinen Kunden, ganz im Gegensatz zu anonymen Discountern, Kaufhäusern mit Selbstbedienung, Supermärkten, Einkaufszentren, Boutiquen in Einkaufspassagen oder Warenhäusern.

Textilgeschäft Meyer in der Schulstrasse Nr. 7: Der Stolperstein für Ida Meyer

Ida Meyer, geborene Goldschmidt, wurde am 12. Dezember 1868 in Hannover geboren. Gemeinsam mit ihrer Schwester verbrachte sie dort ihre Kindheit und Jugend und lernte ihren späteren Ehemann Wilhelm Meyer kennen. Am 31. Juli 1899 brachte sie ihren ersten und einzigen Sohn Werner zur Welt. Im Januar 1902 zog die Familie nach Kiel und wohnte zunächst in der Augustenstraße Nr. 30.

Ab dem 1. Februar 1904 wohnte sie in ihrem eigenen Haus in der Schulstraße Nr. 7, wo Wilhelm Meyer ein gut gehendes Herrenbekleidungsgeschäft im Erdgeschoss führte. Sie waren wohlhabend, besaßen eine große 6-Zimmer-Wohnung. Ihr Sohn besuchte die Kieler Gelehrtenschule, machte dort sein Abitur und wurde Rechtsanwalt.

Bereits 1938 hatte sich die Lage für die noch in Deutschland lebenden Juden radikal verschlechtert. Die nationalsozialistische Regierung verschärfte die bereits 1933

ABB 66 | „Stolperstein" für Ida Meyer vor dem Hauseingang Schulstraße 7. Foto Walter Ehlert

eingeleiteten „Arisierungsmaßnahmen" erneut. Wilhelm Meyer musste sein Bekleidungsgeschäft aufgrund dieser antisemitischen Maßnahmen 1938 schließen, sein Grundstück wurde, wie die der meisten jüdischen Unternehmer, „zwangsarisiert" (enteignet). Im selben Jahr erkrankte er an Diabetes und verstarb am 12. Januar 1939. Seine Witwe Ida Meyer flüchtete am 15. August 1940 nach Hamburg, vermutlich um in der Anonymität der Großstadt leichter unbehelligt zu bleiben. Am 15. Juli 1942 wurde die 74-jährige aber zunächst in das sogenannte Altersghetto Theresienstadt verschleppt. Es ist anzunehmen, dass sie aufgrund ihres hohen Alters als nicht mehr arbeitsfähig galt und deshalb am 21. September 1942 weiter ins Vernichtungslager Treblinka deportiert wurde. Vermutlich ist sie dort sofort vergast worden. Ein genaues Todesdatum ist nicht bekannt. Am 2. August 2007 wurde vor dem Haus in der Schulstraße Nr. 7 ein Stolperstein zum Gedenken an Ida Meyer gesetzt.

ABB 67 | Schulstraße/Ecke zur Augustenstraße mit dem Schreibwarengeschäft Volbehr, Ansichtskarte 1907, Sammlung Wolfgang D. Kuessner

Die Nostalgie des Rechenschiebers: Seit 1875 Schreibwaren Volbehr, Ecke Schulstrasse/Augustenstrasse

Gegen große Ketten für Bürobedarf ist eigentlich nicht viel zu sagen. Sie bieten Papier, Stifte und alle möglichen anderen Dinge des einschlägigen Sortiments an – so etwas wie „Seele" haben sie freilich nicht. Schreibwaren Volbehr, das war „eine Institution in Gaarden", erinnert sich jeder, der in dem 1875 eröffneten Geschäft Schulhefte kaufte. Großartig eigene Wünsche äußern musste keiner, denn das Volbehrsche Personal wusste damals ganz genau, welche Hefte für welche Schulklassen benötigt wurden. Überhaupt, so geht aus den Berichten der langjährigen Mitarbeiterinnen Marie-Luise Ramm und Marita Klüver hervor, konnte in dem Laden nicht einfach nach Belieben herumgestöbert werden. Voller Schubladen und Schränke war das Geschäft. Tausende von Gegenständen, die schon damals kleine Schätze waren, wurden darin verwahrt. Und wenn ein Kunde seine Wünsche anmeldete, wurde das passende Sortiment eben herausgeholt, vor ihm ausgebreitet und mit allen Vor- oder Nachteilen erklärt. So wurde jedem Schüler auch der Unterschied zwischen einem Tonpapier und einem Fotokarton klar gemacht. Jede Lineatur, jedes Papierformat und jede Ordnergröße, bunte Schultüten zur Einschulung, Federn zum Schreiben und auch für die Kalligraphie, selbst farbige Tinte konnten Gaardener Kunden nur bei Volbehr erhalten. Ganz zu schweigen von der riesigen Auswahl an Grußkarten und Muttertagskarten mit Sprüchen wie: „… das Liebste auf der Erden bist mir Du, mein Mütterlein". So etwas war zu Zeiten Volbehrs noch ein Verkaufsschlager. Abgesehen von der gestrigen Sprache sagt das eben auch aus, welchen Stellenwert vor noch gar nicht so langer Zeit (hand)schriftliche Aufmerksamkeiten auf richtigem Papier genossen. Menschliche Verbundenheit zeigte sich auch darin, wie zu dieser Zeit mit Mitarbeitern umgegangen wurde. Zum Beispiel bestand Liselotte Volbehr stets darauf, ihre Mitarbeiterin bei Dunkelheit persönlich mit dem Auto nach Hause zu fahren.
Eine neue, „digitalisierte Zeit" brach an. Bei Volbehr gab es noch jenen Aristo-Rechenschieber zu kaufen, und heute ist all die Mühe längst vergessen, die einst der Umgang mit diesem vor kryptischen Zeichen- und Zahlenanordnungen nur so strotzenden Instrument gekostet hat. Als klar war, dass das Volbehrsche Haus der Stadtteilsanierung würde weichen müssen, weil nach amtlicher Mitteilung die Schulstraße „dem Nahverkehr anzupassen" sei, regte die Inhaberin Liselotte Volbehr an, das Mobiliar und die unverkauften Bestände des Geschäfts für die Nachwelt aufzubewahren. So lagerten die Sachen zunächst in 138 Kisten im Depot des

ABB 68 | Liselotte Volbehr hinter ihrem Verkaufstresen, um 1985. Foto StaK

Stadtmuseums und wurden erst 2008 nach dessen Umzug in den Wissenschaftspark am Westring wieder angerührt. Die 18.000 Einzelteile wurden gesichtet, fotografisch archiviert und wieder zusammengefügt. Schon weil es sinnlos gewesen wäre, vielfach Vorhandenes komplett auszustellen, enthält das in diesem Depot aufgebaute Schreibwarengeschäft heute nur noch einen Bruchteil des Sortiments, darunter aber fast das gesamte Mobiliar und sehr viel von dem, was über die kleine Welt dieses Ladens hinaus die Alltagskultur vor 50 Jahren beschreibt.
Bleibt nachzutragen: Am 1. Oktober 1875 hatte der Kaufmann Bernhard Volbehr in der Schönberger Straße Nr. 153 das Geschäft für Schreibwaren und Bürobedarf mit Buchdruckerei und Buchbinderei gegründet. Wilhelm Volbehr, der Sohn des Firmengründers, übernahm das Geschäft am 1. Juli 1907 und führte es bis zu seinem Tod im Jahr 1948. Danach wurde die Buchbinderei, die bis dahin eine große Rolle gespielt hatte, verpachtet. Minna Volbehr, die Witwe Wilhelm Volbehrs, wurde Inhaberin des Geschäfts. Im fortgeschrittenen Alter – sie war Jahrgang 1887 – übergab sie dann das Geschäft an ihre im Jahr 1914 geborene Nichte Liselotte Volbehr, eine Enkelin des Firmengründers.

BETTENHAUS KARL MOHR, AUGUSTENSTRASSE NR. 33–35: 100 JAHRE IN KIEL-GAARDEN

Am 15. Februar 1910 übernahm Karl Mohr, erst 28-jährig, das Geschäft von Max Nonnsen in der Elisabethstraße an der Ecke zur Norddeutschen Straße und gründete die Firma „Karl Mohr Manufaktur- u. Modewaren" mit einem Textil-Vollsortiment, jedoch ohne Damen-Oberbekleidung. Den Kaufmannsberuf erlernte Mohr bei der Firma Heinrich Dieckmann in Lüneburg, wo er im Jahr 1882 geboren wurde. Nach einigen Wanderjahren als Vertreter einer Hannoveraner Hosenfabrik, die er gern als Streckenarbeiter-Jahre bezeichnete, machte er sich dann selbstständig. Das übernommene Geschäft war – für heutige Zeiten überhaupt nicht mehr vorstellbar – sehr schmal und langgezogen, die Regale reichten bis unter die Decke. Ein großer Teil der Ware wie Unterwäsche, Kittel und Schürzen war schön in Kartons ver-

ABB 69 | Karl Mohr (Mitte) vor seinem Geschäft in der Elisabethstraße/Ecke Norddeutsche Straße, 1911. Foto privat/K.-J. Mohr

packt, und Bettfedern gab es abgefüllt in kg-Tüten. Von der hohen Decke hingen die einfachen Glühlampen herab. Eine Gasbeleuchtung diente sogar noch einige Jahre nach dem Ersten Weltkrieg als Notbeleuchtung. Zeitweilig fiel merkwürdigerweise meistens in der Vorweihnachtszeit bis Anfang der 1920er Jahre der Strom aus.

1911 heiratete Karl Mohr seine Frau Aenne, die Tochter des Textilkaufmanns Heinrich Weher aus Minden, und 1913 wurde ihnen der Sohn Klaus Mohr geboren. Während des Ersten Weltkriegs führte nun die junge Mutter und Ehefrau des Firmengründers, der zu den Soldaten musste, das Geschäft. Viel zu verkaufen gab es trotz Kleidermarken nicht.

Die Nachkriegs- und anschließende Inflationszeit meisterte die erste Inhabergeneration dann wieder gemeinsam. In der damaligen Zeit konnte aus dem Erlös einer verkauften Ware von Tag zu Tag immer weniger, zum Schluss so gut wie nichts mehr wiederbeschafft werden. Die Geldeinheiten in Millionen, Milliarden, Billionen und Billiarden Reichsmark fanden im Jahr 1923 ihr Ende. Mit der Einführung der Rentenmark durch die Währungsreform wurde das Warenangebot so allmählich wieder größer, und das „Manufaktur-Aussteuer-Geschäft" umfasste neben den Textilien aller Art auch eine eigene Weißnäherei. Dennoch setzte sich das Interesse von Karl Mohr für den Bettwarenbereich und die Aussteuer sowie für Gardinen durch. Die Warengruppe um das Bett wurde mehr und mehr ausgebaut. In den ersten Jahren beförderte man die mit Polster- und Seegras gefüllten Matratzen noch mit der „Schottschen Karre". 1925 wurde eine Reinigungsmaschine für Bettfedern angeschafft. Mit dem Slogan „Raus mit dem Schmutz aus den Betten" gelang der Firma Mohr ein guter neuer Start. Zu der Zeit bekam Karl Mohr den Beinamen „Herr – raus mit dem Schmutz". Ein Jahr später stand der erste Lieferwagen auf dem Hof.

Im gleichen Jahr erwarben Klaus Mohr und seine Frau das Grundstück Augustenstraße Nr. 33–35, auf dem sich noch bis zum März 2010 das Geschäft befand. 1928/29 bauten sie das Geschäfts- und das dreistöckige Wohnhaus auf.

Der Umzug in die neuen Verkaufsräume erfolgte im November 1929, ungefähr gleichzeitig mit dem Beginn der Weltwirtschaftskrise. Das waren für den Neubeginn auf eigenem Grund und Boden wahrhaftig keine hoffnungsvollen Aussichten. In den kommenden Jahren sollte es dann noch schlechter, ja fast aussichtslos werden, denn die Sorgen und das Elend breiter Bevölkerungsschichten wurden immer größer. Die Arbeitslosenzahl wuchs in Deutschland auf über 6 Millionen. Ein arbeitsloser Familienvater musste damals mit einer Unterstützung von wöchentlich 25 bis 26 M seine Familie ernähren. Etliche Arbeiter waren bereit, für die Hungerunterstützung zu arbeiten, nur um nicht auf der Straße liegen zu müssen.

ABB 70 | Lieferwagen von „Betten-Mohr" mit der weißen Gans auf dem Dach, 1960er Jahre. Foto privat/ K.-J. Mohr

Am 1. Juni 1936 trat dann Karl Mohrs Sohn Klaus nach einer gründlichen, sechsjährigen Ausbildung in vier verschiedenen Textilhäusern in die Firma ein. Die Wirtschaft erholte sich langsam, die Beschäftigung nahm wieder zu, und es brach – nur scheinbar – eine bessere Zeit an. Dann begann der Zweite Weltkrieg mit seinen ungeheuren Zerstörungen und Schrecken und neuem, noch größerem Elend. Bereits am 1. August 1939, noch vor dem Beginn des Krieges, musste Klaus Mohr Soldat werden. In der Nacht vom 26. auf den 27. August 1944 fiel auch das Lebenswerk von Karl Mohr in Schutt und Asche. Am 15. Februar 1948 kehrte Klaus Mohr nach achteinhalb Jahren Kriegsdienst und französischer Gefangenschaft nach Kiel zurück. Nach einigen Wochen der Eingewöhnung in die wiedererlangte Freiheit, die Nachkriegszeit und das über acht Jahre entbehrte Familienleben, was so unendlich viele seiner Generation auch ertragen mussten, kam die Währungsreform. Sofort begann der Wiederaufbau. Mit den noch einigermaßen erhaltenen Mauern der Toreinfahrt wurde ein Geschäftsraum errichtet. Es konnten wieder gute Waren angeboten und verkauft werden. Klaus Mohr hatte 1941 seine Frau Annelise geheiratet, und im gleichen Jahr kam auch der erste Sohn, Karl-Weert, zur Welt.

Früh morgens zog nun Klaus Mohr „per pedes" zum Bahnhof, mit dem Rucksack auf dem Rücken und etwas Kopfgeld in der Tasche. Mit dem ersten Zug ging es im

4.-Klasse-Abteil nach Westfalen, um ein paar Inletts zu ergattern. Ansonsten kaufte er auch sonst noch alles an, was er bekommen und vor allem was er gebrauchen konnte.

1950 wurden zwei Schaufenster angebaut, und ein Jahr später sollte auch der Verkaufsraum auf die Vorkriegsgröße erweitert werden. 1956 entschloss sich Klaus Mohr trotz eines gewissen Risikos, die Kleiderstoffe, Kittel, Schürzen, Damen- und Herrenwäsche, Strümpfe und Kurzwaren aus dem Sortiment zu nehmen. Damit aber spezialisierte sich die Firma und wurde so „Das Bettenfachgeschäft". Bereits ein Jahr später, 1957, verstarb Karl Mohr, und der Sohn Klaus übernahm nun die alleinige Verantwortung für die Zukunft der Firma.

Wieder einmal begannen schwere Jahre für das Familienunternehmen „Mohr", denn die Planung, das zerstörte Wohn- und Geschäftshaus wieder aufzubauen, lief auf vollen Touren. 1960 konnte das Bettenhaus Mohr in der Augustenstraße sein 50-jähriges Geschäftsjubiläum in dem fertig aufgebauten Haus feiern. Es ist zu bewundern, mit wie viel Mut, persönlichem Einsatz und einem riesigen Schuldenberg die Geschäftsleute haben leben und arbeiten müssen.

Die späteren Jahre zeigten, dass die Entscheidung zur Spezialisierung zu dieser Zeit richtig war. Der Auf- und Ausbau der Firma ging stetig voran, es wurde modernisiert und weiter spezialisiert. Unter anderem wurde sogar eine Bettfedernreinigungs-, Wasch- und Sortieranlage angeschafft, um den Kundenansprüchen gerecht zu werden.

1974 übernahm Klaus-Jürgen Mohr, der zweite, 1943 geborene Sohn, die Geschäftsführung des Familienbetriebs und leitete das Bettenhaus in der Augustenstraße Nr. 33 – 35, bis er sich 2010 nach den vielen kreativen Jahren zur Ruhe setzte und den gesamten Betrieb aufgab. Mit seinen sechs großen Schaufenstern, in denen das Angebot stets hervorragend und farblich sorgsam abgestimmt präsentiert wurde, sah dieses Geschäft stets auch innen so aus wie aus einem Lehrbuch für optimale Warenpräsentation.

WILLI KRUSE IN DER AUGUSTENSTRASSE: DAS „PLATTDEUTSCHE" FISCHGESCHÄFT

ABB 71 | Willi Kruse in seinem Fischgeschäft in der Augustenstraße 38, 1970er Jahre. Foto privat/Willi Kruse

Selbstverständlich konnte Willi Kruse auch ein durchaus gutes Hochdeutsch mit seinen Kunden reden. Aber alle Gaardener, die ihn kannten, wussten, dass Willi eigentlich nur Platt snackte. Plattsnacken, das war die Muttersprache von Willi Kruse schon von Kind an – damals in dem Haus in der Brommystraße Nr. 16. In diesem Haus wohnte die Familie Kruse, nachdem sie 1930 aus Eckernförde nach Gaarden gekommen war. Der Vater, Wilhelm, war gebürtiger Eckernförder, und hier hatte er auch den Beruf des Fischkaufmanns erlernt. In Eckernförde kam 1929 auch Willi, der Sohn von Wilhelm und Berta Kruse, zur Welt.
Auf dem Hof des Hauses in der Brommystraße stand der Schuppen einer Hufschmiede, und aus dieser Schmiede baute sich Wilhelm Kruse mit wenigen Mitteln eine eigene Fischräucherei und versorgte auf diese Weise viele Gaardener mit Bücklingen, Sprotten, Makrelen sowie vielen anderen Räucherfischspezialitäten. Die frischen Fische wurden damals in der 1910 eröffneten Fischhalle am Wall verkauft. Hier wurde schon lange vorher der Fisch von den Ellerbeker Fischern unter freiem Himmel und

bei jedem Wetter angeboten. Fischkaufmann und -räucherer Kruse ging mit einer Schottschen Karre zum Gaardener Fähranleger und fuhr dann mit einer der drei Trajekt-Fähren über die Förde zur Fischhalle. Nach seinem Einkauf ging er auf demselben Weg wieder zurück, jetzt hieß es aber, die volle Karre bergauf zu schieben. Wilhelm Kruse räucherte die Fische in seiner Räucherei auf dem Hof in der Brommystraße und zog dann mit der wohlriechenden Ware durch die Gaardener Straßen, zuerst in die Wohnkolonie der Kruppschen Werft. Seine Frau Berta hatte sich einen Stammplatz an der Ecke Johannes- und Elisabethstraße ausgesucht, um hier die frisch geräucherten Fische anzubieten. So sicherte sich das Ehepaar Kruse über viele Jahre, sogar bis in die Zeit des Zweiten Weltkriegs hinein, ein ganz gutes Einkommen.

Als der Krieg dann nach Gaarden kam, wurde Wilhelm Kruse als Polizeihelfer verpflichtet. Das ging vielen Einzelhändlern so. Wilhelm musste seinen Dienst in der heutigen Ellerbeker Gerhart-Hauptmann-Schule antreten, um dort die hier untergebrachten Zwangsarbeiter zu bewachen. Das Fischgeschäft betrieb jetzt der Bruder von Berta Kruse, Heinrich Suhren, weiter. Am 30. August 1944 veränderte ein gewaltiger Bombenangriff am helllichten Tag ganz Gaarden. Komplette Straßenzüge wurden zu Ruinen. Ein Inferno! Die Brommystraße brannte. Der Schuljunge Willi Kruse, der sich gerade zum Schulunterricht nach Wellingdorf auf den Weg

ABB 72 | Blick in die Augustenstraße, Ansichtskarte 1911. Sammlung Wolfgang D. Kuessner

machen wollte, wurde von der Nachbarin, Frau Seemann, angewiesen, sich sofort in einen Luftschutzkeller zu begeben. Willi gehorchte, und sofort danach ging draußen die Welt unter. Als die Entwarnung kam, waren alle Einwohner aus den Häusern der Brommystraße, Jachmannstraße und Pickertstraße auf einer Wiese hinter der katholischen Kirche versammelt worden, um – jetzt heimatlos – evakuiert zu werden. Willi hat die Nachbarin Frau Seemann nie wiedergesehen.

Weil Wilhelm Kruse nach dem Krieg nicht in den Polizeidienst übernommen wurde, löste er seinen Schwager Heinrich Suhren mit dem Fischgeschäft ab. Schwager Suhren wurde, durch seine guten Verbindungen nach Büsum, ein erfolgreicher Krabbengroßhändler. Der junge Willi Kruse absolvierte zunächst eine Lehre als Stellmacher und Karosseriebauer. Aber der Vater brauchte die Hilfe seines Sohnes, und so machte Willi auch noch bei seinem Vater eine Lehre zum Fischwirt - so ist die heutige Berufsbezeichnung. Bis 1956 arbeitete Willi Kruse neben den Tätigkeiten für seinen Vater in der Augustenstraße in der Fisch- und Feinkostfabrik von Holdorf und Richter, einem Großbetrieb mitten in der Stadt in der damaligen Herzog-Friedrich-Straße. Der junge Mann leitete die Gelee-Abteilung. Das war keine leichte Aufgabe. In der Abteilung arbeiteten ausschließlich Frauen, und Willi war der einzige Mann. 1951 hat Willi das kleine Gaardener Fischgeschäft in der Augustenstraße Nr. 38 von seinem Vater gekauft. Der Preis wurde mit monatlich 5 x 100,- Mark und lebenslang kostenloser Fischversorgung an die Eltern festgelegt. Seitdem kannte jeder Gaardener das Original Willi Kruse, den freundlichen, nur Platt snackenden Fischhändler mit der Eckernförder Mütze.

Das Fischgeschäft in der Augustenstraße war früher einmal eine einfache Toreinfahrt gewesen, die auf den Hinterhof führte. Dieser Ursprung des Raumes ließ sich im Laden noch sehr gut erkennen. Mit einer Breite von nicht einmal drei Metern und einer Länge, die das ganze Haus unterführte, vermittelte der ganze Laden eine recht heimelige Atmosphäre. Am hinteren Ende des Verkaufsraums war eine Küche abgeteilt worden, in der Kruses Ladenhilfe die Bratheringe oder, speziell nach Kruses Rezept, die Fischfrikadellen herstellte. Neben den Fischfrikadellen war das Fischgeschäft mit dem traditionellen „Bund-Aal" über Gaarden hinaus bekannt gewesen. Willi Kruse verkaufte es erst im Jahr 1989 an einen Türken, der auf dem sich seit den späten fünfziger Jahren in Wellingdorf an der Schwentine befindenden Fischmarkt, arbeitete. Der Käufer hatte schon längere Zeit ein Auge auf das Geschäft mit seinem guten Namen geworfen.

Mit vielen seiner alten Gaardener Kunden fand Willi Kruse im Gertrud-Völcker-Haus, einem Altenheim am Ende der Pickertstraße, seinen Altersruhesitz. Hier ward ok plattdütsch snackt.

Pickertstrasse: Schlachterei Rath bei der Kaserne

ABB 73 | Emil und Else Rath mit Kunden in ihrem Schlachtereigeschäft in der Pickertstraße, 1951.
Foto privat/Manfred Rath

Der Schlachtermeister Emil Rath arbeitete zunächst noch in dem Haus Pickertstraße Nr. 14 beim Schlachter Hutloff und hatte damals schon den Traum, sich mit einem eigenen Fleischereifachgeschäft selbstständig zu machen. Er kam aus Schönkirchen, wo er 1911 geboren wurde und auch zur Schule ging. In dem Haus Pickertstraße Nr. 33 wohnte im zweiten Stockwerk die Familie des Schweißers Otto Karaschewsky, und dessen Tochter Else (Jahrgang 1916) hatte sich in den jungen Emil verguckt. Sie war als Verkäuferin bei der Fischhandlung Krantz am Bahnhof angestellt. Die beiden heirateten im November 1937 und bezogen eine Wohnung in der Gazellestraße Nr. 6. In diesem Haus kam am 23. Februar 1939 der erste Sohn, Manfred, zur Welt.

Aber der Traum vom eigenen Geschäft konnte für Emil Rath und seine Frau noch nicht in Erfüllung gehen. Der Zweite Weltkrieg kam dazwischen, und Emil musste als Soldat nach Russland. Er kam aber schon 1946, gottlob unversehrt, aus der Gefangenschaft wieder nach Hause in das jetzt zerstörte Gaarden. Die Pickertstraße war so heftig bombardiert worden, dass nur noch sechs Häuser stehen geblieben waren. In der Jachmannstraße waren es noch zehn Häuser, und in der Brommystraße blieb nach dem Inferno vom 30. August 1944 nur noch ein Haus stehen (heute Ostring Nr. 188).

Im Hause Rath wurde am 11. Januar 1947 der zweite Sohn, Lothar, geboren. Lothar wurde später ein Kieler Polizeibeamter. Der Vater, Emil Rath, hatte nach dem Zweiten Weltkrieg auf dem Kieler Schlachthof eine neue Arbeit gefunden, bis ihm am 9. September 1949 in der Nähe der Kaserne in dem Haus Pickertstraße Nr. 11 von dem Bauunternehmer Will eine Durchfahrt, die für Autos gedacht war, angeboten wurde. Um hier ein Fleischereifachgeschäft zu eröffnen, musste zunächst einmal die Durchfahrt mit einer Zwischenwand und einem Eingangsbereich umgebaut werden. So entstanden ein kleiner Laden und dahinter ein Raum für die Wurstküche. Das Geld für den neuen Betrieb und den Umbau hatte sich das Ehepaar Rath vom Onkel der Frau leihen können.

Die Kriegsflüchtlinge, die zu dieser Zeit noch in der Kaserne untergebracht waren, waren dann auch die ersten Kunden, die in dem neuen Schlachterladen einkaufen gingen. Mit professionellem Arbeiten und dem Einhalten einer hohen Qualitätsstufe machte sich Emil Rath bald einen „guten Namen" in ganz Gaarden. Hier in dem kleinen, wohl eher provisorisch anmutenden Nachkriegsladen blieb die Familie noch bis 1958. Bis dahin hatte der Schlachtermeister Emil Rath mit seinem Sohn, der auch schon bei ihm gelernt hatte, nahezu jeden Tag mit dem Blockwagen Frischfleisch vom Kieler Schlachthof geholt, vor allem Rinderhälften und halbe Schweine. Erst 1955 kaufte Emil einen ganz neuen Volkswagen mit einem kleinen Anhänger. Der Weg mit dem Handwagen war etwas zu beschwerlich geworden. Es folgte auch noch ein dreirädriger Goliath mit Zweitaktmotor.

Im August 1958 bezog die Familie Rath neue Geschäftsräume in dem jetzt wieder aufgebauten Haus gleich nebenan in der Pickertstraße Nr. 13. Die Wurstküche wurde zunächst in der Kieler Straße beim Schlachter Stockner gemietet, bis ein Anbau auf dem Hof in der Pickertstraße fertiggestellt wurde.

In der Kaserne hatten sich unterdessen auch die Verhältnisse stark verändert. Hier waren jetzt das 5. Polizeirevier, eine Praxis für Schwangerschaftsgymnastik und die Strickerei Scheff eingezogen. Einige Räume konnten auch noch als Wohnungen vermietet werden.

Die Pickertstraße in Gaarden wird 1902 erstmals im Adressbuch Kiel aufgeführt und verlief damals schon von der Augustenstraße bis zur Ernestinenstraße. Namensgeber war Dr. jur. Pickert, welcher von 1893 bis 1901 kommissarischer Gemeindevorsteher der 1901 eingemeindeten Landgemeinde Gaarden/Kreis Plön war. Darüber hinaus war er auch der Direktor der Germaniawerft. In dem Viereck

ABB 74 | Manfred und Emil Rath in der Wurstküche hinter dem Laden, 1960.
Foto privat/Manfred Rath

Pickert- / Jachmann- / Stosch- / Kaiserstraße entstand bereits 1877 auf dem unbewohnten Gebiet östlich der Kaiserstraße die Matrosenkaserne der 1. Werftdivision. Die an der Großbaustelle beschäftigten Arbeiter und die Matrosen sollten die Wirtschaft beleben. Mit der dadurch gesteigerten Steuerkraft sollte, so der Plan, der Schulbau finanziert werden.

Kiel wurde nach 1864 nach dem deutsch-dänischen Krieg zunächst von Preußen und Österreich gemeinsam verwaltet. 1865 ordnete der preußische König Wilhelm I. die Verlegung der Marinestation Ostsee von Danzig nach Kiel an. Ab diesem Zeitpunkt entwickelte sich Kiel rasch zur Großstadt. Mit der Marine kam auch die Norddeutsche Werft (später Germaniawerft) nach Kiel. Kiel wurde 1871 deutscher Reichskriegshafen; es setzte ein rasantes Bevölkerungswachstum durch die Ansiedlung der Werftindustrie ein. Am 1. Oktober 1904 bezog das I. Seebataillon die ehemalige Kaserne der Werftdivision in Gaarden. Von hier aus zogen die Inspektion der Marineinfanterie und das I. Seebataillon in den Ersten Weltkrieg. Die Kaserne wurde 1920 zu einer Polizeikaserne. Der Vorplatz der Kaserne, der sich einst beim Exerzieren der vielen Werft- und Seesoldaten bevölkerte, wurde noch vor dem Krieg mit einem Bunker unterhöhlt. Hier wurden Lebensmittel, hauptsächlich Zucker, eingelagert. Der Bunker für die Bevölkerung war noch lange am westlichen Ende des Vorplatzes als Ruine sichtbar. Vom Kasernenhof bis auf das Dach des Bunkers hatten die Artisten der Familie Traber 1954 ein Seil gespannt, um hier sensationelle Kunststücke vorzuführen. Der Platz über dem jetzt zugeschütteten Zucker-Bunker unter dem Kasernenhof wurde im selben Jahr als Fußballplatz genutzt und war zu diesem Zweck mit Schlacke aufgefüllt worden.

Am 1. Januar 1972 übergaben Emil und Else Rath das Geschäft an den Sohn Manfred, und der führte es mit seiner Frau Ingrid in bewährter Form weiter. Das junge Ehepaar hatte noch zehn sehr gute Geschäftsjahre, bis eine Großbaustelle in der Pickertstraße die Kunden, die zum Schlachter wollten, ausbremste. Emil Rath starb am 8. Oktober 1992. Seine Frau folgte ihm im Februar 2005. Beide fanden ihre letzte Ruhe auf dem Elmschenhagener Friedhof, in dessen Nähe auch das Ehepaar seit 1964 gewohnt hatte.

Langsam veränderte sich das Einkaufsverhalten im gesamten Einzelhandel, und in Gaarden veränderte sich im Besonderen die Kundenstruktur. Die Werft wurde mit immer weniger Arbeitern spürbar kleiner. Das war für Manfred und Ingrid Rath das Signal, ihr Geschäft am 1. September 1986 zu schließen und die Selbstständigkeit aufzugeben. Manfred wurde als Meister in einer Coop-Filiale angestellt und ging von hier aus im Jahr 2005 in die Rente.

ABB 75 | Gruppenfoto anlässlich der Meisterprüfung 1964 mit Manfred Rath. Foto privat/Manfred Rath

Die Kaserne, an der immer noch nach all den vielen Jahren der Schriftzug „I. Seebataillon", wenn auch nur sehr blass, zu erkennen war, wurde abgerissen. Auch den Bunker gibt es seitdem nicht mehr. Eine neue, attraktive Wohnungsbebauung entstand. Das Areal heißt heute Gustav-Schatz-Hof. In einem der modernen Häuser fanden dann auch im Jahr 2013 Manfred und Ingrid Rath ihren Altersruhesitz.

FEINKOST GANZENMÜLLER: KLEIN, ABER VOM FEINSTEN
IN DER KAISERSTRASSE NR. 31 B

Der Vater des Feinkosthändlers Adolf Ganzenmüller war Schuhmacher und hatte in der Elisabethstraße Nr. 55 das Schuhgeschäft, das nebenan auch Schuhreparaturen mit angeboten hatte. Sohn Adolf hatte keinerlei Interesse, wie sein Vater Fischerstiefel zu verkaufen oder gar zu reparieren. Er wollte zwar in Gaarden ein Geschäft eröffnen, aber das sollte dann auch ein besonderes Feinkostgeschäft mit Spezialitäten werden. Adolf Ganzenmüller wurde in der Kaiserstraße Nr. 31 b fündig und eröffnete im Jahr 1910 im Alter von nur 20 Jahren sein Lebensmittelgeschäft. Das Unternehmen gelang, und er hatte Erfolg.
Im Jahr 1923 heiratete der clevere junge Kaufmann die aus Fargau stammende Frieda Stoltenberg und bezog mit ihr eine Wohnung in der ersten Etage, direkt über seinem Laden. Vermieter war damals der Malermeister Reimers aus der Lübecker Chaussee.
Das Haus mit dem Geschäft lag im unteren Viertel der Kaiserstraße, gegenüber dem Ende der Wikingerstraße. Die Kaiserstraße wurde nach der Kaiserlichen Werft benannt, bei der sie auch begann. Im Adressbuch von Kiel wird diese Straße erstmals im Jahr 1875 aufgeführt. Zwischen Carlstal und Kirchenweg trug sie damals die Bezeichnung „Blessmann's-Anlagen" (nach dem Ziegeleibesitzer und Grundstücksmakler Blessmann) und mündet danach in die Preetzer Straße. Der gesamte Verlauf der Kaiserstraße war: 1875 Ringstraße (wurde 1910 Werftstraße und weiter dann Schönberger Straße benannt) bis Preetzer Straße, 1895 Ringstraße bis Preetzer Chaussee, 1910 Werftstraße bis Preetzer Chaussee, 1945 Werftstraße bis Preetzer Straße und 1970 Werftstraße bis Georg-Pfingsten-Straße. Also war die Kaiserstraße eine Hauptverbindung der Arbeiter zur Werft hin und zurück. Dabei gingen alle an Ganzenmüllers Feinkostladen vorbei, sahen die Auslagen im Schaufenster und wurden zu Kunden. Ein gutes Geschäft für Adolf und Frieda Ganzenmüller. Das Ehepaar bekam 1927 eine Tochter, Karla Emma Marie, die nach ihrer Schulausbildung selbstverständlich im elterlichen Betrieb ihre Ausbildung zur Lebensmittelverkäuferin absolvierte. Die Spezialitäten des Kolonialwarengeschäfts von Ganzenmüller waren in der Zeit vor dem Ersten Weltkrieg Weine, Spirituosen, Kaffee, Tee, Kakao und Konserven. Etwas ganz Besonderes aber war der selbstgepökelte, geräucherte Holsteiner Schinken.
Der Schinken wurde im Keller des Geschäftes in großen Bottichen eingesalzen, um anschließend in der damaligen Räucherei an der Preetzer Chaussee geräuchert zu

werden. Der Arzt Dr. Leisner, welcher ein paar Häuser weiter in einer Villa wohnte, war vom Geschmack des Schinkens so angetan, dass er sich sogar sonntags von Ganzenmüllers Tochter Karla damit beliefern ließ: „Da hab' ich einfach die Nachtglocke geläutet, und der Doktor hat mir den Schinken sehr freundlich abgenommen."

Als der Zweite Weltkrieg ausbrach, musste Adolf Ganzenmüller nicht als Soldat an die Front. Die Ernährung der Bevölkerung sollte sichergestellt werden, außerdem war Adolf nachweislich auch noch nachtblind. So kam die Familie mit ihrem kleinen, in diesen Jahren ganz spärlich bestückten Laden gemeinsam durch diese schwere Zeit. Als zum Ende des Krieges Maisbrote in größeren Mengen den Lebensmitteleinzelhändlern zugeteilt wurden, stellte die Familie Ganzenmüller größere Markttische vor den Laden auf den Bürgersteig der Kaiserstraße, um die Brote gegen Abschnitte aus den Lebensmittelkarten an die Kundschaft zu verteilen. Das ging sehr schnell.

Im Jahr 1952 starb Adolf Ganzenmüller und die Tochter übernahm den nur 22 m² großen Laden, der jetzt ein für die Zeit recht typischer Tante-Emma-Laden war und somit ein Vollversorger für die Bewohner der engeren Umgebung. Der Laden wurde 1953 umgebaut und auf den neuesten Stand mit Kühlschränken und attraktiven Regalen gebracht, welche die vielen verschiedenen Waren des Wirtschaftswunders bestmöglich präsentieren sollten. Jetzt konnte erstmals, dank der Kühlung, auch Milch in Flaschen verkauft werden.

Karla Ganzenmüller heiratete im Jahr 1954, und 1955 kam die Tochter Dorit zur Welt, die dann unter Aufsicht der Mutter in einem Korb mit in den Laden mitgenommen wurde und so von allen Kunden bewundert werden konnte. 1957 verkaufte Karla Ganzenmüller den kleinen Laden in der Kaiserstraße an Alfred Marwinsky und dessen Frau. Die gaben aber bald (1963) dieses Geschäft weiter an eine Frau Lorenz. Das Haus gehörte jetzt dem Heilpraktiker Oswald Mertens, der am Sophienblatt wohnte.

Als Karlas Großvater, der Schuhmachermeister Karl Gottfried Ganzenmüller starb, hatte er ihr das Haus in der Elisabethstraße Nr. 57 hinterlassen. Das Haus Nr. 55 mit dem Schuhgeschäft ging an seinen Enkel Karl.

Vom Café-Knutsch zum Holsteneck: Kaiserstrasse 57 – bürgerlich und traditionell

Das Haus in der Kaiserstraße Nr. 57 wurde in einer Zeit gebaut, in der es in der Umgebung noch einige Feldwege gab und dieses Haus auch noch zusätzlich ein Hinterhaus hatte. Das Café im Erdgeschoss mit seinem Betreiber Otto Larsen blieb noch bis Anfang der 1950er Jahre hinein eine feste Institution und bekannt unter dem Namen „Café-Knutsch" – wegen der vielen abgeteilten Nischen.
Otto Larsen war gelernter Koch und hatte dänische Vorfahren. Der Vater war als Schuhmacher zu Geld gekommen, weil er große Mengen von Seestiefeln der Matrosen stets wieder auf den neuesten Stand brachte, die somit wieder den größten Anforderungen ausgesetzt werden konnten. Der Bruder von Otto Larsen, Christian Larsen, hatte das Haus- und Küchenmagazin „Holsatia", ein Geschäft in der Elisabethstraße Nr. 40, in dem mit vielen Artikeln aus Fernost gehandelt wurde. Die Schwester der beiden Larsen-Brüder, Mathilde, war mit dem Gaardener Gärtner Paul Radebach verheiratet. 1920 hatte Otto Larsen das Haus in der Kaiserstraße Nr. 57 gekauft und bezog eine Wohnung in der ersten Etage. Das Restaurant hatte

ABB 76 | Blick in das Café Larsen („Café Knutsch"), 1930. Ansichtskarte, Sammlung Wolfgang D. Kuessner

schon damals in Gaarden wegen seiner guten Küche einen bekannten Namen. Zusätzlich wurde noch eine Stehbierkneipe für das Feierabendbier betrieben.
Als Otto Larsen älter wurde und seinen Betrieb nicht mehr führen konnte, verpachtete er 1954 seinen gesamten Restaurationsbetrieb an das Gastwirtehepaar Albert und Annemarie Hof. Die neuen Betreiber renovierten mit Hilfe der Holsten-Brauerei die Gaststube, die Küche sowie das gesamte Mobiliar und entfernten auch die Knutsch-Nischen, sodass ein für die Zeit modernes Restaurant entstand, das sich ab jetzt mit dem Namen „Holsteneck" in der Kaiserstraße an der Ecke zur Medusastraße für viele Jahre etablierte.

Albert Hof kam aus Bernkastel an der Mosel, wo er 1912 geboren war. Als gelernter Schlachter hatte er zwar bei der Wurstfabrik „Ehlers" an der Preetzer Chaussee gearbeitet, wechselte, um besser zu verdienen, bald in den Betrieb der „Eiche-Brauerei" und wurde hier Expedient. Bei der Brauerei wurde Albert in der Kantine auf die attraktive Köchin Annemarie Rohwer mehr als nur ein bisschen aufmerksam. Als Albert aus der dänischen Kriegsgefangenschaft zurückkehrte, heiratete er im Jahr 1946 die sechs Jahre jüngere, aus Nortorf stammende Köchin. Das junge Paar bezog eine kleine Wohnung im Wellseer Weg Nr. 8, oben im dritten Stock. Vier Jahre später, 1950, machten sie sich gemeinsam mit einem Imbiss am Hauptbahnhof selbstständig. Wegen der guten Küche hatte dieser Imbiss bald einen guten Ruf. Das war besonders der beliebten Erbsensuppe geschuldet, die in der Küche im Wellseer Weg täglich frisch gekocht und dann mit dem Oberleitungsbus zum Bahnhof transportiert wurde. Albert und Annemarie Hof führten ihren Imbiss zu dieser Zeit mit aufwendigem Einsatz, bis 1953 die Tochter Helga zur Welt kam. Jetzt leitete ihn Albert, und Annemarie blieb bei der Tochter. Auch wenn diese Arbeitsteilung im losen Wechsel geregelt werden konnte, war es auf Dauer wohl keine familienfreundliche Lösung, sodass das Ehepaar sich nach einer Alternative umsah. Albert Hof war mit der Alten Gaardener Gilde von 1738 e.V. eng verbunden und als Hobbyjäger dort auch aktiver Sportschütze. Was lag da näher, als sich in Gaarden eine neue Existenz aufzubauen? Das Restaurant und Café „Larsen" in der Gaardener Kaiserstraße Nr. 57 wurde zur Pacht angeboten und 1954 mit den neuen Inhabern Albert und Annemarie Hof unter dem Namen „Holsteneck" eröffnet. Ab jetzt gab es hier auch einen Mittagstisch und immer an den Sonntagen ein besonderes Menü. Das Restaurant wurde immer bekannter, die Küche der Wirtin immer beliebter, sodass hier auch bald vielerlei Festgesellschaften und Hochzeiten gefeiert wurden. Ja, sogar einige Tanzveranstaltungen konnten im Holsteneck ausgerichtet werden, bei denen Albert Hof immer den Tanz eröffnete – mit seiner vierjährigen Tochter an der Hand, die auf seinen Füßen stehend mittanzte.

ABB 77 | 50. Geburtstag von Albert Hof mit Stammgästen, 1962. Foto privat/Helga Lück geb. Hof

Viele Jahre noch blieb die Stehbierhalle nebenan eine zusätzliche Einnahmequelle der Wirtsleute, bis durch einen Umbau mit einem Durchbruch zur Gaststätte und das Zumauern des Nebeneingangs aus dem kleineren Ausschankraum ein zusätzlicher separater Clubraum für das Holsteneck entstand. Die Gaststätte mit der vorzüglichen Küche wurde zu einer Gaardener Institution.
Albert Hof brachte als Jäger immer wieder Reh, Damwild sowie Wildschweingerichte auf die Speisekarte. Die Qualität der Ochsenschwanzsuppe von Annemarie Hof war sprichwörtlich. Jeden Sonntag mussten selbst die Stammgäste ihren Tisch vorbestellen – so gut besucht wurde das Restaurant.
Es gab da auch noch die schwarz-weiß-gefleckte Deutsche Dogge namens „Assi", die am späten Abend stets Annemarie mit den Tageseinnahmen nach Hause in die Kaiserstraße Nr. 75 begleitete und dann wieder zurück ins Holsteneck lief, um Albert anschließend abzuholen. Der Hund wurde zu einem bekannten Gaardener Original.
Im Jahr 1962 wurde Albert Hof König der Alten Gaardener Gilde von 1738 e.V. und seine Frau Annemarie somit Königin. Dazu gehörte im Folgejahr 1963 ein ganz großes Fest, das in die Geschichte der Gilde eingehen sollte. Königin Annemarie hatte für 500 Gäste in dem Haus im Werftpark, da wo heute das Kinder- und Jugendthe-

ater spielt, zum Frühstück Koteletts in Sauer gekocht und für abends selbstverständlich Damwildbraten mit Rotkohl und Kroketten vorbereitet. Für alle Gäste war dieses Gildefest etwas Besonderes, denn es war auch das 225-jährige Bestehen der Gilde zu feiern. Sogar Oberbürgermeister Hans Müthling kam. Der König und die Königin wurden mit einer Kutsche abgeholt, und die Männer des Vorstands der Gilde hatten extra Reitunterricht genommen, um hoch zu Ross in einem über 1,5 km langen Festzug das Paar ehrenvoll in das große Festzelt, das auf dem neu hergerichteten Schützenplatz, dem zugeschütteten ehemaligen Mühlenteich und jetzigen „Ida-Hinz-Platz", aufgebaut war, zu begleiten – ein unwiederbringliches Ereignis. Dieser Platz war ein traditioneller Ort der Alten Gaardener Gilde, die hier 1738 im damals noch Fürstlichen Gaarden als „Brandgilde der Kielschen Unterthanen" gegründet worden war, und hier fanden später auch Volksfeste mit Autoscootern, Karussells und anderem Budenzauber statt.

In das Restaurant Holsteneck von Albert und Annemarie Hof fanden sich auch immer wieder einige der Musiker aus dem nahen „Star-Palast" ein. Bestimmt kamen sie aber nicht wegen der dort bevorzugten Art der Musik, sondern hierhin kamen die Herren Berühmtheiten der Beatszene gerne zum Mittagessen. Sie nannten die Wirtin, die in ihren Ruhepausen oft mit Stickarbeit beschäftigt war, scherzhaft „Mutti". Und als der damals noch nicht so bekannte Jimi Hendrix „Muttis" Holsteneck betrat, wollte sie diesen „Buschhacker" aufgrund seines „wilden Aussehens" eigentlich gar nicht bedienen.

Albert Hof musste 1971 das Holsteneck in andere Hände geben. Er wurde sehr krank und konnte nur noch leichte Tätigkeiten ausführen. Die Gäste gingen in die Elbschlossquelle, die in der Elisabethstraße vom Ehepaar Katzer betrieben wurde, und fanden hier eine gleichwertige gutbürgerliche Restauration. Hof starb im Jahr 1976. Seine Frau Annemarie arbeitete noch bis zur Rente als Köchin im Kaiser-Wilhelm-Stift. Sie folgte ihrem Mann im Jahr 2000. Das Holsteneck wechselte mehrfach die Pächter, bis 1983 Karin Trede wieder ein gut geführtes Bierlokal daraus machte. Frau Trede wechselte ab 2002 in das Vereinsrestaurant des TuS Gaarden an der Röntgenstraße. Seitdem gibt es das Holsteneck, das einmal Sinnbild des gutbürgerlichen Gaarden war, nur noch als Erinnerung an eine längst vergangene Gaardener Zeit. Alles wandelt sich!

Wöhler: Das war Kult

Vielleicht war es ja diese Ausstrahlung eines Abenteurers, welche die jungen Leute der Gaardener Szene an Heinrich Wöhler so sympathisch faszinierte, dass seine Milchbar in den hinteren Räumen des Ladens an der Ecke Kaiser- und Medusastraße immer voll besetzt war. Der Laden mit den Pralinen, der Schokolade und diversen anderen Naschereien sowie Speiseeis und eben die dazugehörende Eisdiele mit der Bar für Milchshakes waren einst Kult in Gaarden. Nahezu alle Gaardener Teenager haben sich dort eingefunden, um später den nahegelegenen Star-Palast aufzusuchen. Besonders an den Wochenenden war an den vier Tischen und auf den fünf Barhockern kein Platz mehr frei. Und Heinrich Wöhler hatte alles im Griff. Es gab keinerlei Ausschreitungen – nur wurde es etwas lauter. Der mit den Jugendlichen so tolerante Inhaber Heinrich Wöhler hatte auch schon viele andere Lebenssituationen meisterhaft bewältigt und war somit gegen jeden Stress gefeit.

Heinrich Wöhler kam aus Büdelsdorf bei Rendsburg, wo er am 15. Mai 1910 geboren wurde und dort auch zur Schule ging. Der Vater von Heinrich, der Schiffbaumeister war, zog mit seiner Frau, drei weiteren Söhnen sowie einer Tochter noch vor 1933 nach Kiel, um hier auf der wieder aufstrebenden Werft den Lebensunterhalt für die Familie zu verdienen. Nur der Sohn Heinrich kam nicht mit. Ihn zog es nach Köln. Heinrich hatte es sich ausgesucht, einmal selbstständiger Hersteller für Süßwaren zu werden, und die Lehrstelle für diesen Beruf gab es eben zu dieser Zeit nur in Köln. Der Rest seiner Familie wohnte im Krusenrotter Weg Nr. 83. Die Lebensumstände in der Nazizeit hielten den jungen Süßwarenhersteller nicht mehr in Deutschland. Er hatte sich – unternehmungslustig, wie er war – nach Island bei einer Pralinenfabrik beworben und wurde dort bereits im Jahr 1932 gerne als Geselle angenommen. Nur musste der junge Mitarbeiter noch die Sprache lernen, und weil er recht begabt war, lernte er auch noch Englisch zusätzlich zu dem schwierigen Isländisch – beides gelang bis zur Perfektion.

In Island wurde Heinrich sogar zweiter Landesmeister bei den Kunstturnmeisterschaften. Er heiratete eine Einheimische und bekam mit ihr einen Sohn. Die Ehe sollte zwar nicht sehr lange halten, aber den Kontakt mit dem Sohn pflegte Heinrich Wöhler sein ganzes Leben lang. Es gibt in Island immer noch eine Familie mit dem für dieses Land sehr untypischen Nachnamen „Wöhler".

Im Jahr 1940 kamen dann die Engländer auch nach Island und nahmen den Deutschen in Haft. Heinrich wurde ein ziviler Kriegsgefangener. Er wurde, so hieß es, interniert und kam nach Hull und anschließend auf die Isle of Man. Dort blieb er, bis ihn erst im Jahr 1944 das Schwedische Rote Kreuz wieder nach Kiel brachte. Da war die Ehe mit der isländischen Frau längst geschieden.

Auf dem Kieler Rathaus wurde Heinrich Wöhler von den Engländern als Dolmetscher angestellt, nachdem er seine Fähigkeiten mit der von den Besatzern geforderten, sehr gründlichen und somit schwierigen Prüfung unter Beweis gestellt hatte. Das Honorar, das Heinrich für seine Übersetzungsarbeit erhielt, investierte er in eine neue Fabrik für Süßwaren, die er in der Straße „Langer Segen" Nr. 8–10 neben vielen anderen Gewerbebetreibenden auf dem ehemaligen Kasernenhof betrieb. Die Lieferungen von Rohstoffen für die Süßwarenherstellung und der zu dieser Zeit modernen Maschinen, die zur Produktion der Naschereien unbedingt erforderlich waren, konnten nur mit den guten Beziehungen zu den englischen Besatzern ermöglicht werden.

Auf dem Kieler Rathaus lernte der junge Pralinenhersteller und Dolmetscher Heinrich Wöhler auch seine spätere Frau Ruth Ernst kennen, die in der damaligen Stadtverwaltung tätig war. Im Jahr 1949 haben Heinrich Wöhler und Ruth Ernst geheiratet. Im gleichen Jahr kam auch die Tochter Rita zur Welt.

ABB 78 | Der Tresen der Kult-Milchbar, 1965. Foto privat/Rita Wiese geb. Wöhler

ABB 79 | Blick in Wöhlers Pralinen- und Bonbonfabrik in der Neumühlener Straße, 1964. Foto privat/ Rita Wiese geb. Wöhler

Die Pralinen- und Bonbonfabrik von Wöhler hatte ihren ersten Laden, der aber viel zu klein war, in dem Haus am Gaardener Vinetaplatz Nr. 3 eröffnet. Der Umsatz war sehr gut, und bald musste ein Lieferwagen angeschafft werden. Es wurde ein Goliath-Dreirad mit Zweitaktmotor. Als dann der Laden von Thiele mit dem Kolonialwarenhandel in der Kaiserstraße Nr. 51 frei wurde, zog Heinrich Wöhler dort mit seinem Geschäft ein. Dann legte der Fabrikbesitzer Wöhler auch noch die Prüfung zum Konditormeister ab. Jetzt konnte er auch noch Speiseeis herstellen und die schönsten Torten zaubern. Das gefiel den Gaardenern.

Die Geschäftsräume waren im vorderen Bereich etwas mehr als 20 m² groß, und darin befand sich ein winkeliger Verkaufstresen, welcher sich an der hinteren Wand entlangschlängelte. Der ganze Tresen war mit einem Glasaufsatz versehen, sodass der Blick der Kunden auf die große Auswahl von Bonbons, Pralinen, Schokoladenkonfekt und anderen Naschereien gerichtet war. An den Schaufenstern, die zur Medusastraße lagen, führte der Weg an dem Tresen mit dem Speiseeis vorbei in den Raum, der als Eisdiele und Milchbar ausgestattet war.

Mit dem Beginn der 1950er Jahre konnte die Familie Wöhler in ein eigenes Haus in der Neumühlener Straße einziehen. Das Haus hatte Heinrich Wöhler dem Tischlermeister Steffen abgekauft, der in einem Anbau seine Tischlerwerkstatt installiert hatte. Mit einigem Aufwand wurde der Tischlereianbau zur Pralinen- und Bonbonfabrik umgebaut. Hier waren viele Mitarbeiter – oftmals sogar bis zu 32 Personen – damit beschäftigt, aus Schokoladenblöcken die wunderbarsten Pralinen zu fertigen. Die Qualität der Süßwaren, die Wöhler seinen Kunden anbot, hatte sich bald

nicht nur in Gaarden herumgesprochen. Wer etwas Besonderes wollte, der kam auch von weiter her.
Die Pralinen- und Bonbonfabrik in der Neumühlener Straße wurde bereits Anfang der 1960er Jahre immer weiter verkleinert, und bald arbeitete nur noch Heinrich Wöhler stundenweise allein in den Räumen hinter seinem Wohnhaus, um hier die beliebten „Kieler Sprotten" aus Schokolade, eine kleinere Menge an Pralinen sowie Weinbrandbohnen für den Verkauf in seinem Gaardener Geschäft herzustellen. Die Produktion von Speiseeis war schon immer in den hinteren Räumen des Geschäftes in der Kaiserstraße Nr. 51, und von hier aus wurde im Sommer auch die kleine Eisbude an der Schwentine beliefert. Alle weiteren Süßwaren kaufte Heinrich Wöhler jetzt bei den neuen, aufstrebenden Fabrikunternehmen, die erstens billiger herstellen konnten und zusätzlich noch eine attraktive Werbung für ihre Produkte machten. Außerdem war die in dem Laden integrierte Eisdiele mit der Milchbar eine saisonunabhängige und damit sichere und sehr gute Einnahmequelle für ein Einzelhandelsunternehmen.

ABB 80 | Heinrich Wöhler mit zwei Mitarbeiterinnen in seinem Süßwarengeschäft in der Kaiserstraße/ Ecke Medusastraße, 1967. Foto privat/Rita Wiese geb. Wöhler

Immer mehr Jugendliche suchten in der Zeit der Beatmusik, die im nahen Star-Palast an der Ecke Kaiserstraße und Helmholtzstraße gespielt wurde, die Eisdiele und Milchbar von Heinrich Wöhler auf, die für diese ganze Generation unvergessen bleiben sollte.

Der Laden wurde in den 1960er Jahren sogar weit über die Stadtgrenze hinaus bis nach England bekannt, denn auch die Musiker, die im Star-Palast auftraten, gingen zu Wöhler. An den Wochenenden war dort kein freier Sitzplatz mehr zu kriegen, und weil hier zu dieser Zeit auch noch viel geraucht wurde, gab es „dicke Luft" in dem hinteren Raum des Geschäftes, der als Bar ausgebaut war.

Im Laden wurden die Kunden vom Chef persönlich oder dessen Ehefrau bedient. Es gab zusätzlich noch drei bis vier Verkäuferinnen, die halbtags arbeiteten, und eine Auszubildende. Von diesen Verkaufskräften war immer eine Person zur Bedienung an der Bar eingeteilt.

Das Geschäft, das auch an den Sonntagen durchgehend geöffnet hatte und gerade dann viel Eis und Schlagsahne sowie Alkoholika und Süßigkeiten aller Art verkaufte, florierte nicht nur durch die starke Frequentierung der Milchbar. Aber diese Besonderheit des Gaardener Treffpunktes blieb bis heute in den Erinnerungen ein fester Bestandteil der gesamten Gaardener Beatgeneration. Heinrich Wöhler musste sein Geschäft im Jahr 1970 schließen, weil er schwer erkrankte. Eine Durchblutungsstörung im Gehirn machte ihm schwer zu schaffen. Der freundliche Abenteurer und Tausendsassa zog sich ins ruhigere Privatleben zurück und sollte sogar nach einiger Zeit wieder ganz genesen. Heinrich Wöhler starb am 26. Juni 2000 im Alter von 90 Jahren.

Agnes Scharmer in der Iltisstrasse Nr. 16:
Die erste Eisdiele auf dem Ostufer

Schon in den 1920er Jahren war Agnes Scharmer mit einem Handwagen, der mit Roheis gekühlt wurde, durch das sommerliche Gaarden gezogen und hatte Eiscreme an die Spaziergänger im damaligen gut besuchten Werftpark sowie in den schmalen, engen Gaardener Straßen verkauft. Agnes war die ältere Schwester von Johannes Tempel, der später in der Schulstraße seinen eigenen „Eis-Tempel" eröffnete. Agnes Tempel stammte wie ihr Bruder aus Prinzenmoor bei Rendsburg, wo sie 1898 zur Welt gekommen war. Die Geschwister hatten, wie zu vermuten ist, das Herstellen von Speiseeis in der Familie gelernt und wussten wohl von daher, sich eine mehr oder weniger lohnende, vielleicht sogar gesicherte Existenz aufzubauen. Das sollte die nachfolgende unruhige Zeit noch zeigen.
Agnes Scharmer war mit Johann Scharmer verheiratet. Gemeinsam hatten sie zwei Töchter. Im Jahr 1910 kam Margarethe zur Welt, und 1912 wurde Frieda geboren. 1922 bezog die Familie eine Wohnung mit Ladengeschäft in der Iltisstraße Nr. 16. Hier entstand die erste Eisdiele auf dem Ostufer. Eine Kugel Eis kostete damals 5 Pfennige. Neben den genauen Rezepten war auch noch viel handwerkliches Geschick wichtig. Vermeintlich kleine, unscheinbare Fehler können eine große Wirkung haben: Werden beispielsweise die trockenen Zutaten zu früh oder zu spät in die kalte Masse gerührt, entstehen Klumpen im Eis. Ist es zu weich und glänzt, stimmt die Zuckermenge nicht oder die Eismaschine hat die falsche Temperatur. Wird das Speiseeis zu lange gefroren oder ist die Wassermenge nicht genau berechnet, fällt das Eis in sich zusammen. Eine mühsame Kleinarbeit, von der kaum ein Eisesser etwas ahnt, wenn er sein Schoko-, Erdbeer- oder Vanilleeis im Hörnchen in der Hand hält. Bei Scharmers stand die Eismaschine im Keller. Es gab fünf Sorten sowie Sahneeis in den Sorten Schoko, Erdbeer und Fürst Pückler.
1938 starb Johann Scharmer, sodass Agnes mit ihren Kindern den kleinen Laden durch die Kriegszeit bringen musste. Irgendwie, wie auch bei den vielen anderen kleinen Geschäften, ging das auch, trotz der immensen Wirren und täglich zu bewältigenden Schwierigkeiten. Als dann der Aufschwung einige Jahre nach dem Krieg in Deutschland und somit auch in Kiel einzog, profitierten ebenso alle Gaardener Geschäfte, vor allem durch die Auftragslage der Werft. So kamen jetzt mehr Kunden in den kleinen Eisladen von Scharmer. Agnes und ihre Tochter Frieda führten gemeinsam die Eisdiele in der Iltisstraße. Frieda war Mutter zweier Töchter: 1936 wurde Lieselotte und 1938 Anne-Dore geboren.

ABB 81 | Die untere Iltisstraße, Ansichtskarte 1910. Sammlung Wolfgang D. Kuessner

Der gesamte Eisladen war ca. 20 m² groß und mit den Waren des täglichen Bedarfs bestückt. Ein gerader Verkaufstresen, der längs durch den Laden lief, hatte eine Kühlung und einen zusätzlichen Eisschrank. Drei kleine Tische mit Stühlen bildeten, neben den vollgefüllten Regalen an drei Wänden, die ganze Einrichtung. Auf den Stühlen an den drei Tischen konnten aber an den Wochenenden keine Kunden sitzen und ihre Eisbecher genüsslich verzehren, dazu war der Laden immer zu voll. Denn an diesen Tagen sollten auch die Schlagsahnekäufer bedient werden, die bereits draußen in einer Schlange anstehen mussten.
1956 kam Friedas Tochter Anne-Dore mit in das Geschäft. Sie hatte bei dem Konditormeister Karl Schreiner am Vinetaplatz Verkäuferin gelernt, und als 1968 Agnes Scharmer 70 Jahre alt wurde, übernahmen Frieda und Anne-Dore die Leitung des Geschäftes.
Zum 70. Geburtstag von Agnes Scharmer war am 10. Januar 1962 in den Kieler Nachrichten zu lesen:

„Ein Eis – für fünf Pfennig
Ein Eis mit Schuß – für fünf Pfennig!" Viele Gaardener erinnern sich noch der „guten alten Zeit", als es diese Kostbarkeit in der ersten Eisdiele auf dem Ostufer gab:

in Scharmers Eisdiele in der Iltisstraße. Groß und klein, jung und alt strömte vor 40 Jahren in diesen Eissalon. Unermüdlich stand Frau Agnes Scharmer in der 1922 noch als Neuheit geltenden Eisdiele. Noch heute ist die gebürtige Gaardenerin [hier irren die KN, Anm. W.E.] vom frühen Morgen bis zum späten Abend auf den Beinen – denn nach dem Tode ihres Mannes (1938) bewältigt sie die viele Arbeit allein. Eisbomben, Fürst-Pückler-Eis und Eistorten gehören zu den Spezialitäten, die in zahlreiche Familien bei Festen und Feiern geliefert werden. Dank ihrer eisernen Energie wurde der Betrieb aus eigenen Mitteln wiederaufgebaut. Zahlreiche Gratulanten werden sie heute zu ihrem 70. Geburtstag beglückwünschen, den sie mit dem Humor feiern wird, durch den die Jubilarin viele Freunde gewann."

Das Hauptgeschäft machten die beiden Damen in dem Eisladen am Wochenende, wenn alle anderen Läden längst geschlossen hatten. Es gab neben dem Eis und der sonntäglichen Schlagsahne auch Konserven und Schnaps, Bier und Zigaretten, Schokolade und Knabberzeugs, Bonbons und Brause – einfach alles, was ein Kiosk mit besonderen Öffnungszeiten seinen Kunden anbieten konnte. Außerdem hatten die Damen sich einen Namen in der Herstellung von Eistorten gemacht. Sie lieferten auf Bestellung in den Sorten Schwarzwälder-Kirsch und Erdbeere herrlich appetitlich aussehende, nahezu prachtvolle Torten.
Agnes Scharmer starb 1978. Frieda Werner und ihre Tochter Anne-Dore betrieben das Geschäft auch noch weiter, als die Eismaschine ihren Geist nach den vielen Jahren aufgab. Ab diesem Zeitpunkt lieferte „Langnese" Fabrikware, und das sollte noch bis weit in das neue Jahrtausend so bleiben. Die erste Eisdiele auf dem Kieler Ostufer, der kleine Laden von Agnes Scharmer in der Iltisstraße Nr. 16, wurde 1989 an einen neuen Pächter übergeben.
Mit einer Glasschüssel in der Hand steht niemand mehr irgendwo in einer Schlange nach frischer Schlagsahne an. Wer's mag, der bekommt seine Sahne aus der Sprühdose.

10. Mai 1952: Demonstration in der Iltisstrasse

ABB 82 | Ausschnitt zur Kieler Novemberrevolution 1918 aus Shahin Charmis Wandgemälde am Iltisbunker, 1989. Foto mit frdl. Genehmigung des Künstlers

Ein Ausschnitt aus dem Wandgemälde von Shahin Charmi am Iltisbunker aus dem Jahr 1989 zeigt protestierende Matrosen und Arbeiter bei einer Demonstration im November 1918. In der Bildmitte ist die rote Fahne als Symbol der Arbeiterbewegung zu sehen. Den Hintergrund bilden Werftanlagen.

Im Mai 1952 wird erneut demonstriert – diesmal in der Gaardener Iltisstraße. Daran und an zwei weitere Ereignisse erinnert sich 2012 Edmund Schulz als Augenzeuge:

In den frühen Abendstunden des 10. Mai 1952, kurz nach Anbruch der Dunkelheit, demonstrierten in der Iltisstraße im Kieler Stadtteil Gaarden mehrere hundert Jugendliche. Aus dem Brook kommend, formierten sie sich zu einem Fackelzug und brachten durch Sprechchöre ihr Anliegen zu Gehör: Nieder mit dem Generalver-

trag – Wir fordern einen Friedensvertrag – Wir wollen keine Amiwaffen, wir wollen für den Frieden schaffen.
Die in der Iltisstraße demonstrierenden Jugendlichen waren an diesem Sonnabend mit Autobussen aus den verschiedensten Gegenden Schleswig-Holsteins nach Kiel gekommen, um in der Nacht in einem geschlossenen Korso nach Essen zu fahren. Die Teilnehmer an dieser Fahrt kamen nicht nur aus den Reihen der seit einem Jahr verbotenen Freien Deutschen Jugend (FDJ), sondern auch aus Gruppen der Falken und Jungsozialisten, der Gewerkschaftsjugend und der Pfadfinder. In Essen wollten sie an der „Jugendkarawane gegen den Generalvertrag – für einen Friedensvertrag" teilnehmen, zu der das vom Darmstädter Pfarrer Herbert Mochalski geleitete Präsidium des „Treffens der jungen Generation" (dieses Treffen fand am 2. März 1952 in Darmstadt statt) die Jugend Westdeutschlands für den 11. Mai aufgerufen hatte.
Am Vormittag des 10. Mai wurde auf Anordnung des nordrhein-westfälischen Innenministers Karl Arnold (CDU), zugleich Ministerpräsident des Landes, die vorgesehene Kundgebung und Demonstration in Essen jedoch verboten. Für die hiesigen Organisatoren stellte sich damit die Frage, ungeachtet des Verbots die Fahrt anzutreten oder sie zu unterlassen.
Als dann bekannt wurde, dass bereits an den Elbbrücken bei Hamburg Polizeikontrollen stattfanden, war die Entscheidung gefallen. Die Fahrt nach Essen wurde abgesagt, jedoch sollte vor der Heimfahrt das Anliegen der Jugendkarawane noch mit einer Demonstration in Kiel öffentlich gemacht werden. Dass man sich dann für Gaarden und dort für die Iltisstraße entschied, hatte wohl vorrangig logistische Gründe. So wurden die Busse in die Bielenbergstraße gelotst, damit die Insassen weitgehend unbeobachtet durch den Brook in die Iltisstraße gelangen konnten, wo sich die Teilnehmer zum Fackelzug formierten.
Die Demonstranten waren bis zur Kreuzung Helmholtzstraße gekommen, als Polizei den Weg versperrte und ohne Vorwarnung mit Gummiknüppeln auf die ersten Reihen einschlug. Wenige Minuten später bogen von der Preetzer Chaussee her Mannschaftswagen der Bereitschaftspolizei in die Straße. Nun wurde auch von hinten auf die Demonstranten eingeschlagen, sodass der Demonstrationszug sich auflöste und die Teilnehmer – soweit die Polizei es zuließ – zu ihren Bussen zurückkehrten.
Drei Tage später, am Dienstag den 13. Mai, erlebte die Iltisstraße erneut eine Demonstration und polizeiliche Gewalt gegen die Demonstranten. Ausgangspunkt war diesmal eine verbotene Kundgebung der Kommunistischen Partei Deutschlands (KPD). Schon Wochen vor der für den 11. Mai geplanten Jugendkarawane in Essen hatte die KPD für den 13. Mai eine Kundgebung zum Thema „Was bedeutet der Generalvertrag

für die Kieler Bevölkerung und wie kann sie sich dagegen wehren?" geplant. Stattfinden sollte sie am besagten Tag um 19 Uhr auf dem Vinetaplatz in Gaarden. Unter Berufung auf die Demonstration am vorhergehenden Sonnabend in der Iltisstraße und die Vorgänge am 11. Mai in Essen – dort kam durch den polizeilichen Schusswaffeneinsatz das aus München angereiste 21-jährige KPD- und FDJ-Mitglied Philipp Müller zu Tode – untersagte die Stadtverwaltung wenige Stunden vor dem Termin der Kundgebung deren Durchführung. Um das Verbot durchzusetzen, riegelte die Polizei daraufhin alle zum Vinetaplatz führenden Zugänge ab (Elisabethstraße, Medusastraße, Wikingerstraße). Da das Verbot der Öffentlichkeit nicht bekannt war, kam es an den Absperrungen zu großen Ansammlungen von Leuten, die an der Kundgebung teilnehmen wollten. Den Aufforderungen der Polizei, die Straßen zu räumen, wurde weitgehend nur unwillig gefolgt. Viele Besucher begannen vielmehr, von einer gesperrten Straße zu der anderen zu wandern, mit dem Ergebnis, dass es zu einer immer größer werdenden Ansammlung im Bereich der Stoschstraße kam. Darunter befand sich auch der für die Kundgebung vorgesehene Redner, der KPD-Bundestagsabgeordnete Otto Niebergall. Auf einer herbeigeschafften Kiste stehend, hielt er eine kurze Ansprache. Unterdessen war ein Lautsprecherwagen der Polizei eingetroffen, der die Versammelten aufforderte, auseinanderzugehen und die Straße zu räumen. Diese Aufforderung wurde mit gellenden Pfiffen und lauten Protestrufen beantwortet. Unvermittelt begann die auf schätzungsweise fast 3.000 Personen angewachsene Masse sich in Richtung Iltisstraße zu bewegen, eingeschlossen der Polizei-Lautsprecherwagen, der sich im Schritttempo mit bewegte. Seine Durchsage-Versuche wurden jedes Mal von der Menschenmenge lautstark erstickt. Der spontan entstandene Demonstrationszug bog dann in die Iltisstraße ein, wo auf der Kreuzung Medusastraße eine Polizeikette und mehrere berittene Polizisten versuchten, ihn aufzuhalten, was ihnen jedoch nicht gelang. Kurze Zeit später traf dann in der Iltisstraße motorisierte Bereitschaftspolizei ein, die umgehend mit Schlagstöcken gegen die Demonstranten vorging. Die Folge war, über mehrere Stunden immer wieder in den Straßen um den Vinetaplatz aufflammende Auseinandersetzungen zwischen protestierenden Bürgern und der Polizei.

Das Verbot ihrer Kundgebung am 13. Mai nicht widerspruchslos hinnehmend, veranstaltete die KPD noch in der gleichen Woche eine Protestversammlung, zu der am Sonnabend, den 17. Mai, 3.000 Kieler Bürger auf den Vinetaplatz kamen. Da es diesmal keine Eingriffe der Staatsmacht gab und die Kundgebungsteilnehmer sich auch nicht durch die Anwesenheit von Polizei in den Nebenstraßen provozieren ließen, verlief alles ohne Zwischenfälle."

BÄCKEREI RATJEN, ILTISSTRASSE NR. 7:
SEIT 1919 FAMILIENBETRIEB IN DER DRITTEN GENERATION

Einer dieser wunderschön dekorierten Meisterbriefe, wie sie im vergangenen Jahrhundert mit vielen bunten Schnörkeln und sehr viel patriotischem Zierrat anzusehen waren, hängt schon seit all den Jahren im Laden der Bäckerei Ratjen in dem Haus Iltisstraße Nr. 7, an der Ecke zur Medusastraße, dort wo der Weg zum Eingang des ersten Kieler Hochhauses führt. Das Haus mit der Bäckerei ist im Stil der Gründerzeit ca. 1906 errichtet worden. Der bemerkenswerte Meisterbrief ist aus dem Jahr 1913 und beurkundet Bäcker Hermann Ratjen als Meister seines Handwerks. Er hatte 1919 das Haus mit der Bäckerei dem Bäckermeister Albert Bern abgekauft, um sich hier in Gaarden niederzulassen. Er war verheiratet mit seiner Frau Ida, die auch den weiteren Generationen bei der Führung des Geschäftes sogar bis 1999 zur Seite stand.
Das Paar hatte zwei Söhne. Werner wurde 1922 geboren, und 1926 kam sein Bruder Helmut zur Welt. Als der Zweite Weltkrieg ausbrach, waren die Söhne noch zu

ABB 83 | Bäckerei Albert Bern in der Iltisstraße 7/Ecke Medusastraße, 1911. Foto privat/Familie Ratjen

jung, um die Bäckerei zu übernehmen. Als Hermann Ratjen im Jahr 1940 starb, da pachtete der Bäckermeister Albert Bern – mit der Option für eine Rückführung nach dem Krieg an Werner Ratjen – nochmal das Geschäft.

Werner Ratjen hat bei Bäckermeister Ingwersen in der Feldstraße Nr. 73 den Beruf des Bäckers gelernt und gleich nach dem Ende des Krieges seine Meisterprüfung abgelegt. Jetzt konnte er mit seiner Ehefrau Elisabeth endlich den elterlichen Betrieb wieder übernehmen. Das gelang auch sehr erfolgreich. Er meldete mehrere Verbesserungen von Backmitteln als Patent an und eröffnete 1959 in Flintbek einen Betrieb zur Herstellung seiner Produkte. Als Backmittel bezeichnet man heute definitionsgemäß (Leitsätze für Brot und Kleingebäck) Lebensmittelzubereitungen, die dazu bestimmt sind, (unerwünschte) Rohstoffeigenschaften auszugleichen, die technischen Abläufe bei der Gebäckherstellung zu fördern und zu erleichtern und die Gesamtqualität der Backwaren zu verbessern.

Werners Bruder Helmut hatte bei der Gaardener Volksbank 1954 noch Bankkaufmann gelernt und schulte, aufgrund der neuen Verpflichtungen seines Bruders, zum Bäcker um. Im Jahr 1954 heiratete Helmut Ratjen seine Edith, und 1959 übernahm das junge Paar die Bäckerei in der Iltisstraße. Zu dieser Zeit war der wirtschaftliche Aufschwung nach den Zerstörungen im Zweiten Weltkrieg bereits in einem bemerkenswerten Anfangsstadium. Davon profitierten auch die vielen Einzelhandelsgeschäfte im Stadtteil Gaarden, und somit hatte auch der Bäckermeister Helmut Ratjen bald ein recht bekanntes, wenn auch kleines Bäckereigeschäft. Die Kunden kamen wegen der hier erhältlichen Qualitätsware, welche nach traditioneller Handwerksarbeit hergestellt wurde. Helmut Ratjen hatte zu dieser Zeit ständig zwei Lehrlinge und zwei Bäckergesellen. Seine Frau wechselte sich mit einer festangestellten Verkäuferin und einer zusätzlichen Samstagshilfe im Verkauf in dem nur vier mal vier Meter großen Laden ab. Das Ehepaar Helmut und Edith Ratjen hatte zwei Söhne. Im Juli 1959 wurde der erste Sohn, Michael, und im März 1961 der zweite Sohn, Ralph, geboren. Den Haushalt der Familie, die ihre Zweizimmerwohnung hinter der Bäckerei hatte, besorgte zum großen Teil Frau Ida Ratjen, die Oma des Hauses. Sie deckte in den sehr frühen Morgenstunden den Frühstückstisch, versorgte die Kinder, schickte sie auch in die Schule und kochte für die Belegschaft sowie für die Familie das Mittagessen. Das Leben der Familie und die Pausen der Betriebsangehörigen fanden in der Küche, direkt hinter dem Laden, recht gemütlich und gemeinsam statt. Die kleine heile Welt dieses Gaardener Familienbetriebes überstand jede Krise, und das ließ den Betrieb auch einen starken Wandel, der sich nicht nur im Stadtteil Gaarden bereits am Ende der 1970er Jahre bemerkbar machte, bis ins nächste Jahrhundert überleben. Helmut Ratjen war Fußballer und konnte seine Begeisterung dafür auch an seine Söhne weitergeben. Die Freizeit der Familie Ratjen war geprägt vom Vereinsleben mit Borussia Gaarden, ein Teil des heutigen Vereins „TuS Gaarden".

Sohn Michael erlernte das Bäckerhandwerk bei Karl Sass in der Alten Lübecker Chaussee Nr. 8. Nach Lehre und Gesellenzeit wurde Michael Meister und übernahm im Jahr 1987 mit seiner Ehefrau Angelika das elterliche Geschäft. Bruder Ralph hatte sich als EDV-Fachmann längst anders orientiert. Das Personal bestand jetzt aus mehreren Teilzeitverkäuferinnen und nur noch einem Gesellen. Michael Ratjen bildete über viele Jahre hinweg keinen Lehrling mehr aus. Zwei Filialen – eine an der Ecke Pickertstraße/Ostring sowie das ehemalige Edeka-Geschäft von Christian Stahl in der Elisabethstraße an der Ecke zur Georg-Pfingsten-Straße (von 1988 bis 2009) – waren zwar über mehrere Jahre noch kostendeckend zu halten, mussten aber wieder aufgegeben werden. Nur so, als stark verkleinerter Betrieb, ging Michael Ratjen mit der kleinen Bäckerei ins neue Jahrhundert.

Die Bäckerei Ratjen veränderte ihre Aktivitäten. Die Öffnungszeiten des Ladens in der Iltisstraße wurden auf die Vormittagsstunden reduziert, und die Belieferungen anderer Betriebe entwickelten sich zum Hauptgeschäft des immer noch auf Qualitätsware orientierten Familienbetriebs. So beliefert die Bäckerei von Michael Ratjen z. B. verschiedene Einzelhändler und Gaststätten sowie die Mensa der Iltisschule mit Brot, Kuchen und Brötchen. Dieser inhabergeführte kleine Bäckereibetrieb ist der einzige von den ehemals zwölf selbstständigen Bäckereien in Gaarden-Ost und wird höchstwahrscheinlich noch im Jahr 2019 das 100-jährige Geschäftsjubiläum erreichen. Edith Ratjen war unermüdlich bis zu ihrem Lebensende im Jahr 2001 noch im Brötchenverkauf in dem Laden in der Iltisstraße aktiv. Der Flintbeker Unternehmer Werner Ratjen, der einst ein namhaftes Unternehmen mit 60 Angestellten leitete, lebte bis 2002. Sein Betrieb wurde verkauft. Der Bäckermeister Helmut Ratjen starb im Jahr 2004. Das Ehepaar Michael und Angelika Ratjen hat zwei Söhne. Ob da die vierte Bäcker-Generation heranwächst, mag in den Sternen stehen.

Die Medusastraße wurde im Jahr 1906 nach der Korvette „Medusa" benannt. 1907 verlängerte sich die Medusastraße über die Kaiserstraße hinweg bis zur Gaußstraße hin. Seit die Gaußstraße durch Bombenangriffe im Zweiten Weltkrieg zu nahezu 80 % zerstört wurde, endet die Medusastraße an dem 1954 errichteten Hochhaus – gleich hinter der Bäckerei.

Start mit Hindernissen: Die Drogerie von Kurt Maurmann in der Stoschstrasse Nr. 1

Am 24. Oktober 1938 übernahm Kurt Maurmann die Drogerie im Haus Stoschstraße Nr. 1 von dem Drogisten Friedrich Stahl. In der Nacht vom 9. auf den 10. November, das Geschäft war noch keine 14 Tage geöffnet, räumten die Schergen der SA den gesamten Laden wieder aus. Es war die von den Nazis gesteuerte sogenannte Reichskristallnacht.
Das ansehnliche Haus aus dem Jahr 1901, in dem die Drogerie betrieben wurde, gehörte dem Apotheker Dr. Heinrich Haller-Munck, der mit seiner Familie seit 1923 hier auch wohnte. Sie war jüdischen Glaubens. Der Sohn des Ehepaars, der Rechtsanwalt Hans-Ulrich, wurde in derselben Nacht ins Konzentrationslager Sachsenhausen verschleppt, wo er kurz nach seiner Freilassung an den Folgen der Haft verstarb. Er wurde nur 38 Jahre alt.
Der gesamte Warenbestand der Drogerie wurde in einen Schuppen des Güterbahnhofs am Tonberg verbracht. Erst ein paar Tage später und nach vielen sehr schwierigen klärenden Gesprächen bekam der Drogist seine Ware wieder zurück und durfte sein Geschäft wieder eröffnen. Auch danach hatte Kurt Maurmann, eine rheinische Frohnatur, keine Freude unter dem Hitler-Regime. Am 5. Januar 1940 wurde er zum Kriegsdienst zunächst nach Sachsen und dann nach Schönwalde bei Berlin und nach Zehdenick in Brandenburg eingezogen. Von hier ging der Drogist 1945 in die Kriegsgefangenschaft.
Dabei hatte alles so hoffnungsvoll begonnen. Kurt Maurmann wurde am 11. August 1912 in Velbert im Rheinland geboren und lernte hier am Ort in der Drogerie Meyer den Beruf des Drogisten. Es zog ihn weiter. Er wollte mehr sehen, mehr lernen. So kam Kurt auch nach Wilhelmshaven, wo er die erste Drogerie leitete. Aber es trieb ihn weiter bis nach Brandenburg, nach Zehdenick. Dort lernte er seine Frau Hildegard (Jahrgang 1913) kennen und heiratete sie im Herbst 1938. Die jungen Eheleute hofften, in der Großstadt Kiel ihr Glück zu machen. Als Kurt Maurmann in den Krieg ziehen musste, kam, just an diesem 5. Januar 1940 sein erster Sohn, Wolfgang, zur Welt. Die Drogerie in der Stoschstraße wurde jetzt von dem Kollegen Adolf Harder als Geschäftsführer weiter geleitet. Hildegard Maurmann lebte während des Krieges bei ihren Eltern im brandenburgischen Zehdenick, um so ihrem Mann, der mittlerweile in Berlin zum Lehrer an der Fliegerbildschule aufgestiegen war, näher zu sein. Endlich ging auch diese schwere Zeit zu Ende. Die Familie Maurmann kehrte nach Kiel zurück, und Kurt konnte seine Drogerie wieder übernehmen. Das

ABB 84 | Außenansicht der Foto- und Medizinal-Drogerie von Kurt Maurmann, 1941. Foto privat/Michael Maurmann

ABB 85 | Kurt Maurmann hinter dem Tresen seiner Drogerie in der Stoschstraße 1, 1961. Foto privat/Michael Maurmann

Haus war zwischenzeitlich von den Nazis enteignet worden. Ein Kauf durch Maurmann kam nicht zu Stande. Das Ehepaar Haller-Munck hatte 1942 in einer ärmlichen Unterkunft am Kieler „Kleinen Kuhberg" den Freitod gewählt.
Mit dem Wiederaufbau Kiels belebten sich nach 1950 auch die Geschäfte wieder, und so wurden auch die Kassen in den Drogerien wieder etwas voller. Die Arbeiter mit ihren Familien, die in Gaarden wohnten, wollten es auch wieder behaglich haben und kauften jetzt Tapeten, Kleister und Farben. Alles sollte neu und vor allen Dingen anders gestaltet werden. Das Drogeriegeschäft rentierte sich nicht nur, sondern warf jetzt richtige Gewinne ab. Bereits seit 1947 machte der zweite Sohn, Michael, die Familie von Kurt und Hildegard Maurmann komplett, und im Jahr 1957 konnte sogar eine Filiale an der Ecke Augustenstraße und Schulstraße, gegenüber dem Schreibwarengeschäft Volbehr, eröffnet werden. Hier wurde die Drogerie von Herrn Schenk mit nur wenigen Mitteln auf den neuesten Stand gebracht. Kurt Maurmann expandierte und machte 1959 seinen Führerschein, um jetzt mit einem neu gekauften Opel Ware ausliefern zu können. Es wurden Tapeziertische für die wachsende Zahl der Heimwerker verliehen, Baumärkte gab es noch nicht, und so kaufte ein jeder seine Pinsel, Farben und alles, was dazu gehörte, beim Drogisten ein. Später nahm Maurmann noch Fußbodenbeläge in sein Sortiment auf. Jetzt wurde auch jedes Jahr ein Lehrling eingestellt, der auch oft als Angestellter übernommen wurde.
In Gaarden begann ein neues, „goldenes" Zeitalter. Die Werft meldete Vollbeschäftigung, und den Arbeitern ging es zunehmend besser. Die Kaufkraft in diesem Stadtteil stieg, und mit ihr stieg auch der Verdienst der Geschäftsinhaber.
Familie Maurmann fuhr jetzt regelmäßig in die Berge. Sie machte dort Urlaub, denn Kurt, der Unermüdliche und Fleißige, war bereits seit 1949 Funktionär im Deutschen Alpenverein. Er wurde jetzt für die Sektion Kiel Vortrags- und Festwart. Damit aber nicht genug der Ehrenämter. Der Drogist, der auch im Gaardener Turn- und Sportverein „TSV" sportlich aktiv war, bekleidete hier auch noch das Amt des Festwarts. Der Verein lernte nun auch seine sprichwörtliche rheinische Frohnatur zu schätzen.
Mitten in diesen schönen Jahren wurde auch der Sohn Michael 1964 Lehrling im väterlichen Betrieb, sicherlich mit der Aussicht, die Drogerie eines Tages weiterzuführen. Michael sollte aber, nachdem er 1967 ausgelernt hatte, bald bemerken, wie sich der Einzelhandel und die Gaardener Kundschaft veränderten.
Die Drogerie musste, wie auch die Filiale, im Januar 1970 aufgegeben werden. Hildegard Maurmann wurde Verkäuferin bei Horten am Dreiecksplatz, und Michael war längst im Außendienst eines Fotogroßhandels tätig. Der Traum des Drogisten

ABB 86 | „Stolpersteine" des Kölner Künstlers Gunter Demnig für Heinrich, Hans-Ulrich und Paula Haller-Munck in der Stoschstraße 1, verlegt am 24. April 2009. Foto Walter Ehlert

Kurt Maurmann fand ein jähes Ende. Schweren Herzens wurde er nun in einer Behörde an einem Schreibtisch ein ganz normaler Arbeitnehmer. Er starb im Jahr 1975. Nichts erinnert mehr in der Stoschstraße Nr. 1 an eine Drogerie. In dem Geschäft ist heute eine Bierkneipe. Das Haus hat seine schöne Fassade beibehalten, nur vor der Eingangstür erinnern im Bürgersteig Stolpersteine an eine vergangene fürchterliche Zeit. Der Kölner Künstler Gunter Demnig hat sie dort am 24. April 2009 zur Erinnerung an die NS-Opfer Hans-Ulrich Haller-Munck (geboren 27.7.1900, gestorben 1938), Paula Haller-Munck (geboren 1.10.1878, gestorben 15.7.1942) und Dr. Heinrich Haller-Munck (geboren 11.1.1866, gestorben 15.7.1942) verlegt.

Die Iltis-Apotheke 1911–2013: 102 Jahre in Gaarden

Von der Stoschstraße Nr. 22 an den Vinetaplatz Nr. 2

Im Jahr 1911 verlief die Gaußstraße noch vom Kirchenweg bis zur Stoschstraße. Die Gaußstraße, die beidseitig mit Mietshäusern bebaut war (auch dort, wo heute das erste Kieler Hochhaus steht), wurde so wie viele Gaardener Straßen nach einem Schiff benannt.

Nach einem Schiff benannte auch der Apotheker Ernst Pratsch seine Iltis-Apotheke, die gegenüber von der Bäckerei von Franz Kohrt im Januar 1911 Ecke Stosch- und Gaußstraße eröffnet wurde. Genau an dieser Stelle steht heute die Hans-Christian-Andersen-Schule. Die Iltis-Apotheke war damals eine von 17 Apotheken in Kiel und nach der Apotheke am Karlstal die zweite Apotheke in Gaarden. Das war für diese Zeit wahrscheinlich ausreichend. Mit dem stetigen Anstieg der Einwohnerzahl in Kiel stieg auch die Anzahl der Apotheken in der Stadt auf 23 im Jahr 1928. Ernst Pratsch stellte als Inhaber ab dem 1. April 1934 Otto Lüth als Verwalter ein, der ab dem 1. Oktober 1936 als Pächter die Apotheke führte und diese dann am 30. September 1941 an den neuen Inhaber Hermann Wiehemeyer verkaufte.

> Hiermit beehre ich mich, den pp. Bürgern von Kiel-Gaarden und Umgegend ergebenst anzuzeigen, dass ich in dem Hause
>
> ## Stosch-Straße 22, Ecke Gauß-Straße,
> unter der Firma
>
> # Iltis-Apotheke
> **Ernst Pratsch**
>
> eine Apotheke eröffnet habe.   Hochachtungsvoll
>
> **Ernst Pratsch**
>
> ☞ Anfertigung aller Rezepte für sämtliche Krankenkassen. ☜

ABB 87 | Eröffnungsanzeige der Iltis-Apotheke in den Kieler Neuesten Nachrichten vom Januar 1911

ABB 88 | Die Iltis-Apotheke an der Ecke Stoschstraße/Gaußstraße, 1911. Foto privat/Joachim Fielitz

ABB 89 | Pillendosendeckel mit SMS „Iltis", 1913. Foto privat/Joachim Fielitz

Kurz vor dem Ende des Zweiten Weltkriegs, am 13. und 14. April 1945, wurden nahezu 80 % der Gaußstraße durch die Bombenangriffe der Alliierten zerstört. Der Bereich zwischen der Helmholtz- und der Stoschstraße bestand nur noch aus Ruinen, die nicht mehr bewohnbar waren und nach 1945 dem Erdboden gleichgemacht wurden. Der etwas tiefer gelegene Gaußplatz hinter der Apotheke wurde mit den Trümmern aufgeschüttet. Darauf wurde später die Schule errichtet. Der zerstörten Apotheke gegenüber blieb das Haus des Bäckers als einziges noch als Ruine stehen. Dahinter errichtete man dann das erste Kieler Hochhaus.

Nach dem Tod des Apothekers wurde seine Witwe, Anna Wiehemeyer, Verwalterin und zog nach der Zerstörung des Hauses zunächst in das Haus Wikingerstraße Nr. 22 (Geschäftshaus von Stahl & Stiller). Erst ab dem 15. Dezember 1947 sollte die Iltis-Apotheke am neuen Standort am Vinetaplatz Nr. 2 für viele der nachfolgenden Apotheker ein einträgliches Geschäft werden. Für die Einwohner Gaardens wurden Standort und Firmenname über viele Jahre ein einprägendes Zeichen für freundliche Kompetenz. In dem Haus am Vinetaplatz Nr. 2, welches damals dem Firmengründer vom Kaufhaus Stahl & Stiller, Christian Stahl, gehörte, waren bis zum Krieg noch ein Kolonialwarengeschäft des Beamtenvereins und das „Zigarren-Haus am Vinetaplatz" als Mieter ansässig. Das Zigarrenhaus von Leck & Lehmann blieb, und in den Lebensmittelladen zog die Iltis-Apotheke ein.

Am 1. Juli 1948 pachtete Dr. Bruno Hedemann die Apotheke. Es folgte bereits am 1. Oktober 1950 Hans Binn. Nach dessen Tod übernahm am 1. November 1957 Heinz Simon die Verwaltung und war dann vom 1. April 1958 bis zum 1. April 1963 Pächter der Apotheke. Der nachfolgende Pächter Walter Jansen wurde nach dem Tod von Anna Wiehemeyer im Jahr 1970 Inhaber der Iltis-Apotheke. Er modernisierte recht aufwendig die Geschäfts- und Arbeitsräume und veränderte ebenso das äußere Erscheinungsbild. Nur der Firmenname „Iltis-Apotheke" blieb.

Die Zahl der Mitarbeiter vergrößerte sich. Jansen stellte einen jungen Apotheker, Joachim Fielitz, ein, der 13 Jahre lang als Angestellter tätig war und die traditionsreiche Apotheke am 1. April 1986 als Pächter übernahm. Er stellte das Warenlager auf ein EDV-gesteuertes Warenwirtschaftssystem um und brachte so die Iltis-Apotheke auf den neuesten Stand der Technik. Als Jansen am 23. Juli 1994 starb, stand bald auch die Apotheke zum Verkauf. Fielitz kaufte sie zum 1. April 1995 und baute im folgenden Herbst und Winter die Räume während des laufenden Betriebs nochmals komplett um. Die EDV wurde ebenfalls erneuert und erweitert. Das brachte auch eine Erneuerung des Wareneinlagerungssystems und der Warenpräsentation mit sich. Außerdem wurden noch ein Beratungsraum für Kunden und zusätzlich eine Abteilung für Hilfsmittel und Krankenpflegeartikel eingerichtet. 1996 war die alteingesessene „Iltis-Apotheke am Vinetaplatz" mit ihrem erweiterten Warensortiment und abgerundeten Serviceangebot ein modernes Dienstleistungsunternehmen im Gesundheitswesen, was auch durch das neue äußere Erscheinungsbild verdeutlicht wurde. Somit waren beste Voraussetzungen für das Unternehmen geschaffen. Zum 2. Januar 2013 wurde die „Iltis-Apotheke" von Joachim Fielitz an den Apotheker Klaus Rabe verkauft, der sofort den Namen in „Raben-Apotheke" änderte. Das war kein gutes Omen, die Apotheke wurde im September 2014 geschlossen.

Der Rollerverleih auf dem Gaussplatz

Im Jahr 1955 oder 1956 hatte das Ehepaar Kelbert einen Roller- und Fahrradverleih auf dem Gaußplatz eingerichtet. Dort, wo heute das Hauptgebäude der Hans-Christian-Andersen-Schule steht, war zu jener Zeit ein kleiner Betonbunker. Vielleicht war er der Unterstand für ein Flakgeschütz gewesen, jetzt standen dort Fahrräder und Ballon-Roller zum Verleih.

Eine Stunde Rollerfahren kostete 10 Pfennige. Das nutzte ich fast an jedem zweiten Tag, um mit meinem Freund Klaus, der schon einen eigenen Roller besaß, umfang-

ABB 90 | Der weinrote Roller von Klaus, 1956. Foto privat/Klaus Schenkewitz

reiche abenteuerliche Fahrten durch die ruinenreichen Straßen von Gaarden zu unternehmen. In meiner Erinnerung hatte Klaus den schönsten Roller, den es damals in meiner Welt gab. Ganz in weinrot, mit einem gleichfarbigen Sitzkissen auf dem kleinen hinteren Gepäckträger – ein Traum von einem Roller mit Weißwandreifen. Respektvoll hielt ich mich hinter ihm bei unseren Ausflugsfahrten. Klaus stand dann immer ganz gerade auf dem Trittbrett, sodass jeder geneigt war zu glauben, der Junge sei ganz stolz auf seinen Roller. Ich war etwas neidisch, denn mein geliehenes, etwas angerostetes und recht altes Fahrzeug war doch gegenüber dem Roller von Klaus einfach zu unscheinbar und eben nur von Frau Kelbert auf dem Gaußplatz ausgeliehen.

Die Familie Kelbert wohnte im Kirchenweg Nr. 57 und zog bald, nachdem nun auch der Gaußplatz weiter ausgebaut werden sollte, in eine Garage, die sich zwischen zwei Häuser in der Gaußstraße gezwängt hatte. Hier war auch Herr Kelbert, der als Autoschlosser arbeitete, oft zu sehen, wenn er mit einem Blaumann bekleidet an Rollern und Fahrrädern herumschraubte. Kelbert hatte sogar zwei Roller und kleine Kinderräder mit Beiwagen zusammengebastelt. In den 1960er Jahren gab Frau Kelbert ihren nicht mehr so lohnenden Verleih ganz auf. Da hatte ich längst schon einen eigenen Roller, aber der weinrote Roller von Klaus war immer noch der schönste von allen. (Walter Ehlert)

ABB 91 | Hildegard Klosa in ihrem Bäckereiladen, 1957. Foto privat/H.J. Klosa

BÄCKEREI KLOSA: KIRCHENWEG NR. 53 AN DER ECKE ZUR GAUSSSTRASSE

Die wechselhafte Lebensgeschichte von Werner Klosa ist eine der vielen Kriegs- und Nachkriegsgeschichten und wegen ihrer Besonderheit ist sie es wert, hier erzählt zu werden. Der Maler Georg Klosa hatte seine Wohnung und seinen Malereibetrieb 1914 im Papenkamp Nr. 60, als der dritte Sohn, Werner, zur Welt kam. Die Familie bezog 1925 in Gaarden eine Wohnung im vierten Stockwerk der Gazellestraße Nr. 2.
Vom 1. April 1929 bis zum 1. April 1932 erlernte Werner das Bäckerhandwerk bei dem Bäckermeister Arthur Bokranz in der Steinstraße.
Danach wechselte der junge Geselle mehrfach seinen Arbeitgeber. So war er 1934 auch bei dem Bäcker Thomas Loeck, einem Mieter der Bäckerei Sothmann im Kirchenweg an der Ecke zur Gazellestraße tätig. Viel später war hier die Bäckerei von Artur Raeth. 1935 ging Klosa in den Arbeitsdienst, und 1936 arbeitete er wieder als Bäckergeselle bei Heinrich Boysen, Adalbertstraße Nr. 15, im Kieler Stadtteil Wik. Im Jahr 1938 war er beim Bäcker Willi Nanz im Kronshagener Weg Nr. 42 beschäf-

ABB 92 | Werner Klosa (hinten) als Geselle, 1936. Foto privat/H.J. Klosa

tigt. Nachdem Werner Klosa jetzt auch Konditor bei Willi Weinnoldt in Dietrichsdorf, Heikendorfer Weg Nr. 56, gelernt hatte, arbeitete er, bis ihn der Krieg zu den Soldaten holte, als Bäckergeselle in Hamburg-Bergedorf.

Nach der Kriegsgefangenschaft in Sibirien kam Werner Klosa 1949 endlich wieder nach Kiel und fand bei seinem alten Meister Heinrich Boysen in der Adalbertstraße Nr. 15 wieder eine Arbeit als Bäcker und Konditor. Hier lernte er dann auch Hildegard, seine spätere Frau, kennen. Hildegard Wilhelmine Schulz wurde am 7. Juni 1911 in Kiel geboren und wohnte mit ihren Eltern in der Adalbertstraße Nr. 4. Sie heiratete das erste Mal 1930 und hatte aus dieser Ehe zwei Söhne. Hildegard, die jetzt Eberle hieß, zog mit den beiden Söhnen in das Haus, in dem sich im Erdgeschoss die Bäckerei befand, und heiratete 1950 den Bäcker- und Konditorgesellen Werner Klosa. Der ältere Sohn von Hildegard, Sigmund, wanderte nach Oregon/USA aus, und der erst zwei Jahre alte Joachim wurde von Werner Klosa adoptiert. Die Familie wohnte zu dieser Zeit noch bei den Eltern von Hildegard in der Adalbertstraße Nr. 4.

Um sich auf seine Meisterprüfung vorzubereiten, wechselte Werner Klosa nochmals den Arbeitgeber und fing beim Bäckermeister Werner Ratjen in der Iltisstraße

Nr. 7 als Geselle an. Die Verbindung zu diesem Bäckermeister sollte noch länger bestehen bleiben. Am 16. Juni 1953 legte Werner Klosa vor der IHK zu Kiel seine Meisterprüfung ab. Als Erster kam sein Sohn Joachim und gratulierte ihm vor den versammelten Bäckermeistern. Gleichzeitig gratulierte Werner seinem Sohn zum fünften Geburtstag. Als sich der kleine Joachim zum Weihnachtsfest eine Eisenbahn wünschte, zauberte der begabte Konditor zunächst einmal einen wunderschönen Zug mit einer Lokomotive vorneweg ganz und gar aus Schokolade. Die elektrische Bahn gab es anschließend.

Ende 1953 wurde die Bäckerei im Gaardener Kirchenweg Nr. 53 an der Ecke zur Gaußstraße vom Bäcker Wulf zum Verkauf angeboten. Im Jahr 1925 war hier noch eine Filiale des Kieler Konsumvereins. Das Haus gehörte dem Bäckermeister Ströh, der sein Geschäft in der Iltisstraße Nr. 28 hatte und hier im Kirchenweg mit seiner Familie wohnte. Die Familie Klosa bezog in diesem Haus die Wohnung im Erdgeschoss, gleich neben der Backstube. Der Laden war das Reich von Hildegard Klosa. Meister Werner zeigte nicht nur in der Qualität seiner Backwaren ein professionelles Können, das er sich bei den vielen anderen Bäckermeistern angelernt hatte, sondern schuf mit meisterlicher Kreativität wahre Kunstwerke der Konditorei und machte sich so einen bekannten Namen in Gaarden. Trotz der vielen Mitbewerber war in Gaarden zu jener Zeit ausreichend kauffreudige Kundschaft, um allen Bäckereien – jede ein Familienbetrieb – ein gutes Einkommen zu sichern. Der Familie von Werner Klosa ging es gut. Er fuhr einen großen Ford Taunus 12 M mit der Weltkugel am Kühler.

Als seine Frau Hildegard 1960 so krank wurde, dass sie nicht mehr arbeiten konnte, musste das Geschäft verkauft werden. Der Nachfolger wurde Bäckermeister Ernst Selchau-Hansen, den es aber in den 1970er Jahren in die Wrangelstraße zog. Die Familie Klosa zog in ein eigenes Einfamilienhaus im Stadtteil Hammer. Werner Klosa besann sich auf seinen ehemaligen Arbeitgeber Werner Ratjen. Dieser hatte eine Firma für ein neues, revolutionäres Backzusatzmittel in Flintbek gegründet, und von hier aus wurde Werner auf den Fachmessen für Bäckereibetriebe in ganz Europa tätig. Er hat damals das Backzusatzmittel T 500 bekannt gemacht sowie neue Backöfen getestet und anschließend deren Qualitäten vorgeführt. Werner Klosa starb am 31. März 1991 mit 77 Jahren in seinem Haus in Kiel-Hammer. Drei Jahre später folgte ihm seine Frau Hildegard.

In den Bäckerladen an der Ecke Kirchenweg und Gaußstraße war längst das Büro einer Hausverwaltung gezogen. Die vielen kleinen Gaardener Bäckerläden mit den liebevoll hergestellten Backwaren sowie den vielen ansprechend kunstvoll gestalteten Konditoreiprodukten gibt es schon lange nicht mehr.

Eine Gaardener Drogisten-Familie: Friedrich, Peter, Albert, Hermann und Christoph Stahl

ABB 93 | Drogist Albert Stahl hinter dem Tresen seines Geschäfts im Kirchenweg 46, 1914. Foto privat/ Henning Stahl

Sie kamen aus Eutin, die Eltern der späteren Drogisten-Brüder. Der Vater, Julius Hinrich Stahl, und seine Frau Therese, geb. Franke, hatten zusammen sechs Kinder, zwei Töchter und vier Söhne: 1883 Friedrich, 1885 Peter, 1887 Albert und 1889 Hermann. Vier Söhne – und alle vier lernten in Kiel den Beruf des Drogisten. Die Eutiner Familie war nahezu mittellos nach Kiel gekommen. Hier eröffnete die Mutter Therese Stahl ein Gemischtwarengeschäft mit einer Drogerieabteilung (ein verschließbarer Schrank) in der Lutherstraße an der Ecke zum Stadtfeldkamp.

Alle sechs Kinder besuchten eine höhere Schule, und die Söhne konnten nach ihrer Lehrzeit mit gegenseitiger Hilfe mehrere erfolgreiche Drogeriegeschäfte eröffnen. Das Geschäft in der Lutherstraße konnte nicht gehalten werden. Der Vermieter hatte die Miete aufgrund der regen Bautätigkeit und des damit verbundenen Zuzugs vieler hundert Menschen in dieses Quartier drastisch heraufgesetzt.

Der älteste Sohn, Friedrich, tat sich mit seinem vier Jahre jüngeren Bruder Albert zusammen. Sie eröffneten im Jahr 1909 ihre Drogerien in dem jetzt aufstrebenden Stadtteil Gaarden. Friedrich ging in die Stoschstraße mit dem Schwerpunkt Farben, und Albert machte seine erste „Kräuter-Drogerie" in dem Haus Gazellestraße Nr. 4 auf. Lange Zeit durften nur Apotheken Heil- und auch Giftkräuter verkaufen. Erst die kaiserliche Verordnung vom 25. März 1872 gestattete in Deutschland, Kräuter als Arzneidrogen in Drogerien zu verkaufen. Überdies fertigten Drogisten auf Wunsch der Käufer selbst Zahncreme, Zahnpulver, Backpulver, Hautcreme, Schuhputzcreme oder Blechputzmittel aus verschiedenen Zutaten. Die Produkte unterschieden sich von Händler zu Händler. Auch wurden Bleichwässer, Kräutermischungen und Franzbranntwein entweder in selbst mitgebrachte Behälter gefüllt oder in Papiersäckchen verkauft.

Auch Peter Stahl eröffnete zunächst eine Drogerie in Elmschenhagen in der Preetzer Straße Nr. 78, welche er aber nach seiner Rückkehr aus dem Krieg 1916 nicht mehr betreiben konnte. So kam auch er nach Gaarden und machte seine Drogerie im Laden der Elisabethstraße Nr. 102 auf. Das Geschäft befand sich in dem Haus der Gaststätte „Kleines Eck". Tagsüber ging Peter zur Werft, und nachmittags baute er mit der Ladeneinrichtung eines Drogisten, der im Krieg umgekommen war, seine Drogerie auf. 1914 zog Albert in den bedeutend größeren Laden im Haus Kirchenweg Nr. 46 und kaufte das Haus nach dem Ersten Weltkrieg.

ABB 94 | Außenfassade der Drogerie und Hofeinfahrt Kirchenweg 46, 1914. Foto privat/Henning Stahl

ABB 95 | Lagergebäude und Stall von Albert Stahl auf dem Hof Kirchenweg 46, 1914. Foto privat/Henning Stahl

Nur der jüngste der Stahl-Brüder, Hermann, hatte keine Drogerie im Stadtteil Gaarden, obwohl er in der Kaiserstraße Nr. 41 wohnte. Er eröffnete am 1. Februar 1915 die Sophien-Drogerie am Sophienblatt Nr. 96, zehn Jahre später die „Drogerie Ravensberg" in der Franckestraße Nr. 2.
Die Brüder bauten sich 1920 ein kleines Fabrikgebäude auf dem Gelände der ehemaligen Stern-Brauerei an der Ecke Preetzer Straße/Sörensenstraße. Hier wurden dann für die Drogerien die Lacke gekocht. Außerdem war im Obergeschoss noch eine kleine Wohnung, in der Peter Stahl wohnte. Mit Lack und Öl wurden die Holzfußböden in den Gaardener Wohnungen gestrichen, damit diese schön und wohnlich sauber glänzten.
Als die Fotografie aufkam, deckten sich Fotografen in der Drogerie mit den benötigten Materialien für die Entwicklung ihrer Bilder ein. Zu Anfang der Automobilzeit gab es noch keine Tankstellen, man hielt vor der Drogerie und kaufte dort Treibstoff in kleinen Fässern oder größeren Flaschen. Auch bestimmte Hygieneartikel wie Präservative oder Damenbinden gab es lange Zeit nur in den Drogerien.
1928 musste Peter Stahl seinen Laden in der Elisabethstraße 102 wegen der jetzt einziehenden Stehbierhalle aufgeben. Er zog in das Haus Elisabethstraße Nr. 108 um. Die Ladengröße schrumpfte jetzt auf 25 m². So konnte der Drogist mit der überschüssigen Einrichtung noch eine zweite Drogerie in der Medusastraße Nr. 16 er-

öffnen. Im Jahr 1926 kam Christoph Stahl in der Wohnung Preetzer Straße Nr. 4 zur Welt. Im April 1930 verkaufte Peter Stahl das Geschäft in der Medusastraße an Herbert Sasse für 3.500 Reichsmark (1 RM in 2012 ca. 3,32 €). Für Peters Frau wurde die Bauverein-Drogerie in der Ellerbeker Holmannstraße Nr. 9 jetzt als zusätzliche Filiale eröffnet.

Friedrich Stahl verkaufte 1938 seine „Mohren-Drogerie" in der Stoschstraße an Kurt Maurmann und zog nach Schönberg. Er hatte in den 1930er Jahren auch eine Drogerie in der Kirchhofallee an der Ecke zur Ringstraße. Das Haus wurde während des Zweiten Weltkriegs total zerstört. In Schönberg lebten die Mutter der Gebrüder Stahl und auch Friedrich mit seiner Frau Anna, Tochter Grete sowie Albert Stahl und Familie. Nach dem Tod seiner Frau Frieda, mit der Albert Stahl zwei Kinder, Erich und Udo, hatte, heiratete er 1946 Annemarie Henningsen aus Angeln und hatte danach auch mit ihr zwei Kinder, Hans-Henning und Astrid.

Die Drogerie im Kirchenweg hatte stets gute Umsätze zu verbuchen. Albert war fleißig und einfallsreich. Er kam täglich aus Schönberg, in den Kriegsjahren eher halbtags, in sein Geschäft. 1952 zog die Familie dann nach Gaarden um in die erste Etage des Hauses mit der Drogerie im Kirchenweg Nr. 46. Hans-Henning besuchte ab jetzt die Iltisschule. Mit dem Wiederaufbau machte die Drogerie bald immer größere Umsätze. Jetzt erweiterte Albert nicht nur seine Verkaufsräume, sondern erweiterte auch die Schnapsproduktion, die seit dem Kräuterhandel schon immer zu den Spezialitäten des Drogisten zählte. Spirituosen und Liköre von der Destillerie und Likörfabrik des Drogisten Albert Stahl machten sich bald auch über die Grenze Gaardens einen Namen. Am bekanntesten war der Kräuterlikör „Gaardener Tropfen". Das ganz große Geschäft versprach sich Albert aber mit „Gaardener Schwarze Katz", einem schmackhaften Likör aus schwarzen Johannisbeeren. Das Marketingkonzept gelang jedoch nicht, denn Herr Lehment, ein Schnapsproduzent aus der Holstenstraße, ließ den Namen verbieten. Schließlich stellte er den ähnlichen „Schwarzer Kater" her und fürchtete nun Verwechslungen jeglicher Art. Das sah Albert ein und schrieb an Lehment, er überließe ihm gerne den Namen „Schwarze Katz", denn so könnte Lehment jetzt Kätzchen züchten. Wobei ihm Albert auch noch viel Glück wünschte! Seitdem gab es in der Drogerie im Kirchenweg „Gaardener Schwarzer".

In dem Geschäft von Albert Stahl, in dem auch der Sohn Udo arbeitete, kauften die Kunden noch Kleinstmengen ein: Zement in kleinen Tüten oder Seifenpulver, Bleichsoda und Kernseife. Selbst Ölfarbe wurde in der kleinsten Menge auch noch angerührt – immer nur so viel, wie sofort gebraucht wurde. Die Jungen aus der Umgebung kauften hier ein kleines Glas Klebstoff namens „Wasserglas" für den Dra-

ABB 96 | Flaschenetikett eines Fruchtsaftlikörs aus der Herstellung von Albert Stahl. Foto privat/Henning Stahl

chenbau und nahmen gleich noch etwas Lakritzpulver zum Naschen mit. Zu Silvester wurde extra vor Mitternacht der Laden wieder geöffnet, um die Restbestände an Knallern auch noch zu verkaufen.

Die Fabrik in der Preetzer Straße wurde, nachdem Peters Sohn in einer Fotodrogerie ausgebildet worden war, zu einem modernen Fotolabor ausgebaut. Hier wurden jetzt alle Fotoarbeiten der gesamten Stahlschen Drogerien ausgeführt. Das Fabrikgebäude wurde 1943 ein Opfer der Bomben und vergrub unter sich Melanie Stahl, die Frau von Peter und Mutter von Christoph, der sie hier bei den Aufräumungsarbeiten fand. Der kreative Christoph Stahl baute nach dem Krieg das Gebäude und das Fotolabor wieder auf. Noch in den letzten Kriegsjahren kam Christoph auf verschlungenen Wegen in den Besitz einiger Flieger-Filme, die er in seiner Dunkelkammer auf das passende Format für seine zweiäugige Rolleiflex zuschnitt. Von daher verfügte er über sehr beeindruckende fotografische Dokumente aus der Zeit der letzten Kriegstage und den Jahren danach. 1959 starb Peter Stahl.

Anfang der 1970er Jahre entwickelte sich in Deutschland neben dem klassischen Drogeriefachgeschäft der Betriebstyp des Drogeriemarktes. Mit deutlich größeren

Flächen und mit kleineren Sortimenten, aber zu deutlich niedrigeren Preisen, gewannen die Drogeriemärkte zunehmend Marktanteile und verdrängten die kleineren Fachgeschäfte. Hermann Stahl verkaufte im Jahr 1970 seine beiden bis dahin gut florierenden Betriebe. Die Drogerie von Albert im Kirchenweg wurde 1971 geschlossen. Albert Stahl starb am 16. Januar 1979.

Christoph Stahl, der das Geschäft längst schon vom Vater übernommen hatte, zog 1974 mit dem Drogeriesortiment in den Lebensmittelladen von Friedrich Wunder an der Ecke zur Georg-Pfingsten-Straße und handelte jetzt auch mit einem Edeka-Sortiment. 1987 zog Christoph Stahl mit dem ganzen Warenbestand in das Haus in der Preetzer Straße und verkaufte hier seine Drogerieartikel. Er betrieb auch weiterhin das Fotolabor und fertigte Passbilder an. Als die digitale Fotografie überall Einzug hielt, endete die Ära der Drogisten „Stahl". Der Sohn von Christoph, Kai Stahl, betreibt heute in dem Haus Preetzer Straße Nr. 4, dessen Grundstück schon lange mit dem Bebauungsplan der Stadt verplant ist, einen regen Handel mit einem umfangreichen Sortiment an Elektronikartikeln für Amateurfunker.

Heinz Grunge: Das Feinkostgeschäft im Kirchenweg Nr. 45 – … mehr als „Tante Emma"

Die Bebauung der großen Kreuzung Kirchenweg – Gazellestraße – Iltisstraße wurde im Jahr 1905 begonnen. Um diese Zeit entstand auch das Haus gegenüber der Gazellestraße an der Ecke Kirchenweg und Iltisstraße. Im Erdgeschoss dieses vierstöckigen Mietshauses befanden sich gleich zwei Lebensmittelläden. An der Seite im Kirchenweg war das Milchgeschäft von „Fräulein" Magda Nissen, die mit ihrer Schwester direkt über ihrem Geschäft wohnte. Der Eingang direkt an der Ecke führte in das Kolonialwaren- und Feinkostgeschäft von August Grunge. Wie so viele kam auch Grunge wegen des Aufstrebens der Stadt durch die kaiserliche Marine und des damit verbundenen Kriegsschiffbaus nach Kiel. Er stammte aus einer Dithmarscher Bäckerfamilie und wurde 1868 in Wesselburen geboren. Er erkannte das Potenzial der Kundschaft und eröffnete sein Geschäft hier in Gaarden, wo die Werftarbeiter mit ihren Familien wohnten und mit den Lebensmitteln jeder Art versorgt werden mussten.

Heinz Grunge, der Sohn von August Grunge, wurde hier im Jahr 1906 geboren und sollte die Nachfolge seines Vaters als Lebensmittelkaufmann und Geschäftsinhaber antreten. Zu dieser Zeit war das Angebot der beiden Läden unterschiedlich. Bei August Grunge kauften die Kunden ihren Kaffee, Wein, Tee, die Gewürze und die Schokolade – Lebensmittel aus den Kolonien des Kaiserreichs. Grunge war auch schon früh einer Einkaufsgenossenschaft der Kolonialwarenhändler (EdK) beigetreten, aus der dann bald die „Edeka" entstehen sollte. Nebenan bei Magda Nissen gab es Molkereiprodukte sowie in einer von der Milch abgetrennten Ladenhälfte z.B. Salz, Mehl und Zucker.

Wer das Treppenhaus der beiden Läden im Kirchenweg Nr. 45 betrat, nahm sofort den frischen und würzig aromatischen Duft, der von den zwei Geschäften das ganze Haus durchströmte, als angenehm wahr. Hier roch es nach Zimt, Vanille, Liebstöckel oder anderen fremdartigen Gewürzen und vielleicht auch ein klein bisschen nach frischem Käse. Als Heinz Grunge 1937 das Geschäft seines Vaters übernahm, heiratete er die sechs Jahre jüngere Elfriede Rosenkranz, die in der Iltisstraße Nr. 60 bei ihren Eltern wohnte. Ihr Vater war Dreher auf der Werft der Deutschen Werke. Das junge Paar zog in die Wohnung hinter dem Eckladen mit Sicht zur Iltisstraße.

Das Haus im Kirchenweg Nr. 45 gehörte Paul Schumann, der auch ein Haus in der Harmsstraße Nr. 77 besaß, in dem er wohnte und die Ladenfläche im Erdgeschoss an einen Kolonialwarenhandel vermietet hatte. Erst 1960 konnte Heinz Grunge das Mietshaus den Erben von Schumann abkaufen. Wie bei vielen Lebensmittelhändlern, so dauerte es auch noch einige Zeit, bis der junge Heinz Grunge zum Kriegsdienst eingezogen wurde. Die Versorgung der Bevölkerung sollte weiterhin gewährleistet werden. 1940 wurde dem Ehepaar Grunge der Sohn Klaus geboren, und 1943 kam die Tochter Gesa in Gaarden zur Welt.

Als die Bombenangriffe auf Kiel zunahmen und der Soldat Grunge nach Italien in den Krieg zog, musste Elfriede Grunge das Geschäft schließen. Die Ware wurde komplett ausgeräumt und in das Kriegsmarine-Verpflegungsamt verbracht. Nur die Inventurdifferenz von 500 Gramm Bohnenkaffee sorgte noch viele Tage für Unruhe zwischen der jungen Frau und den damals zuständigen Leuten des Kriegsmarine-Verpflegungsamts. Bei Luftangriffen kam Elfriede Grunge mit ihren beiden Kleinkindern stets sehr spät in den Bunker an der Ecke Iltisstraße und Preetzer Chaussee. Das Haus Kirchenweg Nr. 45 blieb nahezu unbeschädigt. Nicht so das Eckhaus gegenüber im Kirchenweg Nr. 43, dort wo der Schlachter Fischer seinen Laden hatte. Es wurde von einer Luftmine getroffen und unbewohnbar. Immer wenn die Leute wieder aus dem Bunker herauskamen, hatten viele der Häuser keine Dächer mehr oder waren totale Ruinen geworden. Die Grunges hatten in dieser Hinsicht Glück, und als Heinz Grunge sehr früh und unversehrt wieder aus dem verlorenen Krieg heimkehrte, konnte das Glück nicht größer sein. Kiel war von den Briten besetzt worden, und vor der Neueröffnung des Lebensmittelladens musste sich der junge Kaufmann nun bei ihnen eine Genehmigung für das Geschäft und eine Betriebserlaubnis für einen umgebauten DKW als Lieferfahrzeug einholen. Wieder einmal kam hier die Wichtigkeit der Versorgung der Bevölkerung mit Lebensmitteln zu Hilfe, um das Geschäft möglichst schnell wieder zu eröffnen, – und das gelang.

Heinz Grunge konnte seinen Lebensmittelladen im Kirchenweg an der Ecke zur Iltisstraße schon im Sommer 1945 aufmachen. Selbstverständlich ging diese Neueröffnung mit einem sehr begrenzten Angebot vonstatten, und auf der anderen Straßenseite blühte der Schwarzmarkthandel. Der rigoros verordnete staatliche Preisstopp ab 1936 wurde auch nach dem Krieg von den alliierten Militärregierungen aufrechterhalten. Dies führte zu einer versteckten Inflation, bzw. für Geld erhielt man keine Waren. Am 20. Juni 1948 trat in den westlichen Besatzungszonen das „3. Gesetz zur Neuordnung des Geldwesens" in Kraft, und jede natürliche Person bekam erst 40 DM und im August 1948 weitere 20 DM als „Kopfgeld".

Langsam, sehr langsam ging es wieder aufwärts. Die Regale in Grunges Geschäft wurden langsam immer voller, und ab Anfang der 1950er Jahre begann nun auch im

ABB 97 | Heinz Grunge (hinten) in seinem Feinkostgeschäft im Kirchenweg 45, 1960. Foto privat/Familie Priess

Werftarbeiterviertel Gaarden ein spürbarer Aufschwung. 1960 schloss Magda Nissen aus Altersgründen ihren Milchladen, und Heinz Grunge konnte nun auch das Haus kaufen. Die Wand zum Milchladen wurde durchbrochen. Der Lagerraum neben der Haustür wurde zum Junggesellenzimmer von Klaus Grunge, der bereits seit 1957 seine Lehrjahre im Delikatessenhandel von Hammerich in der Holtenauer Straße absolviert hatte und nun im Geschäft seiner Eltern aktiv mitarbeitete. Auch Ellen Grunge, die Schwester von Heinz, musste nun, weil das Geschäft größer geworden war, trotz weiterer vier weiblicher Teilzeitkräfte ständig mit aushelfen. Der Verkaufsraum vergrößerte sich von 50 auf nahezu 100 m². Auch in den nächsten Jahren sollte das aufstrebende Feinkostgeschäft mit viel Kreativität immer wieder sinnvoll verändert werden. So entschloss sich Grunge zu einem aufwendigen Ausbau des gesamten Eckgeschäftes. Der Eingang wurde nun komplett zum Kirchenweg verlegt, die Schaufenster wurden vereinheitlicht und größer. Ein attraktives, modernes Lebensmittelgeschäft mit Selbstbedienung und appetitlicher Aufschnitt- und Delikatessentheke entstand.

Klaus Grunge kehrte, nachdem er in Neuwied die Lebensmittel-Fachschule besucht und seinen Militärdienst geleistet hatte, wieder in den elterlichen Betrieb zurück. Er zog jetzt mit seiner Frau in die elterliche Wohnung, denn die Eltern wohnten jetzt in der zweiten Etage. Im Jahr 1967 gründeten Heinz und Klaus Grunge eine OHG, bis das Geschäft 1972 ganz in die Hände des Sohnes überging. Dann starb 1976 Elfriede Grunge. Das alte Ehepaar hatte sich so sehr auf den Ruhestand in ihrem Haus in Heidkate gefreut. Es war ein harter Schlag für Heinz Grunge. Klaus vergrößerte nochmals die Geschäftsräume und stellte ein buntes, exotisch anmutendes, großes Obst- und Gemüseangebot über die ganze Außenfront den Kirchenweg entlang auf. Zum ersten Mal gab es Auberginen in Gaarden. Jetzt kauften auch immer mehr Türken bei Grunge ein, und das führte im Jahr 1982 zum höchsten Umsatz, den dieses Geschäft je hervorgebracht hat. Die Geschäftsräume waren jetzt über 100 m^2 groß, und sechs Mitarbeiterinnen bedienten die zahlreichen Kunden.

Das änderte nichts daran, dass sich der gesamte Einzelhandel wandelte – so auch in Gaarden. Lebensmittelgroßmärkte und Discounter zogen die Kunden auf sich, und alle Läden, die fast an jeder Ecke der Gaardener Straßen zu finden waren, mussten ihre Türen schließen. Klaus Grunge erkannte diesen unaufhaltsamen Trend rechtzeitig. Er verabschiedete sich 1986 von seiner Kundschaft mit einem sehr emotionalen letzten Sektempfang. Heinz Grunge hat die Schließung nicht mehr erlebt. Er starb 1982.

Die Fassade des Hauses Kirchenweg Nr. 45 sieht heute ganz anders aus. Die Schaufenster sind verschwunden. Die Geschäftsräume werden von der Stadt Kiel für ein soziales Projekt genutzt, und im Treppenhaus erinnert auch der Geruch nicht mehr an das namhafte Gaardener Feinkostgeschäft der Familie Grunge.

Bäcker Raeth: Die ganz grosse Auswahl an der Ecke Kirchenweg und Gazellestrasse

Jeder – wirklich jeder alte Gaardener – erinnert sich heute mit Sicherheit noch an den feinen Laden des Bäcker- und Konditormeisters Artur Raeth an der Ecke Kirchenweg und Gazellestraße. Auch heute schwärmt noch so mancher von der großen Auswahl und natürlich von der hohen Qualität, insbesondere von den handwerklich sorgfältig hergestellten Brötchen und Kieler Semmeln. Das alles hatte etwas mit fachlichem Können und ganz viel Fleiß zu tun. Artur Raeth wusste nicht nur zuzupacken, sondern er war das, was Studenten der Betriebswirtschaftslehre heutzutage als „innovativ" bezeichnen würden, ein Meister mit vielen Ideen und unternehmerischem Mut. Auch Artur Raeth, der 1913 in der Ellerbeker Großen Ziegelstraße geboren wurde, musste erst einmal ganz klein anfangen. Gelernt hatte er das Bäckerhandwerk in Kaköhl, einem kleinen Ort hinter Lütjenburg. Nachdem er seine Gesellenzeit erfüllt hatte, machte er sich 1935 mit dem Meisterbrief in der Tasche auf den Weg zurück in die Großstadt, um hier als selbstständiger Bäcker- und Konditormeister sein Glück zu machen. Das fand er, als er seine Frau Gertrud auf einem Ball kennenlernte und dann prompt heiratete, weil es Liebe auf den ersten Blick gibt, wie das Paar auf seiner Goldenen Hochzeit bekannt gab.
In seiner Backstube im Souterrain eines Hauses in der Schauenburger Straße stellte Artur seine Back- und Konditorwaren her, um sie dann mit einem Handkarren in den Kieler Straßen zu verkaufen. Damit hatte er damals schon richtige Erfolge erzielen können. Bald schon eröffnete er mit seiner Gertrud ein Ladengeschäft mit Backstube in der damaligen Karlstraße, die von der Brunswiker Straße in die Feldstraße führte. Das war eine gute Gegend mit viel Laufkundschaft und sehr vielen Geschäften.
1936 wurde die erste Tochter, Marie Louise, geboren, und drei Jahre später kam Hildegard zur Welt. 1942 folgte die dritte Tochter, Annelie. Raeths schönes Bäckereigeschäft wurde dann im Bombenhagel, als die ganze Karlstraße in Trümmern versank, total zerstört. Für die Familie begann eine schwere Zeit. Sie schafften noch einen bescheidenen Neuanfang in der Gabelsberger Straße in Wellingdorf. Aber auch Artur Raeth musste an die Ostfront, und lange Zeit wusste keiner, wo er war. Aber er hatte das Glück, nach Ende des Zweiten Weltkriegs wieder schnell aus der russischen Gefangenschaft nach Kiel zur Familie zu finden. Im Haus Kirchenweg Nr. 40, an der Ecke zur Gazellestraße, wurde aus einem für diese Zeit risikoreichen Unterfangen eine Erfolgsgeschichte.

Hier in diesem Haus hatte schon einmal der Bäcker Sothmann eine Backstube und ein Ladengeschäft betrieben. Nach dem Tod von Sothmann übernahm der Schlachtermeister Fischer zunächst den Laden und baute die alte Bäckerei nach seinen Bedürfnissen um. Aber der Schlachterladen wurde ihm bald zu klein. Er zog nach schräg gegenüber an die Ecke zur Iltisstraße/Kirchenweg in ein Haus mit Zufahrt zum Hof. Von der Erbengemeinschaft Elisabeth und Helene Sothmann kaufte Artur Raeth das Haus auf Leibrente, mit der Auflage, dass die Geschwister Sothmann in der Wohnung im ersten Stockwerk bleiben konnten. Familie Raeth zog ins Erdgeschoss neben die Backstube, die nun von Artur ganz neu ausgestattet wurde.

Aufgrund der Wohnungsnot in Kiel, der immer öfter heimkehrenden Kriegsgefangenen und dem Flüchtlingsstrom aus dem Osten wohnten ganze Familienclans auf engstem Raum. Beheizt wurden meist nur ihr Wohnzimmer mit Holz und Kohlen. Ein Bad oder gar einen Backofen gab es nicht. Der von den Gaardener Hausfrauen selbst angerührte Zitronen-, Rosinen- und Marmorkuchen oder die kleine Sandtorte wurden in einer Form bei Bäcker Raeth im Laden abgegeben, um dann gegen eine kleine Gebühr in der Backstube goldbraun fertiggebacken zu werden. Kundendienst eben. Langsam aber stetig stieg der Umsatz des Bäckers.

ABB 98 | Artur Raeth (links) mit seinen Bäckergesellen, darunter einem Konditor (mit Mütze) 1960. Foto privat/Familie Priess

Die vielen Einwohner in den Wohnungen von Gaarden brauchten ihr „täglich Brot". So kauften die einzelnen Kunden bei Raeth im Geschäft 10 bis 20 Brötchen am Morgen, und im Laden stapelten sich neben Fein- und Weißbroten bis zu über 30 Schwarzbrote – jeden Tag. Und dann waren da noch die vielen Kuchen und all die Sahnestücke in ihrer bunten Vielfalt. Aus den Rändern des zurechtgeschnittenen Blechkuchens, wie z.b. dem Teekuchen, Zuckerkuchen, Butter- und Streuselkuchen, wurde eine Nascherei für Kinder. Für'n Groschen Abfall-Kuchen – die ganz große Tüte!

Das Geschäft nahm vom Ende der 1950er Jahre bis zum Ende der 1960er Jahre einen gewaltigen Aufschwung. Wenn am Ende des Tages noch sehr viel von den angebotenen Waren übrig blieb, dann fuhr der Chef mit seinem kleinen grau-beigen Lieferwagen in das Lager der Sinti und Roma, um hier die Reste als Sonderangebot zu verkaufen. Das Lager befand sich an der Preetzer Chaussee vor den Eisenbahnschienen. Diese Tour wurde von seiner Ehefrau Gertrud nicht gern gesehen und rief sogar ihren Zorn hervor, als Artur auch noch mit einem Pelzmantel statt mit Bargeld aus dem Lager zurückkam. Die Reaktion seiner Frau spiegelt die damals typischen Vorurteile gegenüber Landfahrern wider. Mit den Worten „Wir holen uns doch keine Läuse und Flöhe ins Haus" verschwand der Pelz auf unerklärliche Weise.

Obwohl sich mehrere Bäcker im näheren Umkreis befanden, hatte zu dieser Zeit jeder sein gutes Einkommen. Doch schon längere Zeit kämpfte Artur Raeth mit seiner Asthma-Krankheit. Da verliebte sich seine Tochter Hildegard, die den Betrieb ihres Vaters bestens kannte, denn sie hatte dort gelernt, in den jungen Walter Priess. Die beiden heirateten 1959, und Walter Priess schulte um. Er lernte bei seinem Schwiegervater das Bäcker- und Konditorhandwerk. Ja, er brachte es sogar sehr schnell mit der Abendschule zum Meister. 1961 übergab Artur Raeth sein Geschäft in die Hände seiner Tochter und seines Schwiegersohns. Er selbst half hier und da noch mit seinem Rat und achtete weiterhin auf eine bleibende Qualität.

Artur und Gertrud Raeth, die über so viele Jahre immer um vier Uhr früh mit der Arbeit begonnen hatten, widmeten sich nun endlich ihrer Freizeit. Urlaub hatten die beiden nur während der Feste der Ellerbeker Buttgilde gemacht. Jetzt wurde mit Bäckerkollegen gekegelt und mit dem Fahrrad gefahren. 1983 feierten Artur und Gertrud mit ihren drei Töchtern, sechs Enkeln und zwei Urenkeln das Fest der Goldenen Hochzeit.

Walter und Hildegard Priess verkauften 1996 die Bäckerei an den Bäcker Steiskal aus dem Norden Kiels, der bereits mehrere Filialen unterhielt. Steiskal wurde bald schon von der Kieler Handelsgruppe Bartels-Langness übernommen. Das Geschäft sollte nun geschlossen werden, aber Bäckermeister Wäger aus Mönkeberg versuchte weiter, gegen die Veränderung der Gaardener Kundenstruktur und den allgemeinen Wandel im Einzelhandel zu bestehen. Heute gibt es den Bäckerladen nicht mehr. Frau Raeth starb schon 1999, und im September 2001 folgte ihr Ehemann – Artur Raeth, der Bäcker- und Konditormeister mit dem reichlichen, köstlichen Angebot und diesem wunderbaren Geschäft an der Ecke Kirchenweg und Gazellestraße.

ABB 99 | Der Eckladen von Arthur Lüdtke am Kirchenweg, Ansichtskarte 1934. Sammlung Wolfgang D. Kuessner

Das Papierwarengeschäft Walser im Kirchenweg Nr. 32

Das Haus Kirchenweg/Steinmarderweg wird erstmalig im Jahr 1906 erwähnt. Zu dieser Zeit war der Eigentümer ein Herr Boysen, und in dem Ladengeschäft ist die Buchbinderei Otto eingetragen. Viele Buchbindereien und -druckereien hatten damals zusätzlich einen Schreibwaren- oder Papierwarenladen. Seit 1922 gehörte das Haus Joseph Walser, der den Laden jetzt an die Papierwarenhandlung Behrends vermietet hatte. Joseph Walser übernahm dann 1932 selbst das Geschäft in seinem Haus.

Der Kaufmann Arthur Lüdtke wurde im Jahr 1934 Inhaber des Schreibwarengeschäftes. Jetzt wurden hier auch Zeitungen und Zigaretten mit angeboten. Nach dem Zweiten Weltkrieg saß Lüdtke in seinem Geschäft auf einem sehr bequemen Stuhl und reichte seinen Kunden die meist schon vorbestellten Zeitungen. Er hatte jetzt zwei Verkäuferinnen angestellt, die noch über viele Jahre unverwechselbar mit diesem Geschäft verbunden blieben. Am 30. Juni 1955 gründeten die Länder Hamburg, Schleswig-Holstein, Bayern und Nordrhein-Westfalen das Lottounternehmen Deutscher Lottoblock. Geschäfte wie das von Arthur Lüdtke wurden zur Annahmestelle.

1957 starb Arthur Lüdtke, und Joseph Walser übergab das Geschäft seiner Schwiegertochter Waltraud. Die beiden langjährigen Verkäuferinnen Lucie Huptas, die aus Ostpreußen stammte, und Anna Staak aus der Gaußstraße wurden von Waltraud Walser mit übernommen. So behielt das Geschäft weiterhin ein gleichbleibendes Aussehen, und das sollte auch noch viele Jahre so bleiben. Lediglich das Sortiment wurde mit den Jahren stets modernisiert. Schulhefte, Füllfederhalter, Packpapier, Glückwunschkarten, Grußkarten (sogar zum Pfingstfest), Kleber und im Herbst Papier zum Bau von Drachen wurden in diesem Geschäft, in dem noch eine freundliche Beratung kostenlos mit angeboten wurde, von den Bewohnern der umliegenden vierstöckigen Mietshäuser gekauft. An den Wochenenden mussten die gezogenen Lottozahlen im Schaufenster gut sichtbar und jede Woche neu ausgehängt werden. Dazu kam Frau Walser extra aus ihrem Sommerhaus, das am Schönberger Strand lag, immer nach Gaarden – all die vielen Jahre lang, bis das Geschäft 1986 verkauft wurde. Wenige Jahre später wurde auch das Mietshaus veräußert. Der Laden wurde mit den Jahren zum Kiosk, und die Betreiber wechselten oft, bis das Geschäft im neuen Jahrhundert gar nicht mehr eröffnet wurde.

DER PFERDESCHLACHTER: FRANZ HELF IM KIRCHENWEG NR. 31

Der Beruf des Pferdeschlachters ist auch in Deutschland ein durchaus ehrenwerter Beruf mit einer langen Tradition, denn Pferdefleisch gehört zu den ältesten Nahrungsmitteln der Menschheit. Man geht auch davon aus, dass die gekreuzten Pferdeköpfe an vielen Giebeln der Bauernhäuser in Niedersachsen auf den Brauch zurückgehen, die Köpfe geopferter Pferde an den Häusern anzubringen. Auch das Bild des sprechenden Pferdekopfes im Märchen der Gänseprinzessin „O du Falada, da du hangest" wird von einigen als Erinnerung an diesen Ritus interpretiert.
Heute wird Pferdefleisch in vielen Ländern der Welt verzehrt, jedoch in unterschiedlichem Ausmaß. In vielen romanischen Ländern ist es ein häufigeres Nahrungsmittel, in den germanischen Ländern hingegen nur wenig.
Ein Problem in der Zeit nach dem Zweiten Weltkrieg war die Versorgung der Menschen mit Lebensmitteln. Jetzt war auch in Kiel Pferdefleisch gefragt.
Der Pferdeschlachter Franz Helf wurde 1914 in Kaiserslautern geboren. Durch die Marine kam er als Meister seines Berufes nach Kiel. Hier lernte er seine Frau Marga-Elise kennen. Sie heirateten 1939, und 1940 wurde der erste Sohn, Horst, geboren. Der zweite Sohn, Volker, kam 1942 zur Welt. Franz absolvierte seinen Wehrdienst auf dem für Kriegszwecke umgerüsteten Forschungsschiff „Meteor", von Januar 1943 bis März 1944 diente er auf dem Schiff in Nordnorwegen. Nach 1945 war Helf zwei Jahre beim Pferdeschlachter Herbert Schößler in der Alten Lübecker Chaussee beschäftigt. 1946 wurde dem Ehepaar Helf die erste Tochter, Roswitha, geboren.
Im Jahr 1947 eröffnete er als Pferdeschlachtermeister seinen eigenen Betrieb im Kirchenweg Nr. 31. Der Laden war ca. 30 m² groß, und die Wurstküche war nur über das Treppenhaus erreichbar. In einem hinteren Raum des Ladens stand die große Knochensäge, und auf dem Hof gab es einen Schleifstein, der so groß wie ein Mühlenstein war. In den Jahren 1947 und 1948 stand die Kundschaft auf dem Kirchenweg in einer langen Schlange immer an den Dienstagen nach Wurstbrühe an.
Aus dieser Zeit ist bekannt, dass zwei siebenjährige Mädchen, Heilwig und Lissi aus der Iltisstraße, sich bereits um 6 Uhr anstellten, um möglichst als dritte oder vierte bedient zu werden. Die Mädchen wurden um 7.30 Uhr von ihren Großmüttern abgelöst, weil sie dann zur Schule mussten. In der Schlange und auch im Laden ging es sehr gesittet und ruhig zu. Niemand drängelte, jeder bekam zwei Suppenkellen voll mit Brühe – mehr gab es nicht. Zu Hause wurde anschließend zum Mittagessen „Schneckensupp mit Peerknoken" gekocht. Das war eine Nudelsuppe, die mit der verlängerten Brühe und etwas Gewürzen zubereitet wurde.

ABB 100 | Letzte Ausfahrt der Paketzusteller mit Pferdegespannen, September 1957. Foto F. Magnussen/StaK

Die Familie Helf bewohnte ein Einfamilienhaus in der Pestalozzistraße im Stadtteil Hassee. Inzwischen war hier 1948 auch das vierte Kind, Tochter Brigitte, zur Welt gekommen. Das fünfte Kind von Franz und Marga-Elise Helf wurde erst 1962 geboren. Wieder ein Sohn, Lorenz, machte die Familie komplett.
Die Jahre von 1950 bis weit in die 1960er hinein waren sehr arbeitsreich für den Pferdeschlachtereibetrieb. Franz Helf bildete auch Lehrlinge in diesem Beruf aus.
Die Pferde kaufte er überwiegend im Landkreis Rendsburg und fuhr an den Wochenenden mit seiner Familie auf Einkaufstour. Es gab da einen Pferdehändler in Bredenbek, und es gab den hilfreichen Nachbarn, Otto Voss, in der Pestalozzistraße, der die gekauften Schlachtpferde sogar den ganzen Weg „zu Fuß" zum Kieler Schlachthof brachte. Am 30. März 1957 stellte die Kieler Postdirektion ihre Paketauslieferung mit Pferdegespannen um und fuhr ab jetzt nur noch mit Automobilen. Die 17 Postpferde, die ihren Stall auf einem Hinterhof des Hauses Sophienblatt 48a hatten, wurden geschlachtet. Auch Franz Helf kaufte, verarbeitete und vermarktete das Fleisch einiger dieser Tiere.

Eine der Spezialitäten des Pferdeschlachters Helf waren die Bockwürste. Hergestellt aus Pferdefleisch und mit Knoblauch gewürzt waren sie eine Delikatesse für viele der Gaardener Werftarbeiterfamilien. Der Räucherofen für die Fleischwaren befand sich noch im Keller des Wohnhauses in Kiel-Hassee. Alles drehte sich im Hause Helf um das Geschäft, und so mussten auch beide Töchter im Kirchenweg ihre Lehre zur Fleischereiverkäuferin absolvieren. Jeden Morgen sehr früh brach die Familie mit den Töchtern von der Pestalozzistraße auf, und erst weit nach 18.00 Uhr kam sie wieder nach Hause. Das Geschäft wurde der Lebensinhalt dieser Familie und mit viel körperlichem Einsatz und großem Fleiß zu einem Erfolg. Franz Helf kaufte auch das Haus, in dem er seinen Laden betrieb.
Gegenüber, im Haus Kirchenweg Nr. 28, ging Helf ganz schnell und nur mal zwischendurch zum Friseur Hermann Schulze. Selbstverständlich hatte der Schlachtermeister wie immer keine Zeit, und so gab er dem kleinen Jungen, der vor ihm auf einen neuen Haarschnitt wartete, das Kleingeld aus der Hosentasche. 20 Pfennige zum Vernaschen, schon ließ der Junge ihn vor.
Aber es gab bereits am Anfang der 1960er Jahre immer weniger Pferde. Ja, man befürchtete schon, dass diese Art aussterben könnte. Nach 17 Jahren Pferdeschlachterei stellte daher Helf sein Angebot um. Das Geschäft wurde zu einem normalen Fleischereifachgeschäft mit Rind- und Schweinefleisch. Die nächsten Jahre bis 1979 führten Franz Helf und seine Frau im Kirchenweg Nr. 31 ein weiterhin noch sehr bekanntes Geschäft. Der älteste Sohn, Horst, hatte als Einziger aus der Familie auch Schlachter gelernt – in der Howaldtstraße bei Thun. Als Schlachtermeister übernahm Horst Helf 1979 den Betrieb seines Vaters.
Die Schwestern Roswitha und Brigitte waren bereits ganz aus dem Schlachtereigewerbe ausgeschieden. Volker hatte Tankwart gelernt und war längst Busfahrer bei der KVAG. Lorenz wurde Kaufmann in einem ganz anderen Metier.
Franz Helf verkaufte dann auch 1980 das Haus im Kirchenweg, von dem im Winter immer die Eiszapfen – teuer unter Einsatz einer Drehleiter – abgeschlagen werden mussten. Die Veränderungen im gesamten Einzelhandel und besonders die Veränderungen im Stadtteil Gaarden zwangen auch Horst Helf, im Jahr 1985 den Betrieb endgültig zu schließen; Franz Helf starb im Jahr 1986.

1918 BIS 1981 IM HAUS KAISERSTRASSE 85/ECKE KIRCHENWEG: HEIMTEXTILIEN JÜRGEN HOFFMEISTER

Jürgen Hoffmeister kam 1914 aus dem damals noch deutschen Sonderburg nach Kiel. Als der Erste Weltkrieg beendet war, konnte er das Textilgeschäft von Jürgen Hansen mit dem dazugehörenden Mietshaus kaufen und sich als gelernter Textilkaufmann selbstständig machen. In Hansens Geschäft gab es die Kleidung zu kaufen, welche der einfache Werftarbeiter täglich brauchte. So z.B. grobe Handtücher, die dicken langen Unterhosen oder Arbeitskittel und, typisch damals für die Frauen der Werftarbeiter, Kittelschürzen. Jürgen Hoffmeister erweiterte das Angebot im Laufe der Jahre immer wieder.

Während des Zweiten Weltkriegs wohnte seine Familie in Kalifornien bei Schönberg am Strand, sodass der Inhaber jeden Tag die ganze Strecke mit dem Fahrrad in sein Geschäft kam. 1945 wurde das Haus von einer Luftmine so getroffen, dass die ganze Hausecke mit dem Dach und der vierten Etage zerstört wurde. Die Ware, die von diesem Inferno unversehrt übriggeblieben war, verkaufte der clevere Geschäftsmann noch auf dem Schwarzmarkt, der an der Ecke zur Iltisstraße stattfand. Die Geschäftsräume wurden erst 1952 wieder aufgebaut. Das Mietshaus blieb bis 1956 weiterhin eine Ruine.

Rolf, der 1926 geborene Sohn von Jürgen Hoffmeister, lernte den Beruf des Textilkaufmannes bei Stahl & Stiller am Vinetaplatz. Seine Lehre musste er aber nach zweieinhalb Jahren abbrechen. Er wurde in den Krieg befohlen und kam mit einer zerschossenen linken Schulter wieder zurück. Rolf heiratete 1955 Herta Ehricht, eine Bekannte der Familie aus dem seit 1920 dänischen Sonderburg. Weil über dem Geschäftshaus noch keine Wohnungen gebaut waren, wohnte das junge Ehepaar im Haus von Möbel Strunk in der Elisabethstraße, einem typischen Nachkriegsneubau.

1956 gab es im Geschäft von Hoffmeister neben dem Senior Jürgen den Junior Rolf mit seiner Ehefrau Herta und noch bis zu sechs Verkäuferinnen, die die Wünsche der zahlreich gewordenen Kunden erfüllen konnten. Dazu gab es in dem Geschäft, wie der Chef und die Belegschaft humorvoll mitteilten, auch eine Putzfrau von altem Adel. Das war Frau von Kiedrowski. Ihr Mann hatte eine kleine Tischlereiwerkstatt in der oberen Kaiserstraße. Die Firma hatte mittlerweile nicht nur im Stadtteil Gaarden einen „guten Namen", sondern „Hoffmeister" war jetzt in ganz Kiel bekannt geworden. Der Verkaufsraum erstreckte sich über die ganze Ecke des Kirchenwegs und der Kaiserstraße. Das Angebot umfasste eine riesige Auswahl an

ABB 101 | Blick auf die Stoff-Auswahl bei Heimtextilien Jürgen Hoffmeister, um 1960. Foto privat/Herta Hoffmeister

Heimtextilien. Es wurde eine Maschine zur Reinigung der Bettfedern angeschafft und eine Nachfüllkammer für Federn und Daunen im Laden installiert. Hinter der Gardinenabteilung verbarg sich das sehr kleine Büro des Geschäftes, und in einer verborgenen Ecke lag sehr diskret die Ankleidekabine für die Miederwaren. Die Herrenabteilung war mit einem umfangreichen Sortiment Oberhemden und vielen modischen Krawatten, Socken und Hosenträgern bestückt. Hier im Eingangsbereich des Ladens kam eben dieses Angebot sehr gut zur Geltung. Im Jahr 1957 betrat der Ohnsorg-Schauspieler und zu dieser Zeit sehr bekannte Fernsehstar Henry Vahl das Geschäft, und die junge Frau Hoffmeister sollte ihn bedienen. „Mien Fru hätt segt, de bekleckerten Schlips sall ick nich mehr ümbinn un nu wull ick mi een nieen köpen. Se hebbt sowat dor." Die junge Frau hatte aufgrund ihrer dänischen Wurzeln natürlich überhaupt nichts verstanden. Dennoch bekam auch dieser Kunde, was er wollte. Die Schürzen, Kittelschürzen und anderen Kittel gab es noch weiterhin. Aber speziell wurde das Auge der Kundin nun auf modischeren Chic gelenkt. Ende der 1950er Jahre legte die Kundschaft wieder Wert auf bessere Textilqualität, und so waren im Angebot der Firma Hoffmeister auch weiche Frotteehandtücher, eine sehr große Auswahl an Gardinen- und Vorhangstoffen, feine Tischdecken und dreiteilige Matratzen.

Eine Besonderheit zu dieser Zeit war die Auslegeware „Stragula", eine kostengünstige Linoleum-Imitation. Das war eine mit Teer imprägnierte Pappe (Bitumenpap-

ABB 102 | Jubiläumsanzeige in den Kieler Nachrichten vom 1. Juli 1968

pe), die vorzugsweise mit verschiedenfarbigen, eingedickten Ölfarben in verschiedenen Mustern bedruckt war. Der Name leitet sich vom lateinischen Wort stragulum (= Teppich oder Decke) ab. Davon gab es bei Hoffmeister verschiedene Muster und Breiten, damit wurden z.B. die Flure in den Wohnungen bunt ausgekleidet. Stragula wurde seit den 1970er Jahren durch den Werkstoff PVC verdrängt.
Juniorchef Rolf ging zu den Kunden, um Gardinen auszumessen oder diese dann auch dekorativ und fachmännisch aufzuhängen. Dazu montierte er auch die passenden Gardinenbretter. Wegen seiner Kriegsverletzung waren solche Arbeiten nur mit der Hilfe seiner Frau zu bewerkstelligen. Im Mai 1958 starb plötzlich und unerwartet der Seniorchef Jürgen Hoffmeister. Nun war seine Witwe Frieda die Inhaberin, und Rolf wurde der Geschäftsführer. Unter dieser Leitung feierte die Firma 1968 ihr 50jähriges Bestehen.
Das ganze Geschäft wurde zu dieser Zeit total umgebaut. Zehn Jahre später, im August 1978, starb dann die Inhaberin Frieda Hoffmeister. Das feine Heimtextiliengeschäft „Hoffmeister", das länger als 60 Jahre fest zu Gaarden gehörte, wurde am 31. Dezember 1981 geschlossen. Rolf Hoffmeister arbeitete jetzt bei der Spedition Willy Bruhn. Er starb im Februar 2009. Seine Frau Herta war noch lange Jahre in einem Kieler Pressegeschäft tätig.

Seit 1888 an der Kaiserstrasse/Kirchenweg:
Gärtnerei und Floristik Paul Radebach u. Sohn

Die Straßen an der „Norddeutschen Werft" wurden im Jahr 1880 mit schnell hochgezogenen Mietshäusern bebaut. An das Areal der Werft schloss sich die Kaiserliche Werft im Norden an. Jetzt sollten sich die Dörfer Gaarden und Ellerbek völlig verändern. Ohne Rücksicht wurden das gesamte Ufer der Förde umgestaltet und massenhaft Wohnungen gebaut, um den zuströmenden Arbeitern mit ihren Familien eine Bleibe anzubieten. Das Dorf Gaarden war noch kein Kieler Stadtteil, aber in den wenigen Straßen schon recht eng mit Wohnungen bebaut, als der Gärtner Friedrich Radebach den Gärtnereibetrieb Nr. 88 bereits im Jahr 1888 Franz Schrank in der Kaiserstraße abkaufte. Hinter dem Wohn- und Geschäftshaus der Handelsgärtnerei und Blumenbinderei Radebach befand sich das Gelände zum Blumenan-

ABB 103 | Gärtnerei Radebach in der Kaiserstraße 88, um 1900. Foto privat/Familie Radebach

bau, das ein großes Areal zwischen Kaiserstraße, Kirchenweg und Elisabethstraße umfasste.

Den gesamten Betrieb übernahm später der Sohn von Friedrich, Paul Radebach, der im Jahr 1882 zur Welt kam und selbstverständlich im elterlichen Betrieb den Beruf des Gärtners erlernte. Blumenbinderei ist eine jahrhundertealte Tradition und auch in Kiel wurden um die Jahrhundertwende Trauerhallen und Gräber mit Kränzen und Blumengebinden geschmückt. Blumensträuße verschenkte man insbesondere zum Geburtstag, zur Taufe und Hochzeit. Auch zu repräsentativen Veranstaltungen, z.B. in Geschäftsräumen und Hotels sowie in Wohnräumen war eine ansprechende Ausgestaltung mit Blumen und Arrangements durchaus schon üblich.

Friedrich und später auch sein Sohn Paul brachten Trauergebinde und Kränze mit der Schottschen Karre zum Elmschenhagener Friedhof, wo alle evangelisch getauften Gaardener beerdigt wurden. Die Gebinde mussten aber ebenso zum St.-Jürgen-Friedhof oder gar zum Südfriedhof gebracht werden. Gaarden hatte auch damals keinen eigenen Friedhof. Mit der Karre wurden auch gekaufte Blumen von anderen Gärtnern bis in die Kaiserstraße transportiert.

Paul Radebach heiratete im Jahr 1919 Mathilde Larsen, eine Schwester von Otto Larsen, der in der Kaiserstraße ein Restaurant betrieb. Am 31. Juli 1920 wurde im Hause Radebach der Sohn Werner geboren. Werner ging in der Gaußstraße zur Schule und absolvierte danach eine Lehre zum Handelsgärtner, die er 1939 als Gärtnergehilfe in dem Fach Blumen- und Zierpflanzenbau abschloss.

Wie so viele junge Männer wurde nun auch Werner Radebach gleich nach seiner Lehre in den Krieg als Soldat eingezogen. Bei Kriegsende geriet er in russische Kriegsgefangenschaft. Das Haus der Eltern war während der Luftangriffe auf Kiel total zerstört worden. Die Gärtnerei in der Kaiserstraße war nur noch ein riesiger Bombentrichter inmitten von Ruinen. Als Paul Radebach in den ersten Nachkriegsjahren auf seinen Sohn wartete, gab es wohl auch Zeiten der Hoffnungslosigkeit. In einer solchen Phase wird der alte Gärtnermeister das zerstörte Grundstück seines Betriebes für den Wohnungsbau an die Gaardener Baugenossenschaft (damals in der Reeperbahn Nr. 28 ansässig) verkauft haben. Niemand wusste, wo Werner war. Die Kaiserstraße und die Ecke zum Kirchenweg wurden nun mit Neubauten aus roten Klinkersteinen bis hinunter zur Hausnummer 74 bebaut. So entstand bis zur Elisabethstraße hin ein sehr großer Hinterhof. Das alles war einmal die Gärtnerei.

Als Werner Ende 1949 aus der Gefangenschaft nach Hause kam und vor dem Nichts stand, erreichte er bei der Baugenossenschaft, dass ein Geschäft statt einer Woh-

ABB 104 | Werner Radebachs Zeugnis über seine Gesellenprüfung vom 15. März 1939 im Besitz der Familie Radebach

nung in das Haus Kirchenweg Nr. 23 eingebaut wurde, natürlich auf Kosten der Familie Radebach. Übergangsweise wurden nun die Blumen aus einer kleinen Bude vor dem Neubau verkauft. Werner drückte nochmals die Schulbank. Er machte eine jetzt nur zweijährige zusätzliche Ausbildung zum Floristen im väterlichen Betrieb.

Die Gärtnerfamilie hatte ein junges Mädchen namens Herta Graap aus der Gaußstraße als Hauswirtschaftsgehilfin angestellt. Am 24. Juni 1952 heiratete Werner Radebach die drei Jahre jüngere Herta. 1953 wurde die Tochter Rita geboren, und im Jahr 1955 kam Sohn Dieter zur Welt. Es wurde eng in der Parterrewohnung gleich hinter dem Blumenladen des Hauses Kirchenweg Nr. 23.

Radebachs, jetzt sechs Personen, teilten sich die Wohnräume so ein, dass ein Wohnzimmer hinter dem Laden genutzt werden konnte. Ein zusätzlicher kleiner Raum diente als Binderaum für die Blumen. Der Senior Paul und seine Frau Mathilde schliefen in einem Zimmer zum Hof. Die Betten für Werner, Herta und die beiden Kinder standen in dem dritten Zimmer. Es gab auch noch eine Küche und ein recht schmales Badezimmer.

Mathilde Radebach starb im Februar 1960. Paul und Werner Radebach nutzten immer noch die Schottsche Karre oder Werner fuhr mit dem Fahrrad, um Lieferungen zu den Kunden und zu den Friedhöfen zu bringen. Das erste Auto kam erst 1960. Am 1. Juni 1963 konnte die Familie Radebach mit ihrem Betrieb das 75-jährige Firmenjubiläum feiern. Der Empfang der Gäste, viele Gärtner, Floristen, Bekannte und Lieferanten, fand in den hinteren Wohnräumen statt, wo ein für diese Zeit reichhaltiges Buffet zur Beköstigung der Gäste aufgebaut war. Es war ein besonderes Fest für den über 80-jährigen Paul Radebach, der noch bis März 1970 im Kirchenweg lebte.

Anfang der 1970er Jahre wurden Blumen auch bei der Gaardener Kundschaft immer beliebter, sodass an den Feiertagen die Kunden vor dem Geschäft Schlange stehen mussten. Die Blumen wurden dann im Laden ausgesucht und im hinteren Wohnzimmer zu Sträußen gebunden, sodass der Kunde anschließend, wegen des vollen Ladens, durch die Wohnungstür wieder hinaus musste. Mitten in dem kleinen Blumengeschäft führte eine steile Holztreppe oder Leiter in einen vielleicht 4 x 3 Meter großen Kellerraum. Hier wurden täglich die frischen Blumen für den Verkauf vorbereitet, Trauerkränze gebunden sowie Advents- und Totensonntagsgestecke hergestellt.

Es war verwunderlich und besonders sehenswert für alle Kunden des Geschäftes, wie flink Werner Radebach die steile Leiter heraufkam, wenn nach ihm gerufen und er im Laden gebraucht wurde. Ein Zeichen dafür, wie wichtig bei Radebachs der Dienst am Kunden genommen wurde. Blumen Radebach war auch weithin bekannt geworden mit der stets täglich frischen Ware. Es war eben ein Fachgeschäft im wahrsten Sinne des Wortes. Besonders zu den Feiertagen wurden viele Topfblumen, die noch mit Krepppapier dekorativ umwickelt wurden, und aufwendig gebundene Blumensträuße in alle Kieler Stadtteile geliefert. So wurden auch an jedem 24. Dezember bis spät in den Nachmittag hinein festliche Arrangements rechtzeitig zu den Familienfeiern der Kunden angeliefert. Herta Radebach hatte in der Zwischenzeit aus dem hinteren Raum, der an solchen Tagen stets als zusätzlicher Verkaufsraum genutzt werden musste, wieder ein behagliches Wohnzimmer gemacht und für die eigene Familie einen geschmackvoll geschmückten Tannenbaum aufgestellt.

Außer Schnittblumen und Topfpflanzen wurden Vasen und Übertöpfe sowie kleine Dekorationsartikel verkauft. Blumengestecke und bepflanzte Schalen, Brautsträuße, Myrtenkränze und Autoschmuck für den Hochzeitswagen, Kränze und Sargschmuck sowie Mooskissen und Friedhofsgestecke wurden mit der speziellen Note eines Floristenfachgeschäftes angefertigt.

Die Kinder Rita und Dieter lernten zwar im gleichen Fach, aber bei anderen Kollegen, und halfen nur gelegentlich im elterlichen Betrieb aus. Hier waren oftmals bis zu fünf Angestellte, teilweise halbtags, tätig. In einem sehr familiären Betriebsklima wurde nach Ladenschluss der Geschäftsraum aufgeräumt und für den Abend neu dekoriert.

Es wurden auch gemeinsame Betriebsausflüge unternommen oder nach Geschäftsschluss an Feiertagen ein gemeinsamer Imbiss und ein Glas Sekt zu sich genommen. Im fortgeschrittenen Alter merkte auch Werner Radebach die gesundheitlichen Nachwirkungen aus dem Krieg und der Gefangenschaft. Mit dem guten Zureden seiner Familie entschloss sich der rührige Gärtner, im Oktober 1983 in den Ruhestand zu wechseln. Das Geschäft im Kirchenweg übernahm der Blumenhändler Kohrt, und Werner Radebach zog mit seiner Frau Herta nach Kronsburg. Der Garten des Hauses wurde mit der Leidenschaft eines Gärtners bis zum 12. Juni 1996, dem Todestag von Werner Radebach, gepflegt. Seine Frau Herta lebte noch bis 2011.

DER STOLPERSTEIN FÜR WILHELM WILKE,
TRANSPORTUNTERNEHMER IN DER KAISERSTRASSE 92

ABB 105 | „Stolperstein"für Wilhelm Wilke vor dem Haus in der Kaiserstraße 92, 2015. Foto Walter Ehlert

Wilhelm Wilke, am 13. Januar 1897 in Itzehoe geboren, besuchte die dortige Mittelschule und schloss eine Lehre als Kaufmann ab. Im Stadtteil Kiel-Gaarden besaß er in der Kaiserstraße 92 ein selbstständiges Transportunternehmen. Nach der Wirtschaftskrise 1929 und der anschließenden Aufgabe des Unternehmens aus gesundheitlichen Gründen im Jahr 1931 war er ab 1936 als Vertreter für Staubsauger tätig. 1928 trat Wilke aufgrund seiner politischen Überzeugungen in die Kommunistische Partei Deutschlands (KPD) ein und wurde später KPD-Leiter in Kiel-Gaarden. Außerdem war er für die „Rote Hilfe" tätig, eine kommunistische Organisation, die versuchte, Familien von Gefängnis- und KZ-Insassen zu unterstützen. Wegen seiner politischen Gesinnung erhielt er als Vertreter keinen Wandergewerbeschein, da seitens der nationalsozialistischen Regierung befürchtet wurde, dass er die Situation für sogenannte „staatsfeindliche Aktivitäten" ausnutzen könne. Damals war es unter Kommunisten, Sozialisten und auch Zeugen Jehovas üblich, illegale Flugblätter und Informationsschriften gegen das nationalsozialistische Regime auszutauschen, während sie auf Reisen waren.

Im März 1933 wurde Wilhelm Wilke zum ersten Mal von der Geheimen Staatspolizei (Gestapo) festgenommen. Danach wurde er mehrfach in Kiel verhaftet. Nach einer Verhaftung im Juli 1933 kam er vor den 3. Strafsenat des Kammergerichts Berlin, der ihn und andere schleswig-holsteinische Kommunisten wegen Herstellung und Verbreitung der Zeitung „Arbeiterwelt" und anderer Schriften Ende Februar 1934 zu Haftstrafen zwischen acht Monaten und drei Jahren verurteilte. Seine Haftstrafe von zweieinhalb Jahren verbrachte er im Gefängnis Neumünster, in dem unter anderem 1934 auch Christian Heuck ermordet wurde. Im Jahr 1938 wurde Wilhelm Wilke erneut verhaftet und erlitt während der Vernehmungen schwere Misshandlungen durch die Kieler Gestapo. Am 9. August 1939 wurde er in das Konzentrationslager Sachsenhausen überführt, wo er am 30. Januar 1940 starb. Wilhelm Wilke wurde nur 43 Jahre alt.

PAUTKE, KIRCHENWEG NR. 9: MILCHLADEN, LEBENSMITTEL-
GESCHÄFT, SB-MARKT, MINERALWASSERFABRIK, EISLADEN UND
SAHNEGROSSHANDLUNG

Hans Pautke kam aus dem Kieler Stadtteil Ellerbek. Hier wurde er im Jahr 1906 geboren und lernte, nachdem er mit der Schule fertig war, auf Eiderstedt den Beruf des Meieristen. Als er 1933 in der kleinen Stadt Garding seine Frau Hertha heiratete und auch die beiden Töchter Helene und Ellen auf Eiderstedt geboren waren, zog es die junge Familie wieder in die durch den zunehmenden Schiffbau aufstrebende Stadt Kiel. Die Eisenbahn stellte 1934 den Meieristen ein, und mit seiner Familie wohnte Pautke zunächst in der Norddeutschen Straße. Hier kam dann auch die Tochter Inge zur Welt. Aber das Glück blieb der kleinen Familie nicht treu. Hans erkrankte 1937 an Diabetes und wurde bei der Eisenbahn entlassen. Folglich wurde er nun arbeitslos.
1938 waren die Einwohner in Kiel sowie die meisten Menschen in ganz Deutschland sehr optimistisch, und viele hatten Vertrauen zu der damaligen nationalsozialistischen Reichsführung. Dem Meieristen Hans Pautke wurde von einem Mitarbeiter des Arbeitsamtes „vorgeschlagen", er solle sich doch mit einem Milchladen selbstständig machen. Das war für Pautke eine durchaus umsetzbare Idee, und er mietete ein Ladengeschäft in dem Eckhaus zur Reeperbahn im Kirchenweg Nr. 10. Vorher befand sich in dem Laden schon ein Milchgeschäft, das jedoch sehr heruntergewirtschaftet war. Also musste Pautke investieren, denn hier sollte nun ein richtiges Molkereiwarenfachgeschäft mit einem geringen Lebensmittelanteil entstehen. Seife, Waschmittel oder gar kosmetische und ähnliche Produkte durften in einem Milchladen nicht verkauft werden. Hertha Pautke betrieb diesen Laden, und ihr Mann Hans hatte sich bald einen recht rentablen mobilen Handel mit einem Handkarren aufgebaut. Dann kam der Krieg. In Deutschland wurden am 28. August 1939, vier Tage vor Beginn des Zweiten Weltkriegs, Lebensmittelmarken ausgegeben.
Anfangs gab es für Lebensmittel eine „Einheitskarte", die vier Wochen galt. Zuerst war der Händler frei wählbar, und an den Karten befanden sich Bestellscheine für bestimmte Waren. Die Bestellscheine trennten Pautkes ab, stempelten sie und reichten sie gesammelt beim Reichsernährungsamt ein. Dafür erhielt Pautke von diesem Amt einen Bezugsschein, mit dem er eine entsprechende Menge vom Großhändler bestellen konnte. Im Laufe des Krieges wurde das Bestellscheinsystem durch ein sogenanntes „durchlaufendes Bezugsrecht" ersetzt: Händler, wie die Fa-

ABB 106 | Familie Pautke vor ihrem Milchgeschäft im Kirchenweg 9, 1950. Foto privat/Familie Pautke

milie Pautke, schnitten beim Verkauf der Waren die entsprechende Marke ab, klebten sie auf Sammelbögen und erhielten dafür dann einen Bezugsschein, den sie beim Großhändler vorlegten.

Nach dem Ende des Zweiten Weltkriegs gaben die alliierten Besatzungsmächte ab Mai 1945 in ihren jeweiligen Besatzungszonen neue Lebensmittelkarten aus. Durch öffentliche Aushänge wurden an den Wochenenden die für die jeweils nächste Woche käuflichen Waren „aufgerufen". Ende 1946 entsprach die vorgesehene Tagesration für erwachsene Normalverbraucher 1.550 Kilokalorien. In den Jahren 1948 und 1949 wurden die Mengen schrittweise erhöht, bis die Karten im Jahr 1950 in der ein Jahr zuvor neugegründeten Bundesrepublik Deutschland abgeschafft wurden.

Bereits 1946 zog die Familie Pautke mit dem Milchladen in das Haus gegenüber im Gaardener Kirchenweg Nr. 9. Damals noch weitgehend eine Ruine, gelang es dem cleveren Hans Pautke, die gesamte Immobilie auf Leibrente von einem Herrn Werner zu kaufen. Mit den jetzt fünf Kindern, der Sohn Hans-Albert war 1939 und Uwe 1942 geboren worden, bezog Familie Pautke eine Wohnung im ersten Stockwerk über dem Laden. Alles musste zunächst noch umgebaut werden, um aus dieser Kriegsruine eine bewohnbare Wohnung und einen passablen Ladenraum zu machen. Das gelang, und in die Wohnung kam sogar ein Wasserklosett mit einer Badestube, in der ein großer Badeofen für warmes Badewasser stand. Das war in Gaarden eine Seltenheit.

An manchen Tagen der ersten Nachkriegszeit wurde bei Pautke Wurst- und Fleischbrühe verkauft, die aus der Preetzer Wurstfabrik „Schön" geholt wurde. Dann standen vor der Ladentür die Kunden Schlange. Erst im Jahr 1950 wuchs auch im Laden Pautkes der Umsatz immer mehr, sodass er zwei Verkäuferinnen einstell-

te. Es wurde über den Tresen bedient, die Milch und die Sahne wurden lose ausgeschenkt. Es war für die Kunden damals selbstverständlich, die eigenen Milchkannen, Schüsseln und Taschen für ihren Einkauf mitzubringen.
Hans Pautke stellte schon ab 1950 ein eigenes Mineralwasser her. Seit 1954 leitete seine Tochter Helene eine zusätzliche Filiale im Gebäude der Vereinsbäckerei in der Alten Lübecker Chaussee, in der Milch und Lebensmittel sowie der Kuchen aus der Bäckerei verkauft wurden. Es ging mit dem Lebensmittelgeschäft der Familie Pautke zu dieser Zeit ständig bergauf, und 1957 kaufte Hans Pautke das Haus nebenan im Kirchenweg Nr. 11 von den Schwestern Steinsohn, wiederum auf Leibrente. Auch die Töchter Helene und Ellen absolvierten in dem elterlichen Geschäft ihre Ausbildung als Verkäuferinnen. Jetzt gab es auch hausgemachte Eiscreme, wozu nochmals ein separater Laden im Kirchenweg Nr. 5 gemietet wurde. Waren damals auf den Höfen der Häuser Nr. 9 und Nr. 11 noch Gärten, so entstanden jetzt 25 PKW-Stellplätze, die alle überdacht waren. Am Haus Kirchenweg Nr. 9 wurde noch ein Kühlhaus angebaut. Der Sohn Hans-Albert Pautke richtete sich hier einen Sahnegroßhandel ein, den er von dem Meieristen Franz Einfeld aus der Bielenbergstraße übernahm. So konnte er nun alle Bäckereien in der Umgebung mit Schlagsahne versorgen.
Die Schaufensterfront änderte sich, und das gesamte Ladengeschäft wurde auf 50 m² vergrößert und mit Selbstbedienungsregalen ausgerüstet. Selbstbedienung – das war eine totale Veränderung, die zu dieser Zeit im gesamten Lebensmitteleinzelhandel Einzug hielt. Nur ein Jahr später kam eine neue Investition. Es wurde

ABB 107 | Rückseitige Kassenbon-Werbung (Ausschnitt) für das Milchgeschäft, 1950

203

ABB 108 | Hans und Hertha Pautke (Mitte), Verkäuferin Uschi (links) neben Pautkes Schwester Anne, ganz rechts Verkäuferin Ulla, 1960. Foto privat/Familie Pautke

nochmals um 10 m² vergrößert, denn der neue große Wurst- und Frischwarentresen brauchte Platz.

Neben den Verkäuferinnen wurde auch ein Lehrling ausgebildet. Der Umsatz bei Pautke stieg in den 1960er Jahren noch ständig an. Die Familie musste an den Tagen, an denen die Kunden zahlreicher zum Einkauf gingen, ständig mit aushelfen.

Als Hans Pautke im Jahr 1972 das Rentenalter erreicht hatte, verkaufte er seinen sehr bekannten und gut laufenden Lebensmittelladen an den Kaufmann Poser, der das Geschäft dann noch ein paar Jahre, bis zur ganz Deutschland erfassenden Umstellung des Einzelhandels, aufrecht halten konnte.

Mit dem plötzlichen Tod des erst 40-jährigen Sohnes Hans-Albert gab es auch keinen Sahnegroßhandel mehr. Hans Pautke starb im Jahr 1989, seine Frau Hertha 2005. Aus dem kleinen Lebensmittel- und Milchladen, der schwer aufgebaut und so tapfer über die Kriegsjahre erhalten wurde, ist später eine Wohnung geworden. An der gekachelten Fassade erinnert nichts mehr daran, was hier einmal war.

Die Gastwirtschaft Bruhn am Mühlenteich

Im Jahr 1900 wurde der noch fast 116 Hektar große Hof Marienlust an die Kieler Kaufleute Bielenberg und Sörensen veräußert. Zwei Straßennamen erinnern auch heute noch an die Käufer. Eine Straße, die die beiden vorherigen verbindet, die Hofstraße, bezieht ihren Namen von dem Hof Marienlust. Er war der erste, der der aufblühenden, heranrückenden Großstadt weichen musste. Seine Gebäude fielen der Spitzhacke zum Opfer und machten damit dem Bau von Wohnblocks Platz. Das schlichte, einstöckige Wohnhaus des Hofs Marienlust lag schräg gegenüber der Bruhnschen Gastwirtschaft. Im Halbkreis um den Mühlenteich, der 1900 zugeschüttet wurde, schlossen sich die Wirtschaftsgebäude an.

Die Bruhnsche Gastwirtschaft soll ehemals ein beliebter Ausflugsort für Kieler Universitätskreise gewesen sein. In den 70er Jahren des 19. Jahrhunderts traf sich hier auch das kleine Bürgertum aus Kiel und Umgebung und amüsierte sich. Käfige mit Affen, Kaninchen und Vögeln sorgten ebenso für Unterhaltung wie organisierte Spiele. Karussellfahrten und Hundewettrennen wurden ebenso veranstaltet wie glitschiges Schweinegreifen und Stangenklettern, wobei die Hinterteile der Schweine und das letzte Ende der Kletterstange mit grüner Seife eingerieben wurden. Die Gastwirtschaft der Familie Bruhn lag nur wenige Schritte von der alten Wassermühle entfernt, die direkt auf der Grenze zum Klösterlichen Gaarden stand.

ABB 109 | Blick von Kiel über den Hafen auf Bruhns Gasthof östlich der Preetzer Straße, Lithographie von Adolf Lohse, 1860

Der Kieler Schlachthof

Mitte der 1870er Jahre ließ die Stadt Kiel den südlichen Teil des Hafens zuschütten, um den Morasttümpel, der sich am Fördeufer Fürstlich Gaardens entwickelt hatte, wirtschaftlich nutzen zu können. Der Sand zum Zuschütten wurde aus dem Gebiet zwischen Karlstal und Preetzer Chaussee entnommen. Allerdings scheiterte der erste Versuch der Befestigung kläglich, da die hölzerne Spundwand dem Druck nicht standhielt und die gerade aufgeschüttete Fläche wieder überschwemmt wurde. Die geplanten Einweihungs-Feierlichkeiten fielen buchstäblich ins Wasser. Erst nachdem eine Kaimauer aus Steinen errichtet worden war, konnte die Fläche erfolgreich zugeschüttet werden.

Auf diesem Gelände entstand im Jahr 1887 der öffentliche Kieler Schlachthof, direkt an der Bahnhofstraße, die die Hauptverbindung des Fürstlichen Gaarden mit der Stadt Kiel darstellte. Aus hygienischen Gründen wurde zu damaliger Zeit festgelegt, dass nur auf dem von der Stadt errichteten öffentlichen Schlachthof das gewerbsmäßige wie das nichtgewerbsmäßige Schlachten aller Arten von Schlachtvieh vorgenommen werden durfte. Ausnahmen waren nur bei Notschlachtungen möglich, wie § 1 des Gemeindebeschlusses betreffend die Einführung des Schlachtzwanges in der Stadt Kiel vom 3. Dezember 1886 bestimmte.

Der Kieler Schlachthof war bereits kurz nach seiner Gründung ein relativ bedeutender Arbeitgeber, denn immerhin fanden 1887 schon 22 Menschen dort Arbeit. Das ist insbesondere deshalb erwähnenswert, da zunächst die örtlichen Schlachtermeister, die auch als „Ladenschlachter" bezeichnet wurden, in eigener Regie ihr Vieh dort schlachteten und zum Verkauf vorbereiteten. Im Jahr 1887 nutzten immerhin 87 Schlachtermeister mit 100 Gesellen und 30 Lehrlingen diese neue Einrichtung. Im Laufe der Zeit machte der öffentliche Kieler Schlachthof einige Wandlungen durch, die wegen veränderter Ansprüche, erforderlicher Erweiterungen, neuer Liefer- und anderer Absatzwege sowie kriegsbedingter Zerstörungen notwendig wurden. Im Jahr 1895 wurde die Seequarantäneanstalt mit Brückenanlagen in der Hörn angegliedert. Der Viehhof wurde Anfang 1897 in Betrieb genommen. Aufgrund einer landespolizeilichen Anordnung musste 1906 eine scharfe Trennung zwischen dänischen und heimischen Rindern vorgenommen werden, die zusätzliche bauliche Maßnahmen nötig machte. Eine Auslandsfleischbeschaustelle und ein bakteriologisches Laboratorium wurden ebenfalls zu Beginn des 20. Jahrhunderts eingerichtet.

Die Seequarantäneanstalt durfte nur bis Mitte 1929 genutzt werden, sodass ein neuer Seegrenzschlachthof mit allen neuzeitlichen hygienischen und schlachttechni-

ABB 110 | Schlangen vor der „Freibank" des Kieler Schlachthofs, 1950. Foto F. Magnussen/StaK

schen Einrichtungen gebaut werden musste. Die Errichtung eines Großmarktes für Schlachtvieh im Jahr 1935 machte den Neubau eines Viehhofes erforderlich. Deshalb wurden bis 1937 Verwaltungsgebäude, ein Großviehmarkt für Rinder, eine Kleinviehmarkthalle, eine Schweinemarkthalle, Händlergebäude und ein Seuchenschlachthaus errichtet. Zu diesem Zweck musste der Vollrathsbach kanalisiert und überbaut werden. Nach Abriss des alten Viehhofes entstand an dieser Stelle im Jahr 1939 das Städtische Kühl- und Gefrierhaus mit Eisfabrik.

Während des Zweiten Weltkriegs wurde auch das Schlachthofgelände stark in Mitleidenschaft gezogen. Nach dem Wiederaufbau der notwendigsten Teile wurde bereits im Jahr 1949 mit der Neuplanung des Städtischen Schlachthofs begonnen. Die notwendigen Um- und Neubaumaßnahmen zogen sich bis Anfang der 60er Jahre hin. Parallel zur Neugestaltung des Schlachthofs vollzog sich ein Strukturwandel des dort tätigen Gewerbes.

„Weite Kreise der Bevölkerung können sich heute normalerweise kaum noch Fleisch leisten. So kommt es, dass freitags bereits oft vor 5 Uhr morgens sich lange Schlangen am Kieler Schlachthof bilden, um Freibank-Fleisch zu erhalten. Es handelt sich um Fleisch, das vom Tierarzt zum Verbrauch freigegeben worden ist, aber im Wert nicht dem im üblichen Handel erhältlichen Fleisch entspricht. Damit aber nur ein wirklich bedürftiger Kreis das billige Fleisch erhält, gibt das Sozialamt der Stadt Kiel Karten heraus", kommentierte die Schleswig-Holsteinische Volkszeitung ein Foto am 29.11.1950.

Neben den „Ladenschlachtern" waren Großschlachter, Fleischwarenfabriken, Vieh- und Fleischagenten, Importeure und der Verbundhandel, der sich auf Innereien, Därme, Drüsen, Schlachtzubehör oder Häute spezialisiert hatte, auf dem Schlachthof tätig. Selbstständige Lohnschlachtermeister („Kopfschlachter"), Darmbearbeitungs- und Sortierbetriebe, eine Viehtreiberfirma, Transportunternehmen und Speditionen unterstützten den Handel. Die Zahl der städtischen Beschäftigten war von 22 im Jahr 1887 auf 221 im Jahr 1962 gestiegen. Auf dem Schlachthof waren insgesamt mehr als 700 Menschen tätig. Er war damit zu einem der bedeutendsten Arbeitgeber für Fürstlich Gaarden und für Kiel geworden. Der Strukturwandel setzte sich aber im Zuge der verbesserten Möglichkeiten, Fleisch zu transportieren, fort. In den Erzeugergebieten entstanden immer mehr Versand-

ABB 111 | Häuten und Zerlegen von Rindern im Schlachthof, 1950. Foto H. Nafzger/StaK

ABB 112 | Luftaufnahme des Schlachthofs am Ende der Hörn, Foto StaK

schlachtereien, so dass in einem Gutachten im Jahr 1968 festgestellt werden musste, dass nur durch eine Straffung der Betriebsführung und eine Verkleinerung des Betriebes der Wettbewerb mit den anderen Verarbeitungsunternehmen bestanden werden könnte.

Dieses neue Konzept wurde nicht mehr auf dem alten Gelände, sondern im Industriegebiet Wellsee verwirklicht. Die Schlachthofbetriebe an der Bahnhofstraße wurden am 20. September 1974 endgültig geschlossen. 87 Jahre bestimmten diese Betriebe das wirtschaftliche Geschehen in und um Fürstlich Gaarden mit. Heute stehen auf dem alten Schlachthofgelände das große Gebäude der Agentur für Arbeit und das Sozialministerium.

ABB 113 | Blick von Gaarden nach Norden über den Hafen auf Kiel, Radierung von Carl Daniel Voigts, um 1805. Privatsammlung

Die Strasse nach Preetz und dortige Anlieger

Der Weg nach Preetz führte von Gaarden aus auch über einen Fußweg, der bis zur Kirche nach Elmschenhagen reichte – der Kirchenweg. Ein breiterer Weg für Pferdegespanne war die Preetzer Straße, die auch heute noch ab Elmschenhagen Preetzer Chaussee heißt. Die Preetzer Straße beginnt heute dort, wo die Werftstraße in Gaarden endet, gleich hinter dem Depot der Kieler Verkehrsgesellschaft. Das Gelände (Werftstraße 251–255) ist seit 2005 mit einer Tankstelle und einem Supermarkt bebaut. An dieser Stelle war seit 1915 ein Fischverarbeitungsbetrieb, der in dem Traditionsunternehmen des von Carl Ivens 1872 gegründeten Fischhandels mit Räucherei seinen Ursprung hatte. 1904 übernahm Heinrich Ivens den Betrieb, der 1930 mit Emil Kruse fusionierte und fortan als Ivens Kruse „Seefischgroßhandel, Fischräucherei, Fischkonservenfabrik und Heringsimport" firmierte. 1935 ging Heinrich Ivens in den Ruhestand und verkaufte sein Grundstück der Germaniawerft. Geschäftsführer wurde Ernst Bührsch, der in der Werftstraße 251–255 (Ecke Preetzer Straße) eine neue Fischräucherei baute. Das Haus behielt auch unter dem neuen Besitzer über viele Jahre noch den Fisch auf dem Schornstein.

Als der Betrieb der Gebrüder Möllgaard aufgegeben wurde, kaufte zunächst der Schlossermeister Alwin Morisse das Grundstück und errichtete hinter dem alten Sinalco-Gebäude eine Halle. Im Jahr 1986 erwarb der Presse-Großvertrieb Johann Carlsen das ganze Gelände und nutzte auch das Gebäude der ehemaligen Räucherei als Lager. Carlsen bewirtschaftete das Grundstück und die Gebäude noch bis ins Jahr 2000. Danach zog die Firma in das Gewerbegebiet Wellsee. Der Abriss der Gebäude an der Ecke zur Preetzer Straße erfolgte am 1. Juni 2003.

ABB 114 | Lagerhaus der Firma Gebr. Möllgaard an der Preetzer Straße/Ecke Werftstraße, 1950er Jahre. Foto privat/Christoph Stahl

Gaardener Bier

ABB 115 | Werbeschild der Gaardener Sternbrauerei, Foto privat

Bierbrauen hat in Kiel eine lange Tradition. Schon mit der Gründung der Stadt im 13. Jahrhundert hielt das Brauhandwerk seinen Einzug. Für das Jahr 1445 sind nicht weniger als 36 Brauhäuser nachgewiesen. Man stellte Biersuppe oder Warmbier mit Milch und Eigelb her. Zugleich waren die Bierherstellung und der Bierverkauf ein lukrativer Nebenerwerb, und mancher Bürger war in seinem Keller sein eigener Braumeister. Mit dem rasanten Wachstum der Stadt stieg auch die Nachfrage nach Bier. So kam es in Kiel zur Neugründung zahlreicher Brauereien, die die Brauereilandschaft entscheidend veränderten.

Die Flaschen- und Fassbierwagen der Brauereien prägten das Stadtbild, und Kieler Biere fanden ihren Absatz nicht nur in den Gaststätten und Biergärten der Stadt, sondern auch in der Region und sogar bis nach Übersee.

1877 gründete der Hufner und Gastwirt Dreis eine Bierbrauerei unmittelbar an der Grenze zwischen Fürstlich und Klösterlich Gaarden. Später wurde diese von Hans und Charles Drews übernommen. Hier wurde das Drew'sche tropfenfeste Exportbier gebraut, das seinerzeit eine gewisse Berühmtheit erlangte. Das Brauhaus stand auf dem Gelände der damaligen Werftstraße Nr. 257. Die Besitzer waren im Jahr 1915 die Herren Gaber und Kassier. Hier in Gaarden wurde das Bier der Marke Stern-Bräu gebraut. Das Brauereigebäude mit seinen extra tiefen Kellerräumen wurde bei einem Bombenangriff im Zweiten Weltkrieg stark beschädigt, und der Bau diente

ABB 116 | Gebäude der Drewschen Bierbrauerei, später Sternbrauerei, an der Ecke zur heutigen Sörensenstraße, um 1900. Foto privat

in den Nachkriegsjahren der Butter- und Eierzentrale als Auslieferungslager. Die Stern-Brauerei hatte bereits 1920 ihre Produktion mit in die Eiche-Brauerei einfließen lassen. Zur besseren Ausnutzung der Betriebsanlagen der Eiche-Brauerei und zur Erlangung weiterer Absatzmöglichkeiten wurden im Jahr 1920 die Malzkontingente der „Sternbrauerei A.-G." in Kiel-Gaarden einschließlich des von dieser früher erworbenen Kontingents der Brauerei „Hans Hörn" übernommen. Zu erwähnen bleibt noch, dass es auch eine weitere kleinere Bierbrauerei in Gaarden gab. Die Brauerei Hamann, welche an der Preetzer Chaussee ihren Betrieb hatte, existierte nur kurz und war bald vergessen.

Allgemeiner Konsumverein für Kiel und Umgebung und Konsum-Zentrale Kiel-Gaarden (1913–1970)

Es hatte bereits 1861 und 1875 in Kiel Versuche gegeben, den privaten Konsum auf der Basis des Genossenschaftsgedankens zu organisieren. Doch der Durchbruch von diesen eher lokalen Selbsthilfen zur sozialen Bewegung fand erst mit der Gründung des „Allgemeinen Konsumvereins für Kiel und Umgebung e.G.m.b.H." (AKVK) am 26. Oktober 1899 statt. 42 Kieler unterschrieben die Satzung des Vereins: Arbeiter, Angestellte, Handwerker, Kaufleute.
Im Frühjahr 1900 wurde das erste Ladenlokal in der Holtenauer Straße Nr. 46 angemietet, welches am 5. Juli des Jahres eröffnet wurde.
Die Hamburger Genossenschaft „Produktion" und die damals ebenfalls im Entstehen begriffene GEG, Großeinkaufsgenossenschaft deutscher Konsumgenossenschaften, gaben den Kielern manche Hilfestellung. So schaffte man es, dass die Kieler Genossen im Jahr 1902 ihre sechste Verteilerstelle eröffneten und das Grundstück in Gaarden für die spätere Zentrale kaufen konnten. Es kann also von einer

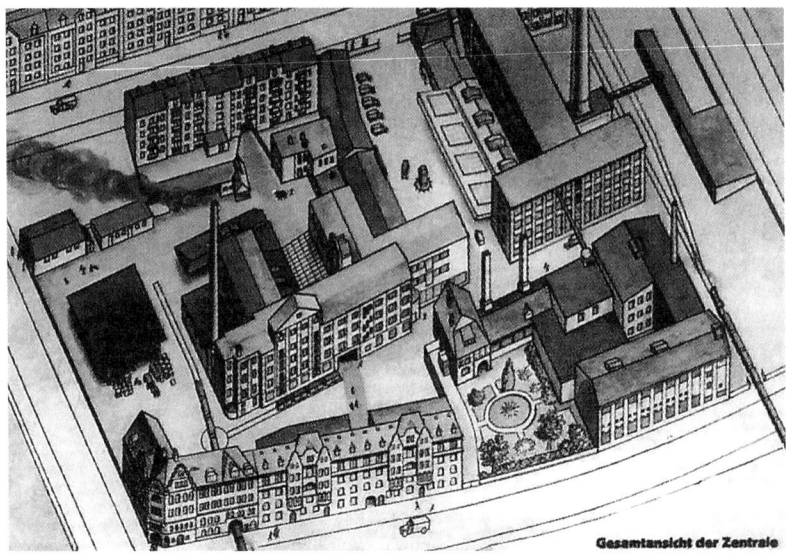

ABB 117 | Gesamtansicht der Zentrale des Allgemeinen Konsumvereins für Kiel und Umgebung, Grafik um 1925

ABB 118 | „Konsum-Häuser" an der Segeberger Straße, um 1915. Foto privat

durchaus zügigen Expansion gesprochen werden. Der AKVK, der inzwischen längst in die Nähe der Gewerkschaften und auch der SPD gerückt war, war beileibe kein Arbeiterverein, wie es manche glauben möchten. Auch Angestellte, Beamte, Offiziere und freie Berufe waren gut vertreten in der Genossenschaft. Nur kamen Arbeiter immer mehr in die Überzahl, weil ihre Zahl in der Marine- und Industriestadt Kiel überproportional anwuchs.

Die Zentrale auf dem genossenschaftlichen Gelände in Gaarden zwischen der Segeberger Straße (heute Theodor-Heuss-Ring), Bielenberg-, Heisch- und Sörensenstraße mit Bäckerei, Mineralwasserproduktion, Lager- und Verwaltungsräumen – später Konsumhäuser genannt – und Wohnungen für die Mitarbeiter entstand noch vor dem Ersten Weltkrieg. 1913 gab es bereits 32 Verkaufsstellen. Dazu kamen noch zehn Verkaufsstellen für Backwaren. Dabei war man nicht mehr nur in Kiel vertreten. Neben Friedrichsort, Holtenau, Heikendorf und Laboe gab es schon Verkaufsstellen in Eckernförde, Plön und Burg auf Fehmarn.

Der Ausbruch des Ersten Weltkriegs bedeutete natürlich auch einen tiefen Einschnitt in die Entwicklung des AKVK. Zwar wurde noch eine Baulücke an der Segeberger Straße geschlossen und drei Kolonialwarenverkaufsstellen in Gettorf, Schilksee und Schönkirchen eröffnet, aber das Unternehmen verlor Mitarbeiter durch Kriegsdienst und Tod. So hieß es u.a. im Geschäftsbericht von 1914: „In der gesamten Abwicklung der Geschäfte waren nach dem Ausbruch des Weltkrieges, wie überall so auch bei uns, große Schwierigkeiten zu überwinden. Der Andrang der kaufenden Mitglieder an den Tagen vor und nach der Mobilmachung war beängstigend. Viele Waren, die für ruhige Zeiten in hinreichender Menge auf Lager waren, waren nach wenigen Tagen geräumt. Da inzwischen der Güterverkehr der Eisenbahn aufgehoben wurde, war die Beschaffung an Ersatzware nicht leicht. Weil Kiel als Festung behandelt wird, war der Telefonverkehr nach außerhalb vollständig abgeschnitten. Mit einem Teil unserer Verkaufsstellen konnte der Verkehr nur noch schriftlich aufrecht erhalten werden. Die verschiedensten Ausfuhrverbote mussten wir zu überwinden suchen."

32 von 38 Lagerhaltern, sprich Marktleitern, sind eingezogen worden. Kunden luden ihren Ärger über mangelnde Waren und nachlassende Qualitäten sowie steigende Preise beim Verkaufspersonal ab. Frauen übernahmen mehr und mehr die Arbeit ihrer an der Front stehenden Männer. Viele Waren waren beschlagnahmt und deren Verkauf der Zentraleinkaufsgesellschaft in Berlin oder der Kriegsgetreidegesellschaft und deren Unterabteilungen übertragen worden. Die Vermittlung zwischen diesen Zentralinstituten fiel den Kommunalverwaltungen zu. Das hieß nichts anderes als Zwangswirtschaft und engte die Handlungsspielräume der Genossenschaft erheblich ein. Der Verein zahlte Unterstützung an die Familien der eingezogenen Mitarbeiter, an die Kieler Kriegshilfe und machte Geld locker für „Liebesgabensendungen" an die Fronten.

1918, im Jahr des Waffenstillstands, war die Warenbeschaffung so schwierig geworden, dass man nach geradezu unkonventionellen Möglichkeiten griff, um die Versorgung der Mitglieder zu verbessern. Gehören die Bäckerei, Limonadenfabrik, Kaffeerösterei, Schrotmühle und dergleichen mehr schon lange zur Standardausrüstung der Zentrale an der Segeberger Straße, so entschloss sich die Verwaltung des AKVK mit Zustimmung des Genossenschaftsrates, das Gut Boksee bei Kiel für 900.000,- Mark zu kaufen, und wagte damit den Schritt in die landwirtschaftliche Eigenproduktion. Man bekannte sich dazu, „daß es einen Versuch bedeutet, inwieweit es möglich ist, landwirtschaftliche Eigenproduktion mit genossenschaftlicher Warenverteilung zu verbinden". Optimistisch ging man an die Arbeit. Aber nach nur 14 Monaten stieg der AKVK wieder aus diesem Versuch aus. Der Boden taugte nicht für einen lohnenden Gemüseanbau. Auch Milcherzeugung für eine zu gründende Meierei oder eine Fleischproduktion machten nach dem Ende der staat-

lichen Zwangswirtschaft keinen Sinn. Hinzu kam der Ausbruch der Revolution, Landarbeiter waren nicht mehr zu gewinnen. Immerhin gelang es dem AKVK noch, das Gut mit Gewinn weiterzuveräußern.
1924 hatte die Genossenschaft sage und schreibe 88 Verteilungsstellen, zum Teil weit außerhalb von Kiel, 15 Back- und Grünwarenverteilungsstellen, 8 Fleisch- und Wurstwarenverteilungsstellen nebst 3 Nebenstellen sowie Manufaktur-, Schuhwaren, Haushaltsartikel und Genussmittelabteilungen im neuen Kaufhaus an der Holtenauer Straße/Ecke Jägersberg. (Hier war später das Amerikahaus, dann Kennedy Haus.) Kiel hatte 1926 mehr als 16 Prozent Erwerbslose. Den Menschen ging es auch nach der Inflation schlecht. Sie wanderten auf wirtschaftlicher Talsohle. 1927 besserte sich die wirtschaftliche Lage geringfügig. Auch 1928 kam die Wirtschaft noch nicht wieder in Schwung. Im Juli 1931 brach eine der vier deutschen Großbanken zusammen und mit ihr das größte Textilunternehmen. Das löste einen Dominoeffekt in der gesamten Wirtschaft aus. Musste sich die Genossenschaft in der Vergangenheit „nur" der Konkurrenz des privaten Einzelhandels erwehren, so wurden die Attacken durch die Nationalsozialisten jetzt politisch. Für sie waren die „Marxistischen Konsumvereine politisch und kapitalistisch aufgezogene Pestbeulen". Sie sollten jetzt ausgelöscht werden.
Am 2. Mai 1933 besetzten bewaffnete Sturmabteilungen (SA) die Gewerkschaftshäuser. Nur wenige Tage später begann die „Gleichschaltung" der Konsumgenossenschaften, und im Genossenschaftsregister des Amtsgerichts Kiel findet sich der Eintrag am 11. September 1935: „Gemäß Reichsgesetz über Verbrauchergenossenschaften vom 21. Mai 1935 (R.G. Bi. I S. 681 f.) ist die Genossenschaft aufgelöst."
Es bleibt noch nachzutragen, dass die damals exzellent und aufs modernste eingerichtete Zentrale an der Segeberger Straße in den Besitz des Reiches überging, das sie als Kriegsmarineverpflegungsamt weiterbetrieb. Zentrale, Fuhrpark, 80 eigene Grundstücke, zahlreiche Wohnhäuser, Nebeneinrichtungen und 148 Verteilungsstellen verschiedener Art sowie mehrere Kaufhäuser waren verloren. Ein ehemals intaktes Wirtschaftsunternehmen, von Arbeitern für Arbeiter aufgebaut und vorbildlich geführt, hatte 1941 endgültig aufgehört zu existieren. Politische Willkür machte es möglich. Der Zweite Weltkrieg „besorgte" den Rest: Zahlreiche Läden versanken im Bombenhagel in Schutt und Asche.
Erst am 30. Oktober 1946, nach der Zulassung durch die englische Besatzungsmacht, wurde in der Aula der Graf-Spee-Schule die „Konsumgenossenschaft Kiel eGmbH" (KG) neu gegründet. Die erste Verteilungsstelle eröffnete am 24. April 1947 in der Ellerbeker Katharinenstraße Nr. 13. Zwei Monate später erfolgte dann schon die Eröffnung der Verteilungsstelle Nr. 2 in der Lutherstraße/Ecke Lüde-

mannstraße. Am 18. Mai 1948 wurde vom Wiedergutmachungsausschuss der Militärregierung die Rückgabe der alten Zentrale an der Segeberger Straße als berechtigt anerkannt. 1951 übernahm die Kieler Genossenschaft auch die Läden der KG Probstei in Schönberg und verdoppelte somit ihren Jahresumsatz auf 4 Millionen DM. Von der Zentrale in Gaarden aus wurde sogar ein Möbelverkauf aufgenommen. 1952 standen 200 Mitarbeiter auf der Gehaltsliste der KG. Der Fuhrpark bestand aus sechs LKW, einem Anhänger und zwei PKW. 1953 bilanzierte die KG 8,2 Millionen DM und unterhielt jetzt 40 feste Verteilungsstellen sowie eine mobile Verteilungsstelle.

Fusionen mit den KGs in Eckernförde, Neumünster und Rendsburg waren 1954 abgeschlossen. Jetzt fiel auch das Verkaufsverbot von Waren an jedermann weg. Damit wurde die Genossenschaft ein freier Einzelhandel und musste sich dem Wettbewerb mit dem übrigen Einzelhandel stellen. Der Fleischereibetrieb vom Metzgermeister Fischer in der Iltisstraße/Ecke Kirchenweg wurde Konsum-Schlachterei, und in der Kehdenstraße/Ecke zur Küterstraße in der Altstadt eröffnete ein Möbelgeschäft. In einem anderen Laden verkaufte man Textilien.

1958 war das Unternehmen gesund. Es wurden 18 Millionen DM in 57 Lebensmittel- und 9 Fleischwarenhandlungen umgesetzt. Jetzt zog die Selbstbedienung in den Einzelhandel ein, und der Konsum eröffnete in den ehemaligen Insel-Lichtspielen am Ellerbeker Markt seinen ersten Supermarkt. 1964 übernahm die KG Kiel von dem westdeutschen „Eklöh"-Filialunternehmen sechs große Supermärkte, vier davon in Kiel. 1967 hießen alle Märkte „Coop". 876 Mitarbeiter standen auf der Gehaltsliste, und im darauf folgenden Jahr gab es mehr als 1.000 Mitarbeiter. Alle schleswig-holsteinischen Konsumgesellschaften waren jetzt unter dem Dach der Kieler Zentrale zusammengeschlossen. 1970 wurde ein neues Zentrallager am Wehdenweg in Wellingdorf gebaut, und 1971 startete das Unternehmen in eine neue Dimension. Der Umsatz stieg auf über 126 Millionen DM, das in Kiel eröffnete „Plaza" setzte in nur acht Monaten alleine 28 Millionen DM um.

An der Ecke Preetzer Strasse und Elisabethstrasse: Kieler Knacker, der Schrotthandel, das Norddeutsche Echo und die Sache mit Helgoland

ABB 119/120 | Verkaufsbuden und Schrotthandel Albrecht an der Ecke Preetzer Straße/Elisabethstraße, 1950er Jahre. Foto privat/Christoph Stahl

Die Fotos sind aus den 1950er Jahren und zeigen die Ecke der Elisabethstraße zur Preetzer Straße. Hier standen einige Buden, in denen Zeitungen und Getränke sowie Süßigkeiten verkauft wurden. Innen waren sogar Sitzplätze für die Kunden, die hier ein Flaschenbier trinken wollten. Zwischen diesen Kioskbuden hatte sich eine Schrotthandlung einen Platz eingerichtet, der zwar an der Seite zur Preetzer Straße nur eine Einfahrt zeigte, aber in der Tiefe dann doch recht groß war. Daneben, etwas weiter versteckt, stand eine Remise mit einer anfangs schwarzen, später weißen Hochzeitskutsche. An manchen Tagen konnte man beobachten, wie hier zwei Pferde angespannt wurden und anschließend davontrabten. Sehr viel später wurde hier ein fester Pavillon aus Ziegelsteinen errichtet, in dem der „Schimmelkrug" lange Jahre als kleine Kneipe von vielen Gaardener Gästen aufgesucht wurde. Nur kurz um die Ecke zur Elisabethstraße hin waren zwei weitere Gaststätten, die durchaus nicht weniger Gäste zu verzeichnen hatten.

Die Traditionsgaststätte mit dem Namen „Zur Einigkeit" gab es hier schon seit Anfang des 20. Jahrhunderts. Die letzten Pächter gaben das Lokal im Jahr 2015 aus Altersgründen ohne Nachfolger ab. Direkt an der Ecke, im Haus Preetzer Straße Nr. 21, lag über viele Jahre ein Tabakwarengeschäft, bis in den 1980er Jahren hier die Gaststätte „Zum Brook" eröffnete. Die Anhäufung der Bierlokale an dieser Ecke war auch der nahen Haltestelle des Oberleitungsbusses und den späteren Linienbussen zuzuschreiben.

Auf der anderen Seite der Preetzer Straße, an der Ecke zur Bielenbergstraße, gab es nach dem Zweiten Weltkrieg ähnliche Buden wie auf der Straßenseite gegenüber. Hier stand die größere Baracke, in der eine Leihbücherei war und das Norddeutsche Echo verkauft wurde. In den angrenzenden Räumen gab es eine kleine Versammlungsstube, die als Jugendtreffpunkt genutzt wurde. Diese Baracke war die Gaardener Einrichtung der damaligen Kommunistischen Partei Deutschlands (KPD).

Auch in Gaarden wurde im Januar 1951 für die Freigabe der von den Engländern beschlagnahmten Insel Helgoland demonstriert. Die vier jungen Männer auf dem Foto feiern die Freilassung aus dem Kieler Polizeiarrest, in dem sie als Demonstranten einsitzen mussten. Bis 1952 blieb Helgoland militärisches Sperrgebiet und Bombenabwurfplatz für die britische Luftwaffe. Während dieser Zeit nannten britische Soldaten die Insel zynisch Hell-go-land, das Land, das zur Hölle geht. Am 20. Dezember 1950 besetzten zwei Heidelberger Studenten die Insel und hissten die deutsche Flagge, die Flagge der europäischen Bewegung und die Flagge Helgolands. Am 3. Januar 1951 holten britische Offiziere die Besetzer wieder von der Insel. Die Besetzung durch die Deutschen löste eine breite Bewegung zur Rettung Helgolands aus. Nachdem der Deutsche Bundestag im Januar 1951 einstimmig die Freigabe der Hochseeinsel gefordert hatte, gaben die Briten sie am 1. März 1952 wieder an die Bundesrepublik Deutschland zurück, und die Bevölkerung erhielt die Erlaubnis, auf ihre Insel zurückzukehren. Bis heute ist der 1. März auf Helgoland ein Feiertag.

Auf dem Grundstück neben der Bude mit dem Verkauf des Norddeutschen Echos an der Preetzer Straße Nr. 26 bis 28 befand sich die Fleischwarenfabrik von Ehlers & Co. Die Familie Ehlers wohnte auch hier in einer Villa, die zum Brook hin an dem zu

ABB 121 | Helgoland-Demonstranten an der Ecke Preetzer Straße/Elisabethstraße, 1951. Foto privat/Walter Ehlert

einem See aufgestauten Mühlenbach stand. In der Fabrik wurden im Hungerwinter 1947 Fleischknochen an die in langer Schlange anstehenden Gaardener Einwohner verkauft.

Hinter einer Mauer verbarg sich ein kleines Paradies. Nur wenige Gaardener haben einmal die Gelegenheit gehabt, durch die kleine Tür in der wuchtigen Mauer des Hofs der Fleischwarenfabrik von Ehlers & Co. in der Preetzer Straße zu gehen und einen der reizvollsten Privatparks zu entdecken. Er war ein Stück Schwentinetal en miniature, mit einem vom Langsee kommenden, immer lustig plätschernden Bach, der in einen mit Schwänen und Wildenten besetzten Teich mündete. Die etwa 15 Meter tiefe, teils aufgeschüttete, teils natürlich gewachsene Schlucht lag eingebettet zwischen dem Gaardener Brook, der Bielenbergstraße und dem Fabrikgelände, dessen Gebäude mit den Räuchertürmen und dem Turm der benachbarten Iltisschule das Bild einer alten Trutzburg mit einst unüberwindlichen Wällen vorgaukeln wollten. Wer dann vor dem blumenumrankten Grabstein des 1956 verstorbenen, in einer Urne im Park beigesetzten Gustav Ehlers stand, begriff in dieser Umgebung die Inschrift: „Weit dehnt sich die Nacht / Und meine Gedanken unbedacht / Verlieren sich in diese Einsamkeit!"

DER REEPSCHLÄGER UND DIE REEPERBAHN: DIE GESCHICHTE
EINER ALTEN GAARDENER FAMILIE

Nicht ohne Grund siedelten sich in der zweiten Hälfte des 19. Jahrhunderts gern die überaus ehrbaren Handwerker der Reepschlägerei in Kiel-Gaarden an. Zu dieser Zeit entstanden auf dem Ostufer die Werften, und wo Schiffe gebaut werden,

ABB 122 | Reepschläger Carl Schmidt mit Familie, um 1900. Foto privat

braucht es eben auch in großer Menge starke Seile. Dass es sogar ein eigenes Reepschlägeramt gab, bei dem das entsprechende Gewerbe angemeldet werden musste, zeugt von der Bedeutung, die diese Zunft damals genoss.
So nahm also auch der Reepschläger Carl Schmidt im Jahr 1876 allen Mut und seine Ersparnisse zusammen, um sich in Gaarden mit einer Seilmacherei selbstständig zu machen. Der Erfolg fiel Carl Schmidt nicht in den Schoß. Den Kirchenweg, in dem er sich mit seinem Unternehmen zunächst niederließ, musste er schon bald wieder verlassen. Gaarden brauchte Platz für den Wohnungsbau. So entschloss sich der Handwerker, der es in Gaarden binnen kurzer Zeit zu einigem Ansehen gebracht hatte und als Namensgeber der heute noch existierenden Straße Reeperbahn gilt, zu einem Neubau auf dem Grundstück Preetzer Straße 42. Parallel zur Straße hin befinden sich noch heute das Wohnhaus und dahinter ein Speicher. Daran schloss sich damals das wirtschaftliche Herzstück des Ensembles an, eine allerdings nur noch in Spuren vorhandene Reeperbahn von immerhin 110 Metern Länge. Später wurde sie sogar noch beträchtlich erweitert, wobei jedoch Pläne zu einem Ausbau auf 300 Meter von den Behörden abgelehnt wurden. Reepschläger Schmidt wäre sonst dem Anfang des 20. Jahrhunderts geplanten Neubau der Blitzstraße ins Gehege gekommen.
Bis zum Ersten Weltkrieg entwickelten sich die Geschäfte prächtig. Auch Peter Schmidt, der den Betrieb von seinem 1910 verstorbenen Vater übernommen hatte, fand ein bequemes Auskommen. Als später jedoch der Schiffbau kaum noch eine Rolle spielte, die Konkurrenz industriell gefertigter Taue immer stärker wurde und 1929 obendrein die Weltwirtschaftskrise hinzukam, ging es mit der Reepschlägerei zu Ende. Carl Schmidt, der die Firma nun in dritter Generation führte, benannte sie in „C. Schmidt & Co. Seil- und Bindfadengroßhandel" um. Wurstfabriken, Fischräuchereien, aber auch private Segler gehörten nun zum bevorzugten Kundenkreis. Erst die Aufrüstung der Nationalsozialisten ließ auch die Nachfrage nach starken Tauen wieder steigen, doch rechter Segen lag darauf für den Betrieb nicht. 1943 zerstörte eine Bombe die Reeperbahn, deren Zeit damit endgültig vorbei war. Nach dem Krieg verdrängten Kunstfasern die althergebrachten Seilerwaren. Carl Schmidt hielt sich dennoch viele Jahre mit dem Großhandel über Wasser. Sein Sohn Peter wanderte nach Amerika aus, und die Tochter Ursula verkaufte das Haus in der Preetzer Straße im Jahr 2003. Die Familie wohnte im Erdgeschoss des Hauses Iltisstraße Nr. 63. In Erinnerung blieb der alte Carl Schmidt als freundlicher Herr, mit dem ein angenehmer Handel betrieben werden konnte. Nicht zu vergessen ist der schöne schwarze Opel Kapitän, der lange Zeit als einziges Auto am Ende der Iltisstraße immer zu sehen war.

Die Gaardener Eisengiesserei und Maschinenfabrik: Vollert & Merkel in der Preetzer Strasse Nr. 50

1891 wurde die „Eisengießerei Vollert & Merkel" in der damaligen Preetzer Chaussee gegründet. In dieser Fabrik wurde „alles Mögliche" aus Gusseisen produziert. An wenigen Stellen in Kiel, so in der Bielenbergstraße, findet sich ein von der Firma entwickelter Gullydeckel. Ein sogenanntes Dietrichsdorfer Modell befand sich auch im Garten von Herrn Vollert auf dem Grundstück der heutigen Preetzer Straße Nr. 50. Hier wurde auch viel Schrott eingeschmolzen. Ein Lieferant war ein Schrottplatz, der ein Stück weiter runter an der Preetzer Straße lag. Anfang der 1970er Jahre ging der Umsatz wegen der preisgünstigeren englischen Konkurrenz sehr stark zurück. 1974 interessierte sich die Coop für das Grundstück, um dort einen Supermarkt zu errichten. Eine Abrissgenehmigung für die Fabrik wurde seitens der Stadt Kiel erteilt, eine Baugenehmigung für ein neues Haus jedoch nicht. Nach zermürbenden Auseinandersetzungen mit der Stadt verkaufte der schließlich an die Stadt

ABB 123 | Belegschaft der Eisengießerei und Maschinenfabrik Vollert & Merkel, 1907. Foto privat/Sammlung Wolfgang D. Kuessner

ABB 124 | Auf einer Leistungsschau ausgestellte Produkte von Vollert & Merkel, um 1922. Foto privat

Kiel. Das Gebäude wurde abgerissen. Am Platz der Fabrik befinden sich heute ein Parkplatz und eine Turnhalle.
Hanns-Jörn Stender hat in seinem Roman „Daunen und Dornen" das „Tor zur Hölle" bei Vollert & Merkel beschrieben, wie es hier vor 100 Jahren gewesen sein muss: „Hätte ein Branchenfremder zum ersten Mal diese Eisengießerei betreten wollen, so hätte er zunächst einmal festgestellt, dass die Tür sich aufgrund der Luftdruckunterschiede nicht öffnen lässt. Angenommen ihm wäre Einlass gewährt worden und die Tür wäre hinter ihm ins Schloss gefallen, hätte er zunächst nichts als undurchdringlichen, rosarot aufleuchtenden Nebel gesehen und vielleicht gerade noch einige im Dunst umher huschende Gestalten wahrgenommen. Der vermeintliche Nebel in der Gießerei bestand aus schwefeligen Gasen, feinem Staub, Qualm und Wasserdampf. Lungen, die es gewohnt waren, normale, sauerstoffhaltige Atemluft zu schöpfen, krampften sich unwillkürlich zusammen, während die Gießereiarbeiter notgedrungen Tag für Tag, Monat für Monat, Jahr für Jahr aus diesem Gemisch, von dem alle Bestandteile alleine schon schwer gesundheitsschädigend waren, die Kraft schöpften, die notwendig war, um die beinahe unmenschlich schwere körperliche Arbeit zu leisten."

Alexander Hollang, der Leiter der Gaardener Stadtreinigung

Das Leben des Marinesoldaten Alexander Hollang, geboren am 23. Januar 1906 in Kötzschenbroda im Landkreis Meißen, ist ein bemerkenswertes Beispiel für jene Männer, die sich nach dem Zweiten Weltkrieg ein ganz neues Leben aufbauen mussten. In Radebeul hatte der junge Alexander den Beruf des Maschinenbauers gelernt und es anschließend bis zum Meister gebracht. Er meldete sich freiwillig zur Reichsmarine und versah seinen Dienst zunächst auf der „Leipzig". Der leichte Kreuzer wurde von 1929 bis 1931 noch unter den Restriktionen des Versailler Vertrages auf der Reichsmarinewerft Wilhelmshaven gebaut. Das Schiff war oft Gast im Kieler Hafen.
In Kiel lernte Alexander Hollang die Laborantin Anna Mathilde Karoline Wegner (Jahrgang 1912) aus dem Neumünsteraner Krankenhaus kennen, die er dann im Juli 1935 heiratete. Das Paar war aufgrund der Marineeinsätze in der Nord- und Ostsee oft getrennt, und dann kam 1939 der Krieg. Im selben Jahr wurde Tochter Anni geboren. 1943 folgte Tochter Ursel. Vater Alexander musste auf das Segelschulschiff „Gorch Fock" wechseln. Es war eines von drei Schiffen der gleichen Bauart.
Bei den Bombardierungen Kiels trafen auch Brandbomben auf die Schiffe, die im Hafen lagen. Der technische Offizier Alexander Hollang kam bei Löscharbeiten mit Phosphor in Berührung und musste mit starken Verletzungen ins Lazarett. Seit dieser Zeit plagten ihn immer wieder heftige Atembeschwerden, ein ganzes Leben lang. Am Ende des Krieges musste Alexander in norwegische Kriegsgefangenschaft, bevor er endlich ins heimatliche Kiel zu Frau und Töchtern kam. Nachdem die Hollangs noch während des Krieges in der Wohnung Hügelstraße Nr. 11a ausgebombt worden waren, fanden sie nur eine Notunterkunft in einer der Nissenhütten, die am Langsee aufgestellt waren. Alexander Hollang bekam sehr schnell einen Arbeitsplatz bei der Stadt Kiel. Männer, die bei den Aufräumungsarbeiten in der ganzen Stadt dringendst gebraucht wurden, waren knapp. Alexander war technisch versiert und ein ausgezeichnetes Organisationstalent. Er wurde als Betriebssekretär der Stadtreinigung eingestellt. Sein Arbeitsplatz war das Haus des städtischen Betriebes in der Preetzer Straße Nr. 30b.
Erst im Jahr 1950 konnte Familie Hollang umziehen. Das Kieler Wohnungsamt hatte ihnen einen Raum in dem Haus der Stadtreinigung zugewiesen, 13,4 m² für vier Personen. Ein Erker – so groß wie eine Abseite mit schrägen Wänden. Die Hausaufgaben der schulpflichtigen Töchter mussten notgedrungen im Büro des Vaters ge-

ABB 125 | Elektrofahrzeug der Kieler Stadtreinigung, um 1950. Foto StaK

macht werden, und der Spielplatz war der Betriebshof oder der Heuboden, wo das Futter und die Streu für die Pferde lagerten.

Noch 1948, im Jahr der Währungsreform, sind die Mitarbeiter der Straßenreinigungsanstalt in erster Linie mit Instandsetzungsarbeiten infolge der Bombenschäden beschäftigt. Das Amt ist auf Improvisationsvermögen angewiesen und kann dabei auf die interne Werkstatt zurückgreifen. Spreng- und Müllwagen werden von den Mitarbeitern zu dringend benötigten Kehrichtwagen umgebaut. Es bilden sich erst mit Beginn der 50er Jahre die Konturen der Städtischen Straßenreinigungsanstalt neu heraus. Der Anstalt sind die Straßenreinigung mit angeschlossener Kleintiersammelstelle, die Müllabfuhr, die Bedürfnisanstalten, die Kraftfahrzeug- und Heizungswerkstatt sowie die Kraftwagenstelle unterstellt. Mit dem Neubeginn ändert sich der Name, aus „Städtische Straßenreinigungsanstalt" wird „Straßenreinigungs- und Fuhramt".

Waren es noch kurz nach dem Zweiten Weltkrieg die Pferde, welche die Wagen der Stadtreinigung zogen, so wurden sie recht bald durch die grauen E-Karren ersetzt. In den Pferdeställen auf dem Hof der Preetzer Straße Nr. 30 standen nun nachts die E-Karren, um ihre Batterien wieder aufzuladen. Die Anzahl der Mitarbeiter hatte sich in den 1950er Jahren auf 20 Männer erhöht. Jeden Tag zogen sie los mit ihren E-Karren, um dann mit den großen Piassavabesen die Straßen sauber zu halten. Es gab auch Karren mit einem kleinen Kran. Die wurden für die Reinigung der Siele eingesetzt, und andere hatten im Winter einen Schneepflug vorne sowie einen kleinen zweirädrigen Streuanhänger hinten. Das alles zu organisieren, dazu war Alexander Hollang da. Er verwaltete diese Abteilung, teilte den Mitarbeitern ihre Arbeit zu und war für die Instandhaltung des Hauses und die Mobilität des gesamten Fuhrparks verantwortlich. Allerdings war der Umgang mit Zahlen nicht so „sein Ding". Dafür wurde Frau Anna aktiv. Sie musste ihren Mann hier wiederholt unterstützen.

Der ehemalige Betreuer des Löwen-Maskottchens vom Kreuzer Leipzig hatte hier jetzt auch die Aufgabe, das Tierasyl dieses Kieler Stadtteils zu betreuen. Nicht nur, dass unzählige Katzen auf dem ehemaligen Heuboden nach Mäusen jagten, sondern bei Alexander Hollang kamen ebenso Hundewelpen, verletztes Federvieh und einmal sogar ein bissiger Affe, der ausgesetzt worden war, in Obhut. Der große Betriebshof hatte sogar Platz für einen größeren Hühnerstall, und daneben konnten noch Kaninchen untergebracht werden.

Ende der 1960er Jahre bekam die Kieler Stadtreinigung neue Fahrzeuge, und auf dem Hof der Preetzer Straße mussten neue Garagen gebaut werden. Ganz neue Großkehrmaschinen säuberten die Straßen, Kleinkehrmaschinen kamen auf den Geh- und Radwegen und bei der Flächenreinigung zum Einsatz. Trotz kleiner und großer Kehrmaschinen, Müllfahrzeugen, Pritschenfahrzeugen, Blasgeräten, Hochdruckreinigern und Saugfahrzeugen blieb aber der Handbesen noch immer ein häufig benutztes Arbeitsgerät.

Regelmäßig wurde und wird auch heute noch an den Markttagen der Vinetaplatz in nur wenigen Stunden „besenrein" gemacht. Um eine Behinderung der Stadtbevölkerung am Tage zu vermeiden, fand im Jahr 1905 die Hauptreinigung der Straßen noch nachts statt, wobei die Altstadt sowie die verkehrsreichen Straßen sechsmal wöchentlich, die übrigen Viertel hingegen zweimal wöchentlich gesäubert wurden.

Im Jahr 1957 konnte die Familie Hollang endlich eine größere Wohnung in dem Betriebsgebäude beziehen. Hier im zweiten Stockwerk wohnte auch der Kraftfahrer für den ersten großen, damals noch dunkelgrünen LKW, Herr Ralf mit seiner Frau, und in einer Einzimmerwohnung wohnte der Fahrer für die E-Karren, Herr Kroeger mit seiner Frau. Alexander Hollang war jetzt Betriebsobersekretär. Er übte sein Amt noch bis 1972 aus und erlag dann den Folgen seiner Kriegsverletzung. Seine Frau Anna zog in die Kaiserstraße und war noch sehr oft in der gegenüberliegenden Räucherei zu Gast. Sie starb 2002, nur zwei Tage vor ihrem 90. Geburtstag.

Die Stadtreinigung hat das Gelände an der Preetzer Straße erweitert und den gesamten Fuhrpark sowie alle anderen Betriebsabläufe im Laufe der Jahre modernisiert.

Die Fischräucherei hinter dem Iltisbunker

ABB 126 | Blick in eine Fischräucherei, um 1960. Foto StaK

Bereits 1913 wurde das Gebäude der Fischräucherei an der Preetzer Straße erbaut. Die Brüder Fritz und Peter Mahrt leiteten die Räucherei bis zur Schließung 1973/74. Fritz war der kaufmännische Leiter, und seine Schwester verkaufte in einer direkt vor dem Werksgebäude stehenden Bude den ganz frisch geräucherten Fisch. Es gab sogar beschädigte Bücklinge und Makrelen zu ermäßigten Preisen, deren Höhe Frau Mahrt nach Sympathie oder Lust und Laune bestimmte. Fritz Mahrt wohnte mit seiner Schwester in der gelben Villa, Preetzer Straße Nr. 33, direkt an der Straße vor dem Betriebsgebäude.

Peter Mahrt war der Räuchermeister. Ihm unterstanden mehrere meist weibliche Hilfskräfte, die nach dem Feierabend, eine Räucher-Duftwolke hinter sich lassend, durch die Iltisstraße nach Hause gingen. An der Straßenfront zur Preetzer Straße, gegenüber der Eisengießerei Vollert & Merkel, stapelten sich unzählige Fischkisten, und der heutige Parkplatz vor dem Räuchereigelände war ein wilder Spielplatz für die Kinder aus dieser Gegend. Die Gebäude hinter dem Bunker in der Iltisstraße wurden nach einem Totalumbau 1977/78 ein kultureller Treffpunkt in Gaarden.

Zur Kruppschen Bierhalle in der Preetzer Strasse 52

Stadtteilzeitung „Unser Ostufer" Nr. 15, März 2008: Die ehemalige Kruppsche Bierhalle bekommt einen neuen Namen. Alte Gaardener kennen das Haus in der Preetzer Straße 52 noch als Kruppsche Bierhalle. Hier wurde das eine oder andere Bier getrunken und das Tanzbein geschwungen.

Heute befinden sich in dem Haus eine Fahrschule und ein Veranstaltungsort für viele Gruppen des Stadtteils. Wegen ihrer eindrucksvollen Biografie und besonderen Verbindung zum Stadtteil Gaarden hat die Kieler Immobilienverwaltung beschlossen, das Haus nach Sophie Lützen zu benennen. Sophie Lützen spielte eine wichtige Rolle in der Kieler Arbeiterbewegung und beim Auf- und Ausbau der öffentlichen Wohlfahrtspflege. Sie wurde 1885 in Flensburg geboren und war eines von 12 Kindern eines Kleinbauern. 1908 heiratete sie ihren Freund aus Kindertagen, Amandus Lützen, der auf der Kaiserlichen Werft in Kiel arbeitete. 1913 übernahmen sie die Leitung des Marine-Sohstheims. Dort fanden erholungsbedürftige Kinder von Angehörigen der Kaiserlichen Werft Aufnahme. Sophie und Amandus Lützen leiteten das Heim ehrenamtlich bis zu seiner Schließung 1926. Im Ersten Weltkrieg richtete die Stadt Speisestellen für unterernährte Kinder ein, deren Koordination Sophie Lützen übertragen wurde. Sie starb Anfang 1955.

Das Foto stammt aus der Gründungszeit der Bierhalle vom damaligen Wirt Albert Ortmann. In den 1950er Jahren war der Eingangsbereich bereits an die linke Seite des Hauses versetzt worden, und der ehemalige Tanzsaal, der die ganze linke Seite einnahm, war zu einem Konsum-Einzelhandel umfunktioniert worden. Lediglich die hintere Kegelbahn und der Bierausschank waren noch bis in die 1980er Jahre in Betrieb. Ein paar Jahre hat ein türkischer Verein hier eine Begegnungsstätte und eine Moschee betrieben. Weiter rechts stand auch noch eine Gasolin-Tankstelle. Gegenüber der Gaststätte wurden in der Preetzer Straße Nr. 57 bis Nr. 63 während des Kieler Wiederaufbaus drei Wohnblocks aus Trümmersteinen errichtet. Die 78 einzelnen sogenannten Einfach-Wohnungen – immer vier auf einer Etage – bestanden aus zwei Zimmern, davon ein Zimmer mit ofenbeheizter Küche. Die zwei Toiletten im Treppenhaus mussten sich jeweils zwei Familien teilen. Dieser Zustand wurde erst im neuen Jahrhundert geändert.

DER KLEINE LADEN VON ANITA UND HERBERT PFAFF

Am Ostring, gleich hinter der Blitzstraße, war in Richtung Süden am Eingang zum Spielplatz und am Sandweg zur Iltisschule in den Anfängen der 1950er Jahre der erste kleine Laden von Anita und Herbert Pfaff. Herbert Pfaff war eigentlich gelernter Elektriker und kam aus dem Odenwald, wo er 1914 geboren wurde, zum Arbeiten auf der Werft nach Kiel. Er wohnte zuerst in einem Zimmer bei einer älteren Dame in der Schulstraße und ging von dort aus zur Kruppschen Germaniawerft. Die ältere Dame war die Tante Ella der gelernten Fleischereifachverkäuferin Anita Völkner, und in die verguckte sich Herbert Pfaff. Es kam so, wie es kommen musste: Noch bevor der junge Bräutigam in den Krieg ziehen musste, heirateten Herbert und Anita.
Das Glück blieb Herbert Pfaff auch im Krieg treu. Als gelernter Elektriker musste er sich in seiner gesamten Militärzeit auf die Wartung und Reparatur von Maschi-

ABB 127 | Anita und Herbert Pfaff mit Lehrlingen vor der Verkaufsbude am Ostring, 1956.
Foto privat/Claus Pfaff

nentelegrafen spezialisieren und kam bald über seinen Einsatz in Russland wieder nach Schleswig-Holstein.

Als der Zweite Weltkrieg im Mai 1945 beendet war, sah auch Anita Pfaff ihren Mann in einer Elmschenhagener Wohnung wieder. Hier kam 1946 der Sohn Claus-Walter zur Welt. Der Ehemann von Anitas Schwester Paula, also der Schwager des Ehepaars Pfaff, war der aus Kirchbarkau stammende Bäckermeister Walter Ahrens. Das Haus mit der Bäckerei befand sich in der Kaiserstraße 67, gegenüber dem späteren „Star-Palast". Hier fand Herbert Pfaff zunächst eine Aushilfsarbeit und war dem Schwager eine große Hilfe, bis seiner Frau Anita die kleine Bude am Brook angeboten wurde und die Eheleute Pfaff Lebensmittelhändler wurden.

1958 war das Holzhaus mit dem Anbau für die Anforderungen eines zeitgerechten Lebensmittelgeschäftes zu klein. Als ein Ladengeschäft in der Greifstraße Nr. 21 frei wurde, wechselte man unproblematisch in die neuen Räume. Ein Lebensmittelladen und ein abgetrennter Raum für Milchprodukte, noch getrennt durch eine Zwischentür, sollten nun für lange Zeit mit dem Namen „Pfaff" verbunden sein. Die Bretterbude hinter der Blitzstraße wurde für nur kurze Zeit als Wochenendhaus in Kalifornien am Schönberger Strand aufgestellt. Die Familie Pfaff bezog eine Wohnung in der Greifstraße Nr. 19, gleich neben ihrem neuen Geschäft. Wie bereits in den vorangegangenen Jahren belieferte weiterhin der Lebensmittelgroßhandel von Bartels-Langness das Geschäft, welches jetzt mit dem Logo A&O firmierte.

Anita Völkner bildete als gelernte Einzelhandelskauffrau auch drei Lehrlinge aus, zwei junge Damen namens Christel und Brigitte sowie einen jungen Mann, Christian Koberg. Er wurde auch vorher schon in seiner Schulzeit regelmäßig mit einem Handkarren zum Kieler Gefrierhaus auf dem Schlachthofgelände geschickt, um hier Stangeneis für die Kühlung der Frische- und Milchprodukte in der kleinen Bude zu holen. Seine Mutter reinigte täglich den gesamten Milch- und Lebensmittelladen.

Als man das gesamte Geschäft zum Selbstbedienungsmarkt umbaute, wurde auch die Trennung zwischen der Milchabteilung und den übrigen Lebensmitteln aufgehoben. Da war die kleine Welt des „A&O-Pfaff" noch in Ordnung. Es wurde sogar am Sonntagvormittag geöffnet.

Dennoch machte sich auch in der Kruppschen Arbeitersiedlung, so wie überall, bald ein anderes Einkaufsverhalten bemerkbar. Die Kundenwege veränderten sich. Der Umsatz ging 1970 auch im Laden von Anita und Herbert Pfaff spürbar zurück, und es lohnte sich nicht mehr. Ab 1971 arbeitete Herbert Pfaff als Elektriker und Revisor bei der MAK in Friedrichsort. Der kleine Laden wurde geschlossen und zu einer Wohnung umgebaut. Anita Pfaff starb 1983 in ihrem 70. Lebensjahr. Ihr Mann Herbert lebte noch bis zum August 2003.

„Goldeimer"

ABB 128 | Fäkalien-Abfuhr in der Helmholtzstraße, 1964. Foto F. Magnussen/StaK

In den 1880er Jahren begann die Stadt mit der planmäßigen Kanalisation. 1906 wurde genehmigt, die Abwässer bei Bülk am Eingang der Förde in die Ostsee zu leiten. 1925 war erst jeder dritte Kieler Haushalt an die Kanalisation angeschlossen. In den Gaardener Straßen wurde noch vom Ende der 1950er bis zum Anfang der 1960er Jahre eine Kanalisation gebaut. Bis dahin kam regelmäßig ein dafür extra ausgebauter Wagen und holte die Fäkalien in den sogenannten Goldeimern ab. Die Plumpstoiletten, unter denen die Eimer in einem Holzkasten mit Loch standen, befanden sich in den Mietshäusern auf „halber Treppe" und hatten ein kleines Fenster zur Entlüftung, aber keine Heizung. Wenn die Eimer abgeholt wurden, stank das ganze Treppenhaus noch stundenlang.

Die Kosten für die Kunstdüngerfabrikation waren sehr hoch, weil dazu Guano vorwiegend aus Chile kostspielig nach Europa transportiert werden musste. Die Produktion von einheimischem Dünger aus Fäkalien, die man umsonst bekam, versprach ein lukratives Geschäft, wodurch die Fäkalieneimer umgangssprachlich „vergoldet" wurden. Im September 1901 nahm eine Fäkaldüngerfabrik in Kiel ihren Betrieb auf, wovon das angrenzende Wohnviertel noch heute Zeugnis ablegen kann – wird es doch seitdem Stinkviertel genannt. Die Fäkalien wurden hier durch Behandlung mit Schwefelsäure in einem speziellen Dampfverfahren zu hochwertigem und versandfähigem Dung verarbeitet.

In den Kindheitserinnerungen von Dr. Edmund Schulz, der bis 1952 in der Iltisstraße Nr. 55 lebte, ist zu lesen: „In den Kriegsjahren waren es polnische Zwangsarbeiter, die in unserer Straße die Kübel schleppten. Die Männer wurden nicht nur immer wieder angebrüllt, schneller zu arbeiten, sondern wurden oft vor unseren Augen von dem deutschen Vorarbeiter mit dem Tragholz verprügelt. Schon kurz nach Kriegsende hieß es, dass die Polen aus Rache den Fäkalienfahrer aufgehängt hätten. Das erwies sich Gott sei Dank bald als nicht richtig.

DER WEG DURCH ALLE WIRRUNGEN DER ZEIT BIS ZUR
HELMHOLTZSTRASSE AN DIE ECKE ILTISSTRASSE: BLUMEN-BICHEL

Mit dem selbstständigen Blumenhandel fingen Willi Bichel und seine Frau Gisela zuerst auf einem Trümmergelände unweit vom Vinetaplatz in der Elisabethstraße Nr. 78 an. Es war nur eine Ruine, in der vorher der Obst- und Gemüsehändler Funk sein Geschäft betrieb. Für immerhin 1.500,- DM wechselte der Laden samt Inventar zum 3. September 1951 den Besitzer. Funk zog mit seinem Obst und Gemüse in die inzwischen bewohnbar gemachte Ruine des Hauses Medusastraße Nr. 6. Das Haus an der Ecke zur Kaiserstraße war Eigentum der Familie Funk. Wie Funk zuvor, so bezahlte das Ehepaar Bichel für die Ruine auch keine Miete an die Stadt Kiel, der dieses Grundstück mit der Ruine neben dem Fischgeschäft „Schütt" gehörte. Als die Stadt aber eine Nutzungsgebühr von den Bichels verlangte, zogen sie mit ihrem Blumenladen in einen zunächst sehr kleinen Laden in der Helmholtzstraße Nr. 7. Hier im Haus neben dem Polsterer Lehmkuhl bezog das Ehepaar auch die hinter dem Blumenladen gelegene Wohnung. Aber der Verkauf an der Elisabethstraße ging weiter. Die Elisabethstraße war Laufgegend, und es kauften bereits viele Stammkunden regelmäßig ihre Blumen bei Bichel. So zog Willi Bichel mit einer Schottschen Karre viele Jahre in die Elisabethstraße an die Ecke zum damaligen Ebertplatz. Viel später übernahm hier das Ehepaar Lehmann einen Blumenladen und konnte auch noch bei der Sanierung des Quartiers in einen Neubau ziehen.
Willi Friedrich Gustav Bichel wurde am 19. April 1923 in Rethwisch geboren und wuchs in Langenhagen am Bungsberg auf. Er lernte in Kiel bei der Gärtnerei Ahrens in der Holstenstraße Nr. 54 und schloss die Lehre am 10. April 1941 als Gärtnereigehilfe ab. Sofort danach musste Willi Bichel zum Arbeitsdienst, kam anschließend zunächst an die Ostfront und dann mit Feldmarschall Rommel nach Afrika. Von dort ging er für zweieinhalb Jahre nach Kansas in amerikanische Kriegsgefangenschaft. Am 2. Juni 1946 wurde Bichel, der sich jetzt „Willy" schrieb, aus der Gefangenschaft nach Kiel entlassen. Er arbeitete wieder bei Ahrens, der sein Geschäft jetzt in der Hafenstraße hatte. Hier machte er nun eine Zusatzausbildung zum Blumenbinder. Erst viel später entstand dafür die Berufsbezeichnung „Florist".
Er heiratete am 6. Januar 1951 Gisela Käthe Ilse Wetzel, welche am 18. Mai 1925 in Dubberow/Belgard in Pommern zur Welt gekommen war.
Die junge Frau hatte einen bemerkenswert schweren Weg hinter sich gebracht, bis sie endlich in Kiel angekommen war. Sie hatte im Haushalt der pommerschen Gräfin von Kleist gearbeitet, bis diese in den Schreckenswirren des Zweiten Weltkriegs

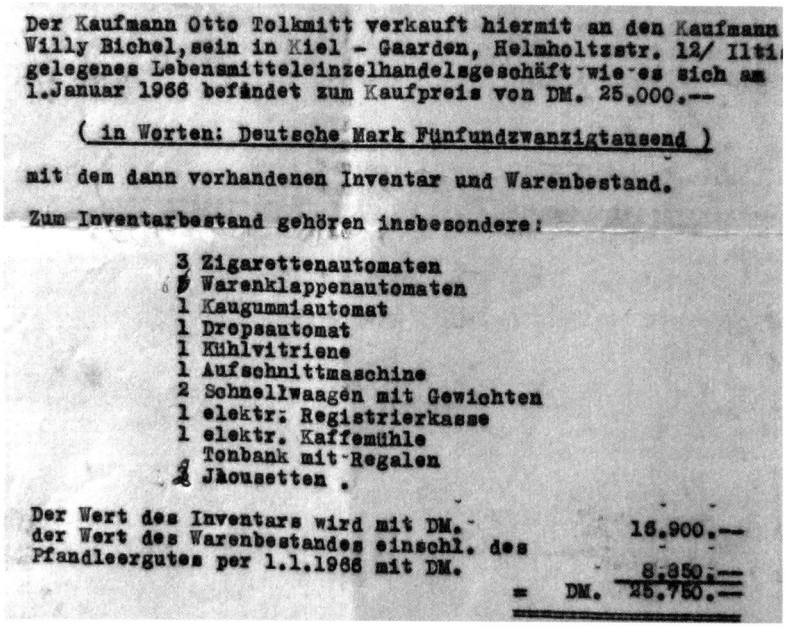

ABB 129 | Kaufvertrag Otto Tolkmitt / Willy Bichel, 1965. Sammlung Familie Bichel

von den Russen erschossen wurde. Gisela wurde nach Sachsen deportiert und versuchte von dort zu fliehen. Das gelang erst beim zweiten Mal mit dem aufopfernden Einsatz einer Freundin. So gelangte Gisela nach Köln und begab sich von dort aus zu ihrer Schwester nach Kiel. Hier fand sie Arbeit in der Ringstraße und traf auf Willy Bichel in der Gaststätte „Wintergarten" beim Tanztee. Das Ehepaar bekam zwei Söhne: Bernd 1951 und Thomas 1956.

Zum 1. Januar 1966 kaufte das Ehepaar Bichel das Geschäft in dem Haus Helmholtzstraße Nr. 12, an der Ecke zur Iltisstraße, dem Lebensmittelhändler Otto Tolkmitt für eine Summe von 25.750,- DM ab. (16.900,- DM für das Inventar plus 8.850,- DM für die Ware und das Pfand.)

Tolkmitt hatte, wie auf der Aufrechnung zu ersehen ist, die ganze Außenecke seines Ladens mit Automaten bestückt. Aus dem Lebensmittelgeschäft sollte nun ein Blumenladen werden. Die noch vorhandene Ware wurde mit einer amtlichen Sondergenehmigung billig ausverkauft. Von den Süßigkeiten aus den Tolkmittschen Beständen hat die Familie Bichel das ganze Jahr hindurch bis zum nächsten Weihnachtsfest gezehrt. Bevor sie in eine Wohnung in diesem Haus einziehen konnten, mussten die Eheleute Bichel mit ihren zwei Kindern noch ein weiteres Jahr warten. 1967 bezog die vierköpfige Familie eine Dreizimmerwohnung in der 3. Etage. Jetzt hatten sie sogar ein eigenes Bad, was gerade im damaligen Gaarden noch nicht die Regel war.

Der Blumenladen wurde 25 m² groß, ein Binderaum wurde mit einer Leichtbauwand abgeteilt, und außerdem konnte ein Keller noch als Lagerraum genutzt werden. Zu den angebotenen frischen Blumen wurden jetzt auch Vasen und Übertöpfe angeboten. Brautschmuck, kleine Tischgestecke, Sargschmuck, Trauerkränze und die schönsten Blumensträuße konnte jetzt das Ehepaar Bichel nach den individuellen Wünschen der Kunden anfertigen.

Längst schon hatten sich der Blumenbinder Willy Bichel und seine rührige Frau in ganz Gaarden etabliert. Die Aufträge in dem kleinen aber feinen Blumenladen häuften sich, so dass sich das Geschäft an der Ecke Helmholtz- und Iltisstraße einen guten Namen in Gaarden und weit darüber hinaus verdiente. 1970 zogen Gisela und Willy Bichel in eine Eigentumswohnung nach Mönkeberg. Ihr Blumengeschäft in Gaarden betrieben sie mit großem und liebevollem Einsatz noch bis zum Jahreswechsel 1989/90. Am 31.12.1989, nach nun 38 Jahren Blumenhandel in Gaarden, verkaufte das Ehepaar Bichel das Geschäft mit allem Inventar an seine Mitarbeiterin Lieselotte Noto Ticoalu. Sie war eine gelernte Fachkraft und führte das Geschäft mit dem guten Ruf mit ähnlichem Erfolg noch bis weit über den Jahrhundertwechsel hinaus weiter. Im Jahr 2004 zog das Ehepaar Bichel in das sogenannte „betreute Wohnen" auf dem Gelände der ehemaligen Kieler Holsten-Brauerei in der Holtenauer Straße. Der Gärtner und Blumenbinder Willy Bichel starb am 6. März 2010. Seine Frau Gisela folgte ihm am 13. August 2011.

Die Schlachterei Karl Möbitz in der Iltisstrasse Nr. 31: Seit Generationen Qualität auf höchstem Niveau

Wer kann denn schon seine Ahnen bis 1694 zurückverfolgen und vor allem, wer kann schon von sich sagen: wir waren schon immer die Fleischer, die stets den Erfolg mit der hohen Qualität unserer Waren verbunden haben? Die Spur der Schlachter mit dem Namen „Möbitz" geht bis nach Thüringen und über Oldenburg zu den Haus- und Hofschlachtern von Herzögen und Grafen im Holsteinischen zurück.

Am 16. April 1905 machte sich der Schlachtersohn Karl Möbitz (Jahrgang 1879), der soeben seinen Meister gemacht hatte und aus Lütjenburg kam, in Elmschenhagen selbstständig. Verheiratet war er mit Regine Uetzen, einer Fachkraft aus einem anderen Fleischereigeschäft. Nach vier mühsamen Jahren in Elmschenhagen lieh sich das Ehepaar von Richard Möbitz, einem Verwandten aus Preetz, der mit den Patenten aus einigen seiner Erfindungen zu Geld gekommen war, das Kapital, welches nötig war, um ein Haus in dem Werftarbeiterstadtteil Gaarden zu kaufen. Das Haus in der Iltisstraße Nr. 31 stand zum Verkauf. Karl und Richard Möbitz wurden sich mit dem Schmiedemeister Adolf Westphal, der auch das Haus Nr. 37 besaß, schnell einig. Herr Westphal bekam von Richard das Geld, um davon den größten Teil seines anderen Objektes abzubezahlen, und Karl musste vom 1. September 1909 mit seiner Frau monatlich 50 Goldmark erwirtschaften, die an Richard zurückge-

ABB 130 | Zeitungsanzeige zur Geschäftseröffnung der Schlachterei Möbitz in der Iltisstraße, 3. September 1909. Sammlung Familie Möbitz

ABB 131 | Gerd Möbitz vor seinem Gesellenstück eines geschlachteten und mit Blumen geschmückten Kalbs, 1931. Foto privat/Familie Möbitz

zahlt wurden. 1912 wurde Karl Möbitz und seiner Frau Regine der Sohn Gerd geboren, welcher selbstverständlich später auch Schlachter wurde. Das Geschäft in der Iltisstraße hatte bereits „einen Namen" und sollte jetzt in der Familie bleiben. Von 1914 bis 1918 war Karl als Soldat an allen Fronten des Ersten Weltkriegs und kam auf wundersame Weise unverletzt wieder nach Hause. In der Zwischenzeit hatte Regine die Fleischerei nahezu alleine aufrechterhalten, und sie zahlte auch während des Krieges jeden Monat ohne Verzug 50 Goldmark an Richard Möbitz, sodass das Haus mit dem Laden und der Schlachterei auf dem Hof bald abbezahlt war. (50 Goldmark entsprachen ca. 250,- Euro.) Die 20er Jahre ließen das Geschäft sehr gut dastehen, weil Karl Möbitz die Wurstwaren, die er zum Verkauf anbot, alle selbst sorgfältig und schmackhaft herstellte. Das war Wurst von der Güte, wie sie zu der damaligen Zeit verlangt wurde. Kräftig und deftig – Holsteiner Hausmannskost eben.

1931 wurde der Sohn von Karl und Regine, Gerd Möbitz, der im väterlichen Betrieb ausgebildet wurde, Junggeselle der Schlachterinnung. 1936 heiratete Gerd seine Helga, die, wie es in der Familie Tradition gewesen ist, wieder eine Fleischereifachverkäuferin war. Gerd und Helga Möbitz hatten zwei Kinder. Am 1. Oktober 1936 wurde der Sohn Karl geboren, und 1938 kam die Tochter Edda zur Welt.

In diesen Jahren wurden in Kiel-Gaarden auf den Werften viele Schiffe gebaut, wovon die meisten Kriegsschiffe waren. Den Werftarbeitern ging es gut. Aber zu welchem Preis …

Gleich zu Beginn des Zweiten Weltkriegs musste Gerd Möbitz Soldat werden. Er war von Anfang an dabei und kam am Ende des Krieges in russische Gefangenschaft. Während des ganzen Krieges und darüber hinaus wurde die Schlachterei in der Iltisstraße von Frau Helga und ihren Schwiegereltern ununterbrochen mit sehr wenigen Wurstwaren weiter betrieben. Die Bomben fielen auf Kiel. Besonders der Stadtteil Gaarden wurde wegen seiner Nähe zu den Werften stark zerstört. Das Haus mit der Schlachterei blieb aber nahezu unversehrt.

Im Herbst 1946 bekam ein Bruder von Karl Möbitz, der in Nordhorn in Niedersachsen einen Schlachtereibetrieb führte, von einem heimkehrenden Landser die Nachricht, dass Gerd Möbitz die Kriegsgefangenschaft nicht überlebt hatte. Helga Möbitz reihte sich jetzt in die große Anzahl der Kriegswitwen ein, und die Kinder Karl und Edda mussten, wie so viele Kinder mit ihnen, ohne den Vater aufwachsen. Karl ging 1952 in den Nordhorner Betrieb des Onkels und machte dort seine Ausbildung zum Schlachtergesellen. 1955 feierte die Schlachterei Karl Möbitz in der Iltisstraße Nr. 31 ihr 50-jähriges Geschäftsjubiläum.

Das Foto zeigt zum Jubiläum einen wieder mit Ware voll bestückten Laden. Nach den entbehrungsreichen Kriegsjahren und dem Hungerwinter 1946/47 hatte ein langsamer Aufschwung begonnen. Am Ende der 1950er und Anfang der 1960er Jahre hatte der Stadtteil Gaarden wieder beachtliche 28.000 Einwohner. Zu dieser Zeit gab es in diesem Viertel 26 gute Schlachtereibetriebe, die sich auch weiterentwickeln konnten. 1959 kehrte Karl Möbitz junior, jetzt Schlachtermeister, aus Augsburg nach Kiel in die Iltisstraße zurück und übernahm den Betrieb von seinem Großvater. 1962 heiratete er die Fleischereifachverkäuferin Erika Rhode.

ABB 132 | Festliche Schaufenster-Dekoration zum 50-jährigen Geschäftsjubiläum in der Iltisstraße, 1955. Foto privat/Familie Möbitz

Der Schlachtereiladen wurde 1964 beachtlich vergrößert. Jetzt standen die Kunden, besonders an den Samstagen, schon früh morgens in Schlange vor der Ladentür bis weit in die Iltisstraße hinein. 1968 baute Karl Möbitz auf dem Hof eine große neue Wurstküche. Hier zeigte sich, was er von seinen Vorfahren und in den Jahren seiner Ausbildung in Niedersachsen und auf der Meisterschule in Augsburg gelernt hatte. Die Rezepturen und damit der Geschmack der Wurstwaren machten den Namen „Möbitz" weit über die Stadtgrenzen hinaus berühmt. So wurden Tradition und der hohe Qualitätsanspruch des Meisters zu einer Erfolgsgeschichte.

In den 1970er Jahren gab das Geschäft 17 Angestellten Arbeit und Lohn. Davon arbeiteten drei Gesellen und stets zwei Lehrlinge in der Schlachterei sowie neun Verkaufskräfte, die in wechselnden Schichten die Kunden im Laden bedienten. Stadtbekannte Kieler Schlachter schickten ihre Söhne zu Karl Möbitz in die Lehre, wovon viele ihre Ausbildung mit Auszeichnungen beendeten.

Hinter dem Verkaufstresen im Laden war Helga Möbitz die Seele des Geschäftes. In all den vielen Jahren hatte Karl Möbitz nicht einen Mitarbeiter entlassen müssen.

Sein erster Geselle Helmut Schlüter, sein Cousin, wohnte mit seiner Familie in der zweiten Etage des Hauses und blieb 30 Jahre lang im Unternehmen.
Ein besonders gutes Betriebsklima mit zufriedenen Mitarbeitern, zufriedene Kunden und die Waren von hoher Qualität – so funktionierte dieser erfolgreiche Schlachtereibetrieb ohne Fleischskandale und ohne zweifelhafte Produktionsvorgänge, bis der Druck größerer Konzerne stärker wurde und sich die Kundschaft anders orientierte. Karl Möbitz gab seinen Betrieb am 18. August 1994 an den Schlachtermeister Reisewitz ab. Dieser hielt sich zwar noch bis in das neue Jahrhundert, aber die Einwohner Gaardens hatten sich verändert, und mit ihnen veränderte sich auch der Schlachterladen. Von den ehemals 26 Fleischereifachgeschäften im Stadtteil gibt es heute kein einziges mehr.

DER SCHWARZMARKT IN DER ILTISSTRASSE

Dr. Edmund Schulz erinnert sich aus Kindertagen: „Begonnen hat der Schwarzmarkthandel im oberen Teil der Iltisstraße, also von der Preetzer Chaussee bis zum Eingang der Jungenschule. Ich kann mich noch gut daran erinnern, wie wir Kinder anfingen, mit den befreiten russischen Soldaten kleine Dinge (Kämme, Bürsten und solche Sachen, die wir in den Familien hatten, meistens aus den geplünderten Marinemagazinen) zu tauschen. Mein erster ‚Erfolg' war ein Kamm gegen eine Dose Puderkaffee. In der Erinnerung habe ich auch noch Erdnussbutter, auch für uns etwas völlig neues.

Die Russen hatten diese Dinge in den Carepaketen, die sie von den Engländern bekamen und mit denen sie nichts anfangen konnten. Dieser ungleiche ‚Warenaustausch' dauerte nicht lange, die Russen waren ja nicht dumm.

Hinzu kam eine Schwierigkeit anderer Art – der Tausch wurde verboten und musste also nun heimlich getrieben werden. So lagen wir dann auf der kleinen Wiese vor der Schule und warteten auf den Tauschpartner. Der kam dann nach längerer Zeit, legte sich neben einen und schob dann das Döschen (es waren ja nur kleine Portionsdosen in den Paketen) abgedeckt rüber. Nebenbei: Die Carepakete wurden einige Zeit lang im Iltisbunker gelagert, bewacht von bewaffneten, befreiten belgischen Gefangenen. Einen etwas größeren Handel konnte mein Vater einmal vollbringen. Unter den Russen gab es einen Uhrmacher, der an jeder kaputten Uhr interessiert war und natürlich an entsprechendem Werkzeug. Da hatten wir wohl einiges; was mein Vater dafür erhandelt hat, weiß ich aber nicht mehr. In meiner Erinnerung steckt noch Folgendes: Eines Tages saßen auf den Stufen am Eingangstor zur Mädchenschule drei Polen, die in Taschen Tauschware anboten. Was sie dabei hatten, weiß ich nicht mehr.

Für mich war das immer der Anfang von dem schwarzen Markt, der sich dann so ab Spätsommer/Herbst an besagter Stelle entwickelte. Im Dezember gab es die erste Razzia, aber nicht von der Polizei, sondern von Kollegen der Germaniawerft. Den genauen Tag weiß ich nicht mehr, aber erlebt habe ich die Aktion, die der Betriebsrat der Werft organisiert hatte. Für eine Weihnachtsfeier für die Kinder der Betriebsangehörigen sollten auf dem Schwarzmarkt Nahrungsmittel organisiert werden. So kamen an einem frühen Dezemberabend ein Löschfahrzeug der Betriebsfeuerwehr und wohl noch ein LKW, besetzt mit Arbeitern, angebraust. Sie kamen die Preetzer Chaussee hoch und fuhren in die Iltisstraße rein. Die ganze Aktion brachte aber nicht viel ein, denn man hatte einen taktischen Fehler begangen. Als die

Massen begriffen, was los war, flüchteten sie durch die Blitzstraße und in Richtung Brook davon. Der taktische Fehler bestand darin, diese Fluchtwege nicht beachtet zu haben, d. h. den ‚Angriff' nur von der Chaussee-Seite aus unternommen zu haben. Wie gesagt, ich war an jenem Abend auf dem Markt und habe so die Aktion gesehen. Ob ich auf der Straße war, weil ich von der geplanten Aktion durch meinen Vater, der im Betriebsrat war, wusste, weiß ich nicht mehr. Ich glaube eher nicht, darüber hat Vater mit mir wohl erst hinterher gesprochen. Es muss dann wohl auch noch einen Rüffel durch die Besatzungsbehörde gegeben haben, der die Aktion überhaupt nicht gefallen hat. Die dann folgenden Polizeirazzien unter britischem Kommando haben diesen taktischen Fehler nicht gemacht. Ich sehe heute noch vor meinen Augen den britischen Offizier, der auf der Mauer am Schulhof der Mädchenschule hin und her marschierte, dabei mit seiner Gerte gegen den Stiefelschaft schlug und von dort aus die Aktion beobachtete. Wann dann der ‚Umzug' des Schwarzmarktes an die Kreuzung zum heutigen Henry-Vahl-Platz kam und wie lange er dort stattfand, weiß ich nicht mehr."

Von der Iltisstrasse zum Kirchenweg: alle hundert Meter ein Friseur!

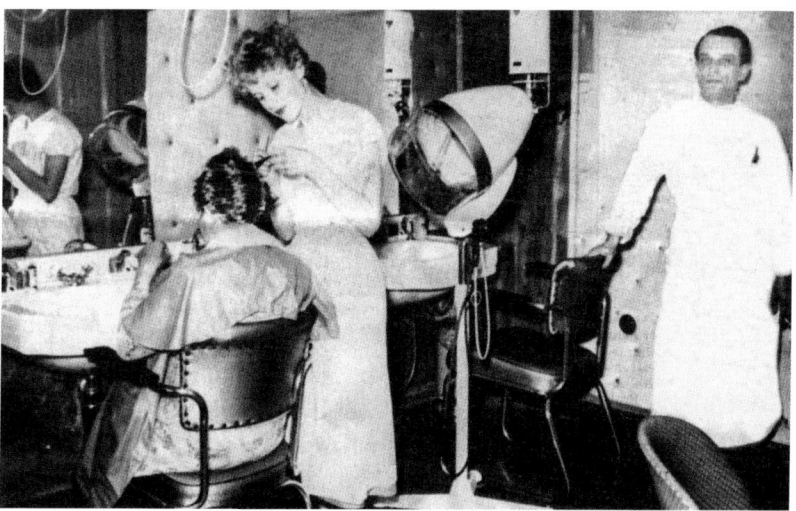

ABB 133 | Josef Schreiber in seinem Frisiersalon in der Iltisstraße 58, um 1955. Foto privat/Helga Harms

Josef Schreiber, rechts im weißen Kittel und mit Zigarette in der Hand, Mitte der 1950er Jahre in seinem Friseursalon in der Iltisstraße Nr. 58.
60 Jahre ist es her, die Bundesrepublik war gerade gegründet, da zogen Josef und Maria von der Mark Brandenburg gen Westen. „Sie wollten in Freiheit leben und ihr Handwerk ausüben", erzählt Helga Harms 2009 über ihre Eltern Maria und Josef Schreiber. Der Vater, mit Herz und Seele Friseur, ahnte wohl: Gerade wenn eine Gesellschaft sich neu definiert, sind Statussymbole gefragt. Der Aufbruch der Bundesrepublik würde sich deshalb auch auf dem Kopf, also in neuen Frisuren spiegeln.
Es war ein kleiner Vorbau in Tannenberg, in dem Josef Schreiber kurz nach der Ankunft in Kiel als Friseur einen Neubeginn wagte. Zwei Emailschilder sollten die Aufmerksamkeit der Kunden anziehen: „Friseur" stand auf dem einen, „Blendax" auf dem anderen. Zwar waren die Zeiten, in denen Friseure auch für die Zähne zuständig waren, längst vorbei, aber selbst ein Reklameschild für Zahnpasta signalisierte: Hier ist die neue Zeit.

Bald hatte sich Josef Schreiber mit Kamm und Schere, Wickel und Trockenhaube eine kleine Stammkundschaft aufgebaut, und es folgte 1951 ein weiterer Laden im Königsweg. „Da durfte ich oft dabei sein und Friseur spielen. Ich bekam einen Puppenkopf zum Frisieren, eigene Wickel, um die Haare einzudrehen, und einen kleinen Besen, um anschließend auszufegen", erinnert sich Helga Harms. So wächst die Vierjährige ganz selbstverständlich hinein in die Welt von Locken und Haarspray.

Als der Vater 1955 das Geschäft in die Iltisstraße verlegte, konnte er sich vor Zulauf bald nicht mehr retten, denn er war bekannt für seine Lockenwellenfrisuren. Da wurden erst Wellen gemacht, dann ausgebürstet und mit der Bürste in eine bestimmte, weiche Form gebracht. Das wirkte natürlicher und jugendlicher als die herkömmliche Dauerwelle. Natürlich lauschten die kleine Helga und ihre beiden jüngeren Schwestern, was die Erwachsenen so alles redeten. Der Friseursalon ist eine kleine Tauschbörse für Nachrichten, die die Neugier aller Kunden befriedigt.

Gleichzeitig verrät der Friseursalon einiges über die Träume der Menschen. „Einmal Flame bitte! Das kommt doch aus Paris, oder?", war da zu hören. Oder: „Ich möchte diese neue Kurzhaarfrisur – Dandy!" Diese international bekannten Frisuren, so erhofften sich die Trägerinnen, gaben auch ihnen einen Hauch von Weltläufigkeit.

Der Friseurbesuch war für die meisten Frauen zu dieser Zeit etwas Besonderes. Sonst bestimmte oft der Mann alles, beim Friseur konnte die Frau selbst mal Königin spielen und sich bedienen und verwöhnen lassen. „Fräulein Helga" war gerade mal 14 Jahre alt, als sie die Lehre bei ihrem Vater begann. Ein hartes Training. „Manchmal haben sich bei uns 15 Kunden im Salon gestapelt. Da mussten schon mal 20 Dauerwellen gelegt werden, ohne Handschuhe und mit Chemikalien, die heute zum Glück nicht mehr benutzt werden. Wenn ich Pech hatte, waren abends die Fingerkuppen blutig."

Wenn auch die Modewellen ein wenig später nach Kiel schwappten als in die Metropolen, die Frauen wollen sich auch an der Förde ein wenig wie ihre Idole fühlen. Jackie Kennedy, Audrey Hepburn wurden zu Trendsetterinnen, Liz Taylor wurde sogar bei ihren Friseurbesuchen abgelichtet. Die spätere persische Kaiserin Farah Diba avancierte mit ihren Turmfrisuren zum berühmten Vorbild. Man toupierte, was der Kamm hielt. Und bei wem die eigene Pracht nicht reichte, der sorgte mit Haarteilen für den notwendigen Unterbau, bevor der Turm mit jeder Menge Haarspray gegen alle Widrigkeiten abgesichert wurde. Aufsehenerregend, aber nicht gerade bequem – und für die aufmüpfige Jugend willkommener Anlass für Spott:

„Na, wieder im Stehen geschlafen?" Der Freitag entwickelte sich für viele Frauen zum allwöchentlichen Friseurtag, Maniküre und Make-up inklusive.
Anfang der 70er Jahre: Helga Harms hatte ihre Kindergartenliebe geheiratet und das erste von drei Kindern bekommen. Nach der Gesellenprüfung büffelte sie nebenher für die Meisterprüfung, die sie 1974 vor der Handwerkskammer in Lübeck ablegte. Kurz darauf übernahm sie vom Vater den Salon in der Iltisstraße. Geschäftsfrau, Hausfrau, Mutter – das war in den 70er Jahren, in denen der Mann meist Alleinverdiener war und zunächst noch darüber bestimmen durfte, ob die Frau überhaupt eine bezahlte Arbeit annahm, die Ausnahme. Helga ließ sich zur Biosthetikerin ausbilden: Fortan kümmerte sie sich nicht nur um die Frisur, sondern um die Gestaltung der Gesamterscheinung. Das Angebot traf den Zeitgeist: Individualität und Kreativität waren angesagt, alles war möglich, wenn es zu der Persönlichkeit passte und sie positiv hervorhob. Das konnte die gefärbte Punkerfrisur sein, der freche Igelschnitt oder die geometrische Frisur. 1985 wurde der zweite Salon in der Augustenstraße Nr. 52 in den Räumen der früheren Wäscherei Wörpel eröffnet, 1987 der dritte „Salon Helga" in der Markthalle. Das ging nur, weil die beiden Schwestern von Helga mit im Betrieb waren. Doch als ihr Mann überraschend 1994 starb, wurde es immer schwieriger, alle Aufgaben zu bewältigen. Deshalb eröffnete Helga Harms 2000 im Wehdenweg ihren vierten Salon und schloss alle anderen.
Nur wenige Meter weiter im Kirchenweg – gleich um die Ecke, hinter Schieferdeckers Lebensmittelladen – hatte der Herrenfriseur Berg einen Salon, und nochmal keine hundert Meter weiter kam das nächste Friseurgeschäft. Hermann Schulze hatte nach dem Zweiten Weltkrieg den Friseursalon im Kirchenweg Nr. 30 von dem Ehepaar Willrodt übernommen. Frau Schulze frisierte die Damen in dem hinteren Bereich des Geschäftes, und vorne schnitten Hermann Schulze sowie ein Geselle, der Ernst Timm hieß, den Herren einen Fassonschnitt, seltener gab es auch eine Rasur. In dem Herrensalon wurde in der Zeit der noch jungen Bundesrepublik viel politisiert. Hier hing auch das kommunistische „Norddeutsche Echo" zur Unterhaltung der wartenden Kunden aus. Das wäre bei Friseur Berg überhaupt nicht denkbar gewesen.
Die Gaardener, die in der Nähe wohnten und nicht zu einem der Friseure in den Kirchenweg gingen, die ließen sich die Haare in der Iltisstraße modisch zurechtmachen – vielleicht bei Diesenberg. In ganz Gaarden musste keiner weit zu einem Friseur laufen. Anscheinend hatte gerade auch nach den Kriegsjahren das gepflegte Aussehen einen hohen Stellenwert.

So typisch für seine Zeit: Herbert Diesenberg, der Friseur in der Iltisstrasse Nr. 45

Der Ellerbeker Buttje, Jahrgang 1913, sollte etwas Sauberes lernen, das hatte ihm seine Mutter geraten. So etwas mit Scheitel, Anzug und Bügelfalte, aber bitte nicht im Blaumann und schon gar nicht auf der Werft. So kam Herbert Diesenberg 1929 von der 14. Knaben-Mittelschule (Große Ziegelstraße) in die Friseurlehre bei Franz Schröder in der unteren Gaardener Elisabethstraße.

ABB 134 | Herbert Diesenberg vor seinem Frisiersalon in der Iltisstraße 45, 1933.
Foto privat/Bodo Diesenberg

ABB 135 | Franz Schröder mit seiner Belegschaft – zweiter von rechts Lehrling Diesenberg – vor seinem Friseurgeschäft in der Elisabethstraße, 1930. Foto privat/Bodo Diesenberg

Der Friseurgeselle Herbert Diesenberg wechselte nach seiner Lehrzeit in die Iltisstraße Nr. 45 zum Friseurmeister Tedje Lau. Dort war er als einziger Geselle angestellt und schloss jeden Morgen, wenn er aus der Friedensstraße kam, den Laden in der Iltisstraße auf, bis er eines Morgens im Jahr 1933 seinen Meister tot am Boden vorfand. Herbert entschloss sich nun, das Geschäft allein und als Geselle zu übernehmen. Die Wohnung, die zu dem Laden gehörte, mietete er gleich mit.

1942 lernte Herbert Diesenberg als Soldat in Bad Oldesloe Annemarie Schwarz aus Sehmsdorf kennen, die er am 30. April 1943 heiratete. Es war eine Kriegsheirat, wie so viele, nur Herbert kehrte unversehrt aus dem Krieg zurück. Er war in Narvik und auf den Lofoten auf sogenanntem Horchposten stationiert. Wieder zuhause, mieteten Annemarie und Herbert eine Wohnung in der Iltisstraße Nr. 42 an, direkt gegenüber von dem Friseurgeschäft, das sie gemeinsam neu eröffneten. Zu dieser Zeit war aller Anfang schwer – so auch bei der jungen Familie Diesenberg.

1944 war der Sohn Heino geboren worden, und 1946 kam Bodo auf die Welt. Das Geschäft musste jetzt alle vier ernähren. Auch mussten Miete und Strom für den Frisiersalon bezahlt werden. Das Geld in Gaarden war knapp, und gerade beim Friseur wurde gespart. Das blieb zwar unbemerkt, denn der militärische Kurzhaarschnitt (Fasson bis zum Wirbel) war immer noch in Mode, und da war ja auch noch

Konkurrenz. Fast direkt gegenüber im Haus Nr. 30 war der Salon des Herrenfriseurs Wittfoth, der später von Horst Pascoletti übernommen wurde. Im Kirchenweg 34 gab es dann den Laden von Friseur Berg, der auch nur Herrenfriseur war, und in der Iltisstraße 58 war der Damenfriseur Schreiber. Zusätzlich war da auch noch der Damen- und Herrensalon von Hermann Schulze nur ein paar Schritte weiter im Kirchenweg 28. Die Damen aus der Umgebung ließen sich bei Schulze, in dem kleinen Salon von Josef Schreiber oder eben bei Diesenberg die Haare verschönern.

Längst war die Wohnung hinter dem Ladengeschäft zum Damensalon umgebaut worden, und ab 1955 ging es dank der zahlreichen Stammkunden, für die es eine Personenkartei gab, in der alle Mengenangaben, Zusammensetzungen und Mischungen der Farben vermerkt waren, rasch bergauf. Das Geschäft kam so gut in Gang, dass sich Herbert erst einen gebrauchten VW und dann sogar einen neuen Opel Rekord kaufen konnte, um damit an den Passader See zum Angeln zu fahren. Dort hatte er sich vom Tischlermeister Otto von Kiedrowski, der neben dem Schrotthändler Erwin Oswald in der Kaiserstraße Nr. 95 seine Werkstatt hatte, ein Holzhaus fürs Wochenende bauen lassen. Ja, man konnte im Jahr 1958 ein sehr frohes 25-jähriges Jubiläum feiern.

Ein Geschäft ist nur so gut wie seine Mitarbeiter. Das wusste auch Herbert Diesenberg, und so war das Betriebsklima mehr als nur angenehm. Jahrzehntelang hielten die Mitarbeiterinnen und Mitarbeiter zu den Inhabern dieses Friseurgeschäftes, was auch eine Voraussetzung für die Kundentreue gewesen sein muss. Der Friseursalon war nun mit drei Plätzen Bedienung im Herrensalon ausgestattet. Hier arbeiteten lange Zeit die Mitarbeiter Walter Hagendorf und sein Kollege Alfred (Abi) Fischer, der dann später seinen eigenen Friseurladen in Ellerbek aufmachte. Im Damensalon in den hinteren Räumen waren es vier Kundenplätze. Waltraut Falkenstein, Mariechen (genannt Mia) Zisch und Petra Dahlke frisierten jahrelang ihre jeweiligen Stammkunden.

Bei Vollbeschäftigung auf der Werft wurde im Arbeiterviertel Gaarden nicht nur Geld verdient, sondern auch ausgegeben. Und clever war er, der Chef des guten Frisiersalons – Herbert Diesenberg. Vor Feiertagen wie Ostern, Pfingsten oder Weihnachten war der Laden brechend voll. Es gab aber auch einen kleinen Dämpfer in der noch etwas prüden Zeit Anfang der 60er Jahre. Im September 1964 flatterte ein Strafbefehl ins Haus. Neben dem Schaufenster war ein Automat für Nylonstrümpfe angebracht. Aber Stammkunden wussten, dass in den unteren Klappen des Automaten Kondome (fein säuberlich in Servietten verpackt) angeboten wurden. Das war verboten, und ein Strafbefehl über 80,00 Deutsche Mark war fällig.

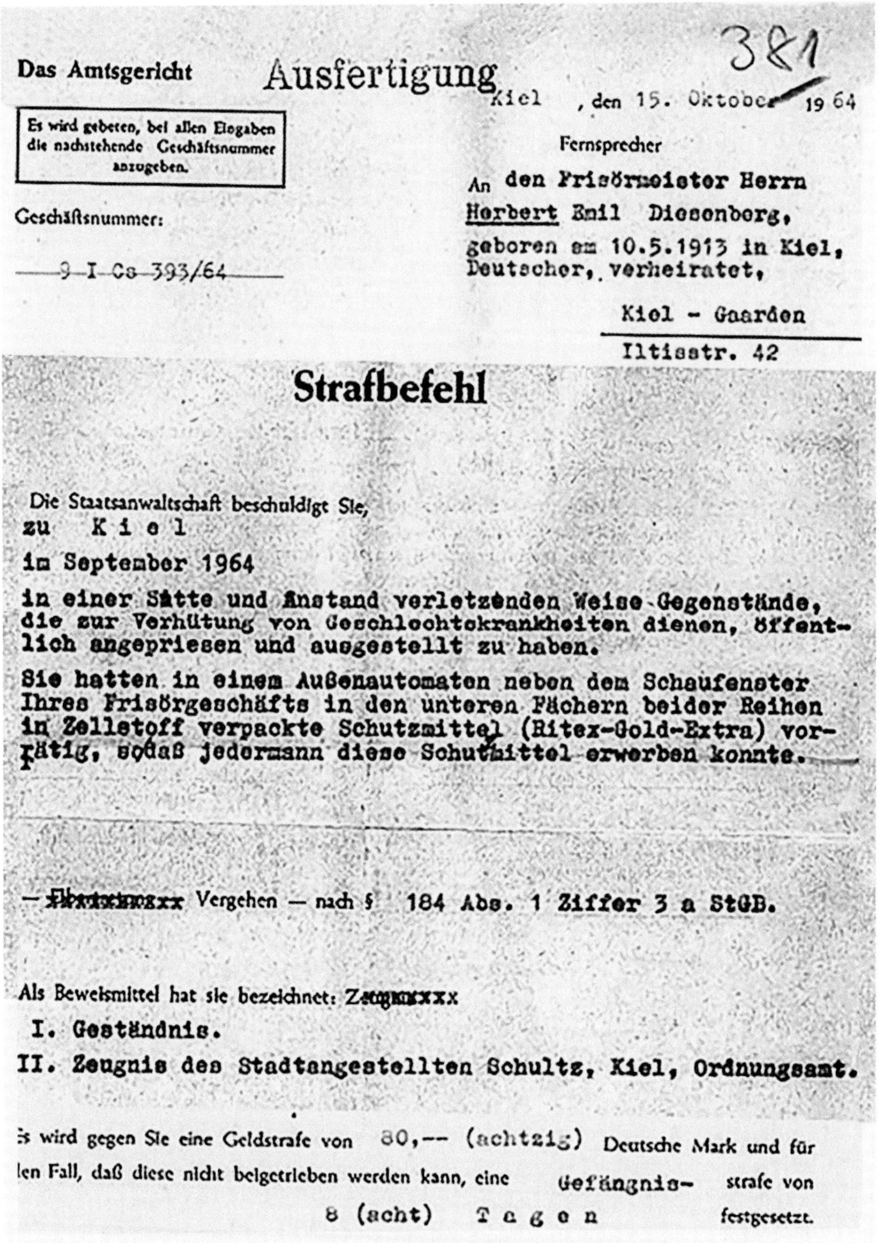

Das Amtsgericht Ausfertigung 3 81

Es wird gebeten, bei allen Eingaben die nachstehende Geschäftsnummer anzugeben.

Geschäftsnummer:

9 I Cs 393/64

Kiel, den 15. Oktober 1964

Fernsprecher

An den Friseurmeister Herrn
Herbert Emil Diesenberg,
geboren am 10.5.1913 in Kiel,
Deutscher, verheiratet,

Kiel - Gaarden
Iltisstr. 42

Strafbefehl

Die Staatsanwaltschaft beschuldigt Sie,
zu Kiel
im September 1964
in einer Sitte und Anstand verletzenden Weise Gegenstände, die zur Verhütung von Geschlechtskrankheiten dienen, öffentlich angepriesen und ausgestellt zu haben.
Sie hatten in einem Außenautomaten neben dem Schaufenster Ihres Friseurgeschäfts in den unteren Fächern beider Reihen in Zellstoff verpackte Schutzmittel (Ritex-Gold-Extra) vorrätig, sodaß jedermann diese Schutzmittel erwerben konnte.

— Übertretungxx Vergehen — nach § 184 Abs. 1 Ziffer 3 a StGB.

Als Beweismittel hat sie bezeichnet: Zeugenxxx
I. Geständnis.
II. Zeugnis des Stadtangestellten Schultz, Kiel, Ordnungsamt.

Es wird gegen Sie eine Geldstrafe von 80,— (achtzig) Deutsche Mark und für den Fall, daß diese nicht beigetrieben werden kann, eine Gefängnis- strafe von 8 (acht) Tagen festgesetzt.

ABB 136 | 80 DM Geldstrafe oder acht Tage Haft: Strafbefehl des Kieler Amtsgerichts gegen Herbert Diesenberg (Montage), 1964. Sammlung Bodo Diesenberg

ABB 137 | Ladenfront des Friseurgeschäfts mit dem beanstandeten Automaten in der Iltisstraße 45, 1972. Foto privat/Bodo Diesenberg

Der Strafbefehl tat aber dem Geschäft keinerlei Abbruch. Es „brummte" weiter. Es gab eben viel zu tun. Oftmals wurde Herbert, der Chef, aus der Mittagspause heraus zurück in den Salon beordert. Das passierte mit einem Handtuchsignal. Ein Handtuch tauchte plötzlich in der Schaufensterdekoration auf und signalisierte: Alle Plätze besetzt. Wir brauchen unbedingt Unterstützung. In der Wohnung gegenüber fiel das dann sofort auf, und der Chef lief wieder in seinen Laden.
1976 wurde Herbert Diesenberg der Kehlkopf entfernt und eine Kanüle zum Sprechen eingesetzt, sodass er den von ihm so erfolgreich aufgebauten Friseursalon nicht mehr betreuen konnte. Die Familie zog bald in den Kirchenweg um. Aber im Sommer war der passionierte Angler stets in seinem Haus am Passader See. Mit den Jahren nahmen die Krankheiten zu. Das Geschäft wurde 1985 an die Friseurmeisterin Elin Podoll übergeben. Seine letzten Tage verbrachte Herbert Diesenberg, der Friseur aus der Iltisstraße 45, am Passader See. Er starb am 22. Juli 1988.

ILTISSTRASSE NR. 30–32: FRISEURSALON PASCOLETTI

Der Friseur Horst Pascoletti eröffnete im Jahr 1964 seinen ersten Friseursalon in dem Haus Nr. 28. Er hatte das Geschäft von der Witwe des Friseurmeisters Wittfoth übernommen. Der Name „Pascoletti" war selbstverständlich italienischen Ursprungs, denn der Urgroßvater des Friseurs war als Terrazzo-Leger aus Udine zunächst in den Westen Deutschlands gekommen. Über die Generationen wurde die Familie deutsch und lebte, bevor Horst nach Kiel kam, in der Wilstermarsch. Dort lernte Pascoletti sein Handwerk und heiratete auch die Frau, mit der er nach Gaarden in den Kirchenweg Nr. 55 zog. 1967 machte er seinen Meister und modernisierte die Geschäftsräume in der Iltisstraße Nr. 30 und 32. Der Damensalon existierte bereits seit der Zeit des Friseurs Wittfoth im Haus Nr. 32. Hier musste weiter nach hinten heraus ausgebaut werden.
Das Haus Nr. 30 mit dem Herrensalon gehörte einem E. Schultz, und das Haus Nr. 32 war im ehemaligen Besitz des Lebensmitteleinzelhändlers Stolley. Diese Immobilie wurde von der Witwe Stolley an einen E. Papenfuß im Oppendorfer Weg verkauft, der auch zur Zeit des Friseurs der Eigentümer war. Horst Pascoletti blieb in der Iltisstraße noch bis 1978. Der Friseur unterhielt mehrere Filialen im ganzen Stadtgebiet. Der letzte „Salon Pascoletti" lag am Elmschenhagener Bebelplatz und wurde 2013 geschlossen.

Stolpersteine für Familie Cohn, Iltisstrasse 36

Emil Cohn, am 9.12.1876 in Laboe geboren, war seit 1905 verheiratet mit Henriette Cohn, die am 3.3.1880 in Weener/Ostfriesland als Henriette Gerson zur Welt gekommen war. Beide waren Mitglieder der Israelitischen Gemeinde Kiel. Da Emil Cohn als Malergehilfe in Gaarden arbeitete, zog die Familie 1912 von Laboe nach Kiel, zunächst in die Pickertstraße 26, ab 1914 wohnte sie in der Iltisstraße 36.
Emil Cohn war ab 1935 selbstständiger Maler – ob freiwillig oder weil er als „Volljude" galt und entlassen wurde, ist nicht bekannt. Ab 1936 war Emil Cohn Halbinvalide, ab 1940 Vollinvalide und konnte seiner Arbeit als Maler nicht mehr nachgehen. Am 15.3.1940 wurden die Eheleute gezwungen, mit weiteren Familienmitgliedern in die sogenannten „Judenhäuser" Kleiner Kuhberg 25/Feuergang 2 zu ziehen, wo die meisten Kieler Juden vor den Deportationen in die Ghettos und Vernichtungslager im Osten auf engstem Raum zusammengepfercht leben mussten.
Am 6.12.1941, einem Sabbat, wurden die Cohns in einer Gruppe, die aus etwa 60 Kieler Juden und weiteren jüdischen Familien aus Schleswig-Holstein und Hamburg bestand, nach Riga deportiert. Dort befand sich ein Sammellager, in dem deportierte Frauen, Männer und Jugendliche Zwangsarbeit leisten mussten. Viele fanden durch die katastrophalen Bedingungen – schlechteste hygienische Verhältnisse, mangelhafte Ernährung, Krankheiten, Seuchen, die Kälte im Winter, Misshandlungen und wahllose Erschießungen durch die SS – den Tod. Zahlreiche Frauen und Kinder wurden schon kurz nach ihrer Ankunft in Bikernieki, dem Hochwald bei Riga, erschossen und in Massengräbern verscharrt. Höchstwahrscheinlich gehören auch Emil und Henriette Cohn zu den Toten, denn in Riga verliert sich ihre Spur.

Das Milchgeschäft von Franz Horstmann in der Iltisstrasse Nr. 54

Der Milchladen von Franz und Ella Horstmann war gegenüber des Hauses mit der Nummer 49, genau dort, wo heute die Garagen in der Nr. 54 sind. Ein Flensburger namens Kirchau hatte das Haus erbaut und laut Kieler Adressbüchern das Lebensmittelgeschäft im Parterre links einem Herrn Olemeulen verpachtet, der hier eine „Hökerei" betrieb.

Franz Horstmann war Jahrgang 1902 und eröffnete dieses Geschäft im Jahr 1929. Es war zunächst nur ein Milchladen mit Milch und Milchprodukten. Damals durften Milchgeschäfte noch keine Lebensmittel und Lebensmittelgeschäfte keine Milch und Meiereiprodukte verkaufen. Erst etwas später sollte mit einem umfangreichen Lebensmittelangebot das Geschäft von Horstmann der Hauptversorger für die obere Iltisstraße werden. Vorher wohnte die Familie mit Sohn Günther, der 1928 ge-

ABB 138 | Franz Horstmann (links) mit einem Gehilfen vor seinen Milchkannen in der Blitzstraße, 1933. Foto privat/Familie Horstmann

ABB 139 | Hofseite Iltisstraße 54 und 56 nach einem Bombenangriff. Foto privat/Walter Ehlert

boren wurde, in der Stoschstraße, und Franz mästete Schweine in der Wurstfabrik von Ehlers an der Preetzer Chaussee. Das ging schief – die Schweinepest brach aus, und Horstmann wurde arbeitslos.
Nun wurde der clevere Franz der mobile Milchlieferant für die nähere Umgebung und verkaufte die Milch aus Kannen von einer Schottschen Karre aus, bis er dann eben dieses Milchgeschäft in der Iltisstraße übernahm, welches zukünftig die Geschicke der Familie Horstmann leiten sollte. Im Jahr 1935 komplettierte Tochter Christa die Familie, und ein Hausmädchen kam auch noch mit hinzu.
Das kleine Lebensmittelgeschäft war ein für seine Zeit sehr typischer „Tante-Emma-Laden" mit einem vielleicht 25 m² großen Verkaufsraum und einem L-förmigen Tresen, der schon die Hälfte des Raumes ausfüllte. Dahinter bedienten in Spitzenzeiten bis zu fünf Personen die Kunden. Am 14. Mai 1943 zerstörte eine Fliegerbombe das Mietshaus.
Die Horstmanns waren ausgebombt und sollten für die Zeit bis 1945 nach Malente evakuiert werden. Franz, der bereits 1941 wie viele Kieler Einzelhändler zur Polizei in die Kieler Pickert-Kaserne abkommandiert wurde, musste zu dieser Zeit in Russland gegen die Partisanen kämpfen. Wie durch ein Wunder blieben der Laden und

der größte Teil der darüber liegenden Wohnung der Horstmanns in einem schnell wieder herzustellenden Zustand, und auch Horstmann selbst hatte den Krieg überlebt. Täglich räumte der Sohn Günther nun mit seinem Vater die Trümmer zusammen. Einen Großteil fuhr die Firma Borstel ab, aber viel Schutt bildete noch bis in die 1960er Jahre auf dem Hof eine unansehnliche Halde.

Im Oktober 1945 eröffnete Franz Horstmann wieder die Ladentür. 1946 wurde renoviert, denn das Zimmer neben dem Geschäft sollte als Lager genutzt werden. Günther wurde der erste Lehrling, und ab den 1950er Jahren wurden immer zwei Mädchen zu Verkäuferinnen ausgebildet.

Vor und nach dem Krieg lief das Geschäft sehr gut. Franz Horstmann fuhr ein eigenes Auto, einen Ford P4, eines von den zwei Fahrzeugen (der andere Wagen war der Opel Kapitän vom Seiler Schmidt), die auf dieser Höhe der Iltisstraße parkten. Den P4 hatte Franz von dem Meieristen Burmeister (Quark- und Käsegroßhandel im Kirchenweg) gekauft, und wenn der kinderfreundliche „Onkel Horstmann" in seine Garage auf dem Hof der Iltisstraße Nr. 57 fuhr, durfte der kleine Walter immer mal wieder mitfahren. Das Haus Nr. 57 gehörte einem Hauswirt namens Nolting, dem jetzt auch das Haus mit dem Milchgeschäft gehörte. Franz Horstmann hatte mehrfach versucht, Herrn Nolting das Haus mit dem Laden abzukaufen – das war ihm aber nicht gelungen.

1953 ging Günther Horstmann seine eigenen Wege und öffnet 1957 sein eigenes Einzelhandelsgeschäft. 1960 starb der freundliche Kaufmann Franz Horstmann. Seine Frau Ella verkaufte jetzt in dem kleinen, sauberen Milchladen. Sie blieb noch lange, immer wieder unterstützt von ihren Kindern und Schwiegerkindern, bis sie 1968 eine Wohnung bezog, die im Nebenhaus (Nr. 56) lag. Dieses Haus gehörte nach dem Wiederaufbau dem Baumeister Lehmhuis.

Der kleine Laden mit dem großen Frischesortiment wurde geschlossen, das Haus verkauft und abgerissen. Die Jahre des Lebensmitteleinzelhandels und somit der inhabergeführten, kleinen sogenannten Tante-Emma-Läden, die nahezu an jeder Ecke eines Wohnblocks in Kiel zu finden waren, gingen zu Ende. Frau Horstmann starb im Februar 1995.

Vom Volksempfänger zum Farbfernseher: Das Elektro- und Radiogeschäft Böttcher in der Iltisstrasse Nr. 46

Detektorempfänger waren in den Anfangstagen des Rundfunks die einfachsten Geräte zum Empfang von Hörfunksendungen. Sie bestanden aus nur wenigen Bauteilen und konnten ohne eigene Stromquelle arbeiten. Der gesamte Strom, der dem angeschlossenen Kopfhörer zugeleitet wurde, stammte aus der Energie der vom empfangenen Sender aufgenommenen elektromagnetischen Wellen. War eine Außenantenne nicht möglich, waren auch ein paar Meter Draht auf dem Dachboden oder nahe der Außenwand innerhalb eines Hauses einen Versuch wert. Als Erdung konnte z.b. ein Dachrinnenabfluss geeignet sein. Ursprünglich wurde eine spezielle Elektrode in der Erde verankert und mit dem Detektor verbunden. So begann im Jahr 1906 der Siegeszug des Rundfunks.

Im selben Jahr kam am 24. Mai in dem Haus Nr. 33 im Gaardener Kirchenweg Bendix-Hermann Böttcher zur Welt. Alle nannten ihn schon als Kleinkind nur noch „Benno", und das sollte bis ins hohe Alter auch so bleiben. Benno war fasziniert von allem Technischen, besonders vom Funk und eben von jenem Detektorempfänger. Nach Beendigung seiner Schulzeit lernte der junge Technik-Freak den Beruf des Maschinenbauers und fuhr dann ab 1925 zur See.

Als Benno Böttcher 1933 von See kam, kaufte er sich von der ersparten Heuer einen kleinen Elektroladen in der Iltisstraße 46, gleich um die Ecke seiner elterlichen Wohnung. Zu jener Zeit gehörte es zum „guten Ton", dass in einem Gaardener Haushalt ein Radio vorhanden war. Preisgünstig war die einfachere Form des Volksempfängers, auch „Goebbels-Schnauze" genannt. Der Volksempfänger war ein Radioapparat für den Empfang von Mittelwellenrundfunk und Langwellenrundfunk, der im Auftrag von Reichspropagandaleiter Joseph Goebbels entwickelt und nur wenige Monate nach der Regierungsübernahme Adolf Hitlers 1933 vorgestellt wurde.

Er gilt als eines der wichtigsten Propagandainstrumente der nationalsozialistischen Machthaber. Der vorgeschriebene Preis der Version für den Betrieb am Stromnetz betrug 76 Reichsmark (entspricht nach heutiger Kaufkraft und inflationsbereinigt 252 Euro). Böttcher verkaufte nicht nur diese Radioapparate, sondern sein Hauptgeschäft war die Reparatur, welche, wie bei allen defekten Radios, in der Hauptsache mit dem Auswechseln defekter Röhren ausgeführt wurde. Böttcher hatte ein sehr umfangreiches Röhrenlager in den hinteren Räumen seines Ladens, wo sich auch die recht enge Werkstatt befand.

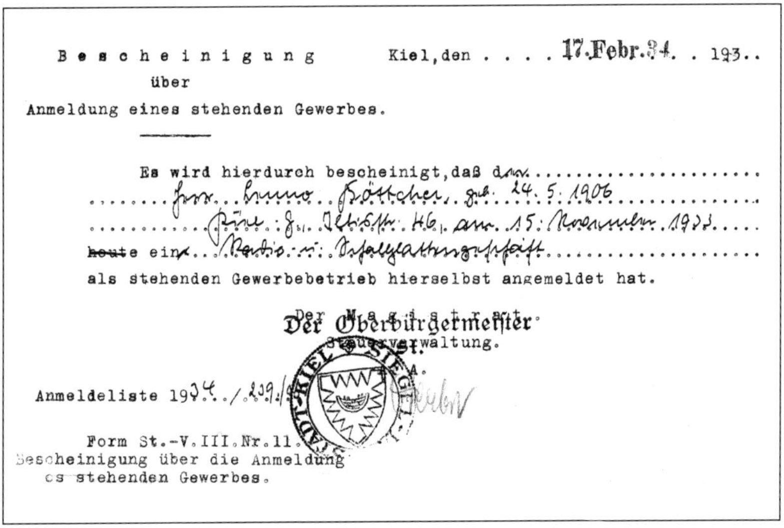

```
Bescheinigung          Kiel,den  ....  17.Febr.34.  . 193..
     über
Anmeldung eines stehenden Gewerbes.

        Es wird hierdurch bescheinigt,daß d....................
        .......frr...bruno..Böttcher,.geb..24.5.1906...........
        ..............(Sim..Kl..Kuhberg..HG,..am..15:.Kronsweg..1933....
        heute ein..../Radio.:..:..Reparaturgeschäft.................
        als stehenden Gewerbebetrieb hierselbst angemeldet hat.

                       Der Oberbürgermeister
                          -Stadtverwaltung.

Anmeldeliste 193.4./.229./.
                                    [Siegel]
    Form St.-V.III.Nr.11.
 Bescheinigung über die Anmeldung
   es stehenden Gewerbes.
```

ABB 140 | Gewerbeschein Benno Böttchers, ausgestellt 1934. Sammlung Werner Böttcher

1934 wurde das Geschäft um den Verkauf von Schallplatten erweitert. Jetzt gab es bei Böttcher auch jene Schellackplatten mit 78 Umdrehungen.

Benno Böttcher machte 1938 den Führerschein für ein Automobil, und im Dezember des gleichen Jahres heiratete er Ella Marie Voss aus dem Kirchenweg Nr. 32, die in der zweiten Etage, gegenüber der Wohnung seiner Eltern, wohnte. Die junge Frau Böttcher half so oft sie konnte ihrem Ehemann in dem kleinen Laden. Allerdings immer mit dem Angstgefühl vor einer Anzeige, weil kein Hitler-Bild im Schaufenster stand, so wie es damals in den Geschäften üblich war. Bennos Ausrede: „Dafür ist unser Fenster ja viel zu klein."

Im April 1941 bekam die Familie Böttcher Zuwachs, Tochter Helga kam zur Welt. Als die Bombardements der Alliierten auf Deutschland und somit auch auf Kiel und Gaarden immer heftiger wurden, riefen Sirenen die Bewohner der Häuser auf, sich in die Bunker zu begeben. So saß dann immer Ella Böttcher mit ihrer Tochter und den vielen anderen Leuten sehr diszipliniert auf den Bänken im Iltisbunker. Benno blieb, aus welchem Grund auch immer, in seinem Geschäft. Selbst als das Haus nebenan an der Ecke zum Kirchenweg halb zerbombt wurde und der Gemüsehändler Brendemühl im Kirchenweg sein Wohnzimmer durch eine Luftmine verlor, passte Benno auf seinen Laden auf.

Am 27. April 1946 wurde der Sohn Werner geboren. Die Familie wohnte jetzt in der Helmholtzstraße Nr. 12. In der für Gaardener Verhältnisse besonders ausgestatteten Wohnung mit Bad und WC sollten dann später noch zwei Boxer-Hunde die Familie ergänzen.
Anfang der 1950er Jahre gab es dann UKW-Rundfunkgeräte bei Böttcher. (Der erste europäische UKW-Sender wurde am 28. Februar 1949 in München-Freimann vom Bayerischen Rundfunk in Betrieb genommen.) Bald danach konnte man auch Fernsehgeräte in Gaarden kaufen. Am 25. Dezember 1952 wurde der offizielle Sendebetrieb mit dem NWDR-Fernsehen aufgenommen. In den Jahren 1953/54 fand die erste Verbreitung von Fernsehbildern über die Krönung von Königin Elisabeth II. und zur Fußball-Weltmeisterschaft 1954 in Bern statt. Die Sender der ARD hatten eigene und gemeinsame Sendungsanteile in einem kurzen Abendprogramm. 1958 wurde zum ersten Mal das Hamburger Ohnsorg-Theater mit dem Stück „Meister Anecker" mit Henry Vahl übertragen.
Tagesgeschäft des Elektroladens blieben sowohl die Schallplatten als auch die Reparaturen von Radiogeräten durch das Ersetzen defekter Röhren. Benno Böttcher stellte einen Monteur ein und bildete in Folge auch Lehrlinge aus. Seine Frau half beim Schallplattenverkauf. Elvis kam in Mode, wie auch die Platten von Freddy, Conny und Peter Kraus, die zu Bestsellern ihrer Zeit wurden. Das Gaardener Publikum kaufte aber auch noch weiterhin Operettenmelodien und romantische deutsche Schlager wie z.B. die „Capri-Fischer" mit Rudi Schuricke. Großgeräte wie kombinierte Radio- und Schallplattentruhen, die noch echte Hochglanzmöbel waren, wurden bei Böttcher seltener verkauft, denn sie waren sehr teuer. Oftmals musste Ella Böttcher durch die Gaardener Straßen laufen und Schulden eintreiben. Auch der Sohn Werner machte bei seinem Vater eine Lehre zum Radio- und Fernsehmechaniker. Als Benno 67 Jahre alt wurde, übergab er seinen Betrieb an den Sohn, und der profitierte geschäftlich vom Aufstieg des Farbfernsehens. Werner vergrößerte schnell das Angebot an Geräten. Weil der Laden in der Iltisstraße Nr. 46 nun aus allen Nähten platzte, mietete er die Geschäftsräume in der Iltisstraße Nr. 9. Vorher war hier, gegenüber der Bäckerei vom Bäckermeister Hermann Ratjen, der Lebensmittelladen von Martha Triskatis.
1979 starb Benno Böttcher in einem Pflegeheim in der Ellerbeker Kuchelstraße. Vergeblich sollte man die amtlichen Vornamen Bendix und Hermann auf seinem Grabstein suchen – dort steht Benno, und so soll es bleiben. Werner wechselte bald in einen ganz anderen Berufszweig und verkaufte sein Radio- und Fernsehgeschäft in der Iltisstraße an die Firma Gripp.

ABB 141 | Familienfoto Vahl, von links: Bruno, Franz, Lissy, Henry und Friederike mit Tochter Ilse auf dem Schoß, Weihnachten 1911. Sammlung Walter Ehlert

Die Schauspielerfamilie Vahl

Die Familie Vahl kam 1905 nach Kiel. Franz Vahl, der Seefahrer aus Stralsund, fand auf der Kaiserlichen Werft eine Anstellung als Arbeiter und zog mit seiner Frau Friederike, geborene Fürstenberg, und den Söhnen Henry und Bruno von Stralsund nach Kiel in die Metzstraße. Im Haus Metzstraße Nr. 22 wurde am 11. Juli 1907 Lissy Vahl geboren. Laut Geburtsurkunde war die Berufsbezeichnung des Vaters Franz Vahl „Eisenwaren-Arbeiter" auf der Werft.
Im Jahr 1910 zogen die Vahls in eine etwas größere Wohnung. In diesem Haus war eine Wohnküche, in der die Brüder Henry und Bruno schliefen. Hier kam am 26. Juli 1911 als viertes Kind die Tochter Ilse Vahl zur Welt. Im Jahr 1913 bezog das Ehepaar Vahl mit seinen vier Kindern eine Wohnung in der vierten Etage (Mitte) des Hauses Iltisstraße 49. Sohn Henry verbrachte den größten Teil seiner Jugend in diesem Haus. Er begann eine Lehre auf der Werft und arbeitete als Page im Hotel „Hansa" gegenüber dem Hauptbahnhof.

ABB 142 | Debütant Henry Vahl in Peterchens Mondfahrt im Kieler Stadttheater, 1915. Sammlung Walter Ehlert

ABB 143 | Henry Vahl als Schustergeselle Matten im Hamburger Ohnsorg-Theater, 1958. Sammlung Walter Ehlert

1915 zog es ihn zum Kieler Stadttheater, und seither ließ ihn die Bühne nicht mehr los. Von Kiel zog es den jungen Schauspieler über Lübeck und Braunschweig bis nach Berlin. Nach dem Zweiten Weltkrieg war Henry Vahl an wechselnden Hamburger Bühnen engagiert. Sein großer Durchbruch gelang ihm allerdings erst 1958 mit der Rolle des Matten in dem Stück „Meister Anecker" im Ohnsorg-Theater. Nach mehreren Fernsehübertragungen aus diesem Theater avancierte Henry Vahl zum „Großvater der Nation". Weitere Fernsehauftritte und diverse Filmrollen folgten.
In all den Jahren besuchte Henry bis weit in die 1970er Jahre hinein regelmäßig die Familie seiner jüngsten Schwester in der Iltisstraße und war dann auch zu Gast in der „Iltishalle", damals ein Bierlokal und seit 1983 das Kneipenrestaurant „Bambule". Vom Balkon der Wohnung in der vierten Etage blickte er auf den Platz und konnte nicht ahnen, dass er nach seinem Tod am 21. Juli 1977 genau 37 Jahre später „sein Platz" werden sollte: Der „Henry-Vahl-Platz" in Kiel-Gaarden.

Gaardener Gasthof-Historie: „Dreger"

Die Werftarbeiter, die in Gaarden wohnten, kamen auf ihrem täglichen Nachhauseweg durch die Elisabethstraße stets an der Gaststätte von Ernst Dreger vorbei. Oder besser gesagt: Sie kamen meistens gar nicht daran vorbei, sondern kehrten eher dort ein. So wurde diese Gaststätte, von denen es in Gaarden zu den Zeiten des großen Kriegsschiffbaus einige gab, ein geschäftlicher Erfolg, und Ernst Dreger wurde ein bekannter Gaardener Gastwirt.

In diesem gastronomischen Betrieb an der Ecke zur Augustenstraße arbeitete fast die ganze Familie Dreger, denn er hatte 11 Geschwister. Zusätzlich halfen noch einige entfernte Verwandte mit. Der Laden lief. Sogar der ausgeschenkte Schnaps wurde in den hinteren Räumen von einem gelernten Schnapsbrenner hergestellt. Karl Dahl hieß dieser Branntweinfachmann, der in den 1970er Jahren lange Zeit noch eine kleine Eckkneipe in der Kieler Brunsrade betrieb. Der Kräuterschnaps aus dem Hause Dreger erlangte eine beachtliche Berühmtheit weit über die Grenzen Kiels hinaus.

ABB 144 | Mitglieder des „Klubs der Harmlosen" vor der Gaststätte Dreger in der Elisabethstraße/Ecke Augustenstraße. Foto privat/Christa Schmidt-Dreger

ABB 145 | Im Bierkeller von Ernst Dreger, rechts mit Schürze Gustav Dreger, 1920. Foto privat/Christa Schmidt-Dreger

Ernst Dreger war der Chef und Eigentümer des Hauses in der Elisabethstraße und besaß privat eine Villa im „Kieler" Nobelstadtteil Schulensee. 1922 kaufte Ernst Dreger auch das Haus mit der Gastwirtschaft in der Iltisstraße Nr. 49 hinzu.

Dreger und die Iltishalle

Ernst Dreger hatte den Gasthof zunächst noch an den Wirt Schröder verpachtet. Als im Jahr 1927 der Bruder von Ernst, Gustav Dreger, Frau Käthe Todt heiratete, wurden die beiden Jungvermählten die neuen Wirtsleute. Jetzt hieß die Wirtschaft „Iltishalle", und das wurde in großen Lettern rundherum um den Sockel des Hauses kundgetan. Ebenso sollte jeder, der die Straße von unten heraufkam, schon von Weitem den markanten Schriftzug am Giebel lesen können. Dieser Name blieb noch bis weit in die 1980er Jahre hinein sichtbar. Der Schriftzug sowie auch die Hopfenranken, die sich rundherum unter dem Dach schlängelten, waren von dem

ABB 146 | Rabes Restaurant in der Iltisstraße 49, 1908. Sammlung Wolfgang D. Kuessner

Malereibetrieb Todt, dem Vater von Käthe Dreger, angefertigt worden. Künstlerische Arbeiten dieses Malers befanden sich auch in dem Treppenhaus, und so zeigt die Tür zum Bierkeller bis heute noch ein Bild biertrinkender Löwen. Die Kinderabteilung des Unfallkrankenhauses von Dr. Jensen am Kieler Hauptbahnhof war ebenso unverwechselbar schön mit Tierbildern des Malers Todt gestaltet, denn Käthe Dregers Schwester war mit dem Chirurgen Jensen verheiratet.

Käthe Dreger

Nach den schrecklichen Ereignissen des Zweiten Weltkriegs kam das Geschäft der Gaststätte Iltishalle nur schwer wieder in Gang. Dann starb auch noch der Ehemann von Käthe Dreger. Der Gastwirt Gustav Dreger erlag im Jahr 1949 in der Klinik seines Schwagers Dr. Jensen einem Magenleiden. Von 1949 an waren die Iltishalle und das Wohnhaus allein in den Händen von Käthe Dreger. Mit dem Aufschwung der 1950er Jahre ging es zunächst auch mit der Gaststätte wirtschaftlich bergauf. Dafür sorgten die zahlreichen Vereine sowie ein gut besuchter Sonntagsfrühschoppen und der Stammtisch.

Einige Angestellte wurden eingestellt, so wie Frau Schnack, die in der Küche aushalf und die anfallende Schmutzwäsche in der Waschküche wusch. Die Waschküche befand sich noch im hinteren Bereich des Clubzimmers. Wenn die verrauchten Gardinen und Tischdecken gewaschen wurden, lief das tiefbraune Waschwasser durch einen Abfluss auf den Hof in das Siel. In dem Raum der Waschküche baute der spätere Wirt Walter Weber eine Sektbar ein.

Käthe Dreger sollte nur noch bis zum 25. September 1960 Eigentümerin des Hauses und der Gaststätte bleiben. Friedrich Hansen und seine Frau Gretel wurden ihre Nachfolger. Sie kauften das Mietshaus und die Gaststätte in der Iltisstraße Nr. 49. Käthe Dreger zog zu ihrer Mutter, die immer noch in dem Haus des Malers Todt am ehemaligen Hohenzollernring Nr. 55, jetzt Westring Nr. 274, wohnte. Hier, in ihrem Elternhaus, starb Käthe Dreger 1994 im Alter von 90 Jahren.

Der Krieg in der Iltisstrasse: Die Bomben und der Bunker

Kiel war als Reichskriegshafen und Rüstungszentrum mit hochspezialisierten Werften im Zweiten Weltkrieg ein vorrangig vom Luftkrieg betroffenes Ziel. Der erste Angriff mit Bombenabwurf fand schon am 2. Juli 1940 statt. 1941 nahmen die Angriffe spürbar zu. Am 28./29. März 1942 wurde die Stadt erstmals künstlich vernebelt, um den feindlichen Bomberpiloten die Orientierung zu erschweren. Von 1943 an verstärkten sich die Bombenangriffe, der Luftkrieg nahm immer schrecklichere Ausmaße an. Tagsüber flogen die Amerikaner, nachts kamen die britischen Bombergeschwader. Der von Joseph Goebbels im Berliner Sportpalast ausgerufene „totale Krieg" wurde hier bittere Realität. In den letzten drei Kriegsmonaten gab es fast täglich Bombenangriffe auf Kiel, das insgesamt 633 Vollalarme erlebte.
In den Jahren 1941 und 1942, als die ersten Fliegeralarmsirenen ihr fürchterliches, markerschütterndes Geheul ausstießen, suchten die Hausbewohner der Iltisstraße

ABB 147 | Drangvolle Enge in einem deutschen Luftschutzkeller, 1943. Sammlung Walter Ehlert

und der weiteren Umgebung noch die Keller der Häuser, die teilweise auch von außen durch Markierungen als Luftschutzräume gekennzeichnet waren, auf. Noch bis in die 1960er Jahre waren die weißen Pfeile an den Fassaden mit den Buchstaben LSR für Luftschutzraum blass zu erkennen.

Ein sogenannter Blockwart sorgte dafür, dass alle Leute in einem geordneten Ablauf die Keller aufsuchten. Der Blockwart wohnte in der zweiten Etage des Hauses Iltisstraße Nr. 49 und war einst ein einfacher Werftarbeiter, der aber schon 1938 im Adressbuch als „Hobler" betitelt wurde. Welch eine Karriere. Als sich in einer Bombennacht alle Einwohner des Hauses Iltisstraße Nr. 49 im Keller mit Hab und Gut versammelt hatten, da stellte sich der Blockwart in die Mitte und erhob seine Stimme: „Wenn Hitler den Krieg verliert, dann häng ich mich auf." Draußen ging die Welt unter. Der Takler Mayland, der im dritten Stock des Hauses bei seiner Schwester wohnte, war als sehr besonnen und weise bekannt. Er sagte zu diesem Nazi-Blockwart: „Du brauchst dich nicht aufzuhängen, das machen dann schon andere." Auffallend nach dem Krieg war, dass jener Blockwart immer mit einem dicken Handstock auf die Straße ging – gehbehindert war er aber nicht.

Mit den immer mehr zunehmenden Bombenangriffen suchten alle Bewohner dieser Gegend den Iltisbunker auf. Dazu lagen immer einige wichtige Sachen bereit, z.B. ein kleiner Koffer mit Dokumenten, Fotos und für die Kinder ein wenig Spielzeug. Oftmals war die Zeit vom Alarm bis zum Angriff so kurz, dass sich die Menschen nicht mehr anziehen konnten. Das hieß, sie schliefen häufig schon zu Hause in ihrer Kleidung und hatten nur die Schuhe ausgezogen. Häufig gab es dann das Problem, in den Bunker zu kommen, denn es herrschte ein großes Gedränge. Die Erwachsenen waren oft rücksichtslos und wurden hysterisch. Flaksplitter fielen schon zwischen die Wartenden am Eingang des Bunkers. Ebenso war es ein Problem, die lange Zeit im Bunker zu überdauern. Man saß auf harten Bänken. An einigen der wenigen Tische haben Mütter ihre Kinder gewickelt. Oftmals musste man auf dem Fußboden sitzen. Viele Kinder waren ängstlich und konnten nicht schlafen. Stromausfall war das Schlimmste. Es gab aber eine Notbeleuchtung. Dann fiel auch die Lüftung aus. In jeder Etage gab es eine Ventilatorenstation, und in diesem Raum war die Maschine aufgestellt, die die Außenluft ansog und über Rohre in die Räume verteilte. Ebenso gab es eine Öffnung nach draußen. Wenn die geöffnet wurde, gab es wenigstens in dem Raum Außenluft, ohne dass ein Gebläse da war.

Am 14. Mai 1943 zerstörte eine Fliegerbombe das Mietshaus in der Iltisstraße Nr. 54, in dem der kleine Milchladen von Franz Horstmann war, der nach dem Krieg noch bis 1968 seine Ware aus einem Laden in der Ruine verkaufte und in den letzten acht

Jahren von seiner Frau betrieben wurde. Dieses Datum markiert einen der heftigsten und mit 354 Todesopfern verheerendsten Bombenangriffe auf Kiel. Er betraf besonders den Stadtteil Gaarden und ereilte als erster Tagesangriff seit Juni 1941 die Bewohner besonders unvorbereitet.
Bei einem späteren Bombenhagel auf Gaarden fiel auf das Haus in der Iltisstraße Nr. 49 ein Blindgänger, der das Dach und alle vier Etagen durchschlug, bis er auf dem Herd der Gaststätte liegen blieb. Ein großes Loch im Trockenboden erinnerte noch bis in die 1980er Jahre an diesen Kriegstag. Gefangene in Sträflingskleidung haben diese Bombe entschärft und abtransportiert. Zunächst wurden die Schäden nur notdürftig repariert. Die Männer kamen aus dem „Arbeitserziehungslager Nordmark" an der Rendsburger Landstraße, wo ganz in der Nähe heute ein Famila-Markt steht. Das Wohnzimmer in der ersten Etage blieb noch bis weit in die 1960er Jahre unbewohnbar und konnte von den Mietern nur als Abstellraum genutzt werden. Aus dem Ruinengrundstück wurde sehr viel später der Biergarten der Gastwirtschaft „Bambule". Der Keller mit dem Schutt des Hauses existiert heute noch.
Die Gästezahl der Iltishalle nahm schon ab 1939 immer mehr ab. Nur die Ausgaben der Vereine machten hier noch einen größeren Teil der Einnahmen aus, die hier ihre Stiftungs- und Weihnachtsfeiern sowie kleinere Versammlungen abhielten, bis die Bomben fielen. Die Wirtsleute der Iltishalle, Gustav und Käthe Dreger, schickten ihre Tochter Christa während der letzten Kriegsjahre zu Verwandten in ein Dorf in der Nähe von Hohenwestedt. Ihr Sohn Ernst wurde beim Volkssturm verpflichtet. Er kam im April 1945 unter Beschuss von Tieffliegern, als er in einem Zug von Husum nach Kiel auf dem Heimweg war. Ernst wurde bei diesem Angriff getötet. Er war erst 16 Jahre alt.
Mit dem Beginn der Bombenangriffe im Jahr 1941 wurde auf dem Turm der Schule eine Flak installiert. Beim Heraufziehen stürzte das Geschütz auf halbem Weg ab und musste durch ein neues ersetzt werden. Im gleichen Jahr erhielt das Schulgebäude schwere Bombentreffer. Als die Bombenangriffe auf Kiel 1942 an Häufigkeit und Schwere zunahmen, erhielt auch die Schule wieder schwere Treffer und wurde praktisch zur Ruine. Der Schulunterricht fiel von 1943 bis zum 10. Januar 1946 aus. In dem schwer zerstörten Gebäudekomplex wurden russische Kriegsgefangene untergebracht, die erst im Mai 1945 von den englischen Truppen befreit wurden.
Leo Lambert war seit 1936 in der Rot-Kreuz-Bereitschaft in Kiel Gaarden. Er war auf der Werft unabkömmlich und wurde deshalb nicht eingezogen. Doch erlebte er als „Arbeitssoldat" die Versenkung des Schlachtschiffes „Tirpitz" vor Tromsö in Norwegen und wurde Zeuge, wie viele seiner Kameraden während einer Reparatur des Schiffes mit in die Tiefe gerissen wurden. In Gaarden war er für das DRK oft Tag und

Nacht im Einsatz. Bei großen Katastrophen und schweren Bombenangriffen wurde er von der Arbeit abgerufen. Im Jahr 1989 erzählte der inzwischen 80-jährige Lambert: „Der erste schwere Angriff auf Gaarden erfolgte bereits im April 1941. In Katzheide brannte das damalige Wehrmachts-, Gefangenen- und Arbeitslager. 17 Personen wurden dort getötet. Als man sie beerdigen wollte, gab es wieder Alarm. Die Trauergäste stoben auseinander wie aufgescheuchte Hühner. Ich musste oft im Bombenhagel und unter Tieffliegerbeschuss als Adjutant des Bereitschaftsführers von Bunker zu Bunker laufen; von der Iltisstraße zur Pickertkaserne, vom Vinetaplatz zum Ellerbeker Markt. Unter dem Marktplatz kamen einmal vier Mann durch den Luftdruck einer Mine um. In Katzheide waren zwei Stollen für 1.000 Personen. Der hintere war für Mütter mit Kindern und Schwangere und mit Betten und Bänken ausgestattet, im vorderen hockten die Leute auf ihren Koffern.

Auch im Straßenbahndepot gab es zwei Bunker, einen Hoch- und einen Tiefbunker. Schwangere und Mütter, die gerade entbunden hatten, wurden besonders vom DRK betreut – wir trugen sie manchmal auf Leitern in den Bunker. In besonders schlimmer Erinnerung sind mir die Großbrände von Mordhorst und vom Kieler Schloss. Ein junges Mädchen z.B. verlangte nach Wasser – und starb in meinen Armen. Zwei Nachbarskinder fand ich nach einem Angriff tot in ihren Betten liegend. Ich trug sie zum Bunker in der Kaiserstraße, dort wurden die Toten gesammelt. Im Ziegelbunker vor der Schule in Ellerbek erlebte ich, wie der Bunker unter einem Treffer wackelte; der Sanitätsraum war nicht mehr zu gebrauchen. Am meisten erschüttert aber hat mich immer von neuem, dass verbrannte Menschen so leicht in den Händen lagen, anzufühlen wie Holzkohle.

Ein Soldat kam auf Urlaub. Seine Angehörigen waren alle beim letzten Angriff ums Leben gekommen. ‚Ich meinte, an der Front im Krieg zu sein. Hier ist es ja viel schlimmer! Man hat den Feind nicht vor sich, sondern über sich!' Sämtliche von der Wehrmacht freigestellten Leute waren im DRK schwer beschäftigt. Dazu kamen die jungen Leute, die noch nicht eingezogen wurden, 13-, 14-, 15-Jährige, Lehrlinge zumeist, die das DRK der Hitlerjugend vorzogen, wenngleich sie während ihrer Lehrzeit abends, nachts und sonntags Dienst tun mussten.

Anweisungen erhielten wir vom Bereitschaftsführer, Befehle von der Luftschutzpolizei – offiziell hieß es „Luftschutz-Sicherheitsdienst" – einer Sanitätseinheit mit Polizeigewalt. Die Männer trugen Luftwaffengrau mit Polizeiabzeichen und hatten Wehrmachtsdienstgrade. In Gaarden hatten sie ihre Hauptstelle in der ehemaligen Förderschule in der Schulstraße, vier mit Wagen ausgerüstete Züge. Sie wurden überall eingesetzt, wo noch Menschen zu retten waren, und rekrutierten sich aus Geschäftsleuten, die nicht eingezogen wurden, weil die Wirtschaft weiter laufen

ABB 148 | Bunkerbild (Ausschnitt) von Shahin Charmi in der Iltisstraße/Ecke Preetzer Straße, 1989. Sammlung Walter Ehlert

musste. Nachts waren sie in Bereitschaft, schliefen in der Schule. Tagsüber waren sie im Geschäft, bis die großen Tagesangriffe einsetzten. Dann hielten Lehrlinge, Gesellen und vor allem die Ehefrauen den Betrieb aufrecht."
Ein weiterer Zeitzeuge, der sich auch nach 70 Jahren an den ersten schweren Angriff durch einen amerikanischen Bomberverband am 14. Mai 1943 detailliert erinnert, ist Hans-Heinrich Flenker. Ab 11.49 Uhr fielen 380 schwere Spreng- und 5.600 Brandbomben auf das Ostufer. 354 Menschen wurden getötet, 2.700 Wohnungen zerstört. Dazu Flenker: „Es war ein strahlend schöner Tag, ein Freitag. Ich stand vor unserer Haustür, als plötzlich die Luftschutzsirenen mit infernalischem Geheul ertönten. Voller Angst suchten die Menschen die Bunker und Luftschutzkeller auf – doch glaubte niemand so recht an den Ernst dieses Warnzeichens, denn die zuvor erfolgten Luftangriffe der britischen Luftwaffe waren immer in den Nächten erfolgt. Entsetzt sah ich einen in der Sonne silbrig glänzenden Bomberverband heranziehen, ebenso kleine schwarze Punkte in der Luft, die immer größer wurden. Unmittelbar darauf ertönten das Heulen und die Explosionen der einschlagenden schweren Sprengbomben. Manövermäßig seien die Bomberpulks ihren Kurs gen Ostufer geflogen. Ihre Bomben stürzten in rasendem Fall auf Häuser, Straßen, Werften. Der Luftschutzkeller habe zu schwanken begonnen, wellenartig

wie in einem Erdbeben. Die Luft wird knapp, das Atmen fällt schwer. Und das Krachen der einstürzenden Häuser sei unerträglich gewesen. Eine riesige Rauchwolke stand über dem Ostufer. Teilweise waren ganze Straßenzüge eingestürzt oder brannten. Verstörte Kieler irrten durch die Straßen, suchten Angehörige. Allein die Deutschen Werke hatten bei dem Angriff 55 Mitarbeiter verloren."

NAMENSREGISTER

Aaroe, Elfriede 97, 98, 99
Aaroe, Horst-Günther 97, 99
Arnold, Karl 154
Arp, Gebrüder 54, 64
Bamert, Gregor 92
Bammler, Max 64
Baumgarten, Familie 56
Begemann, Dr. med. 105
Behrens, Christine 70
Beigel, Henry 79
Bentz, Georg 62, 63
Berg, Christian 84, 85
Berg, Wilhelmine 84, 85
Bern, Albert 156, 157
Bichel, Willi 235, 237
Bielenberg, Adolf 34
Bokranz, Arthur 169
Böttcher, Bendix-Hermann 258
Böttcher, Benno 258, 259, 260
Böttcher, Carl 62
Böttcher, Ella 259, 260
Boysen, Heinrich 169, 170
Breitenstein, Walter 22
Brockstedt, Architekt 23
Brunner, Antje 57
Brunner, Heinz 56, 57
Brunner, Josef 55, 56
Brunner, Rolf 57
Bührsch, Ernst 210
Bünsch, Udo 63
Carlsen, Johann 211
Chall, Arnold 56, 58

Chall, Hans-Werner 59
Chall, Martha 58
Charmi, Shahin 153, 271
Christen, Hans 113, 114, 115, 116
Christen, Johannes 113
Christen, Wilhelm 113
Cohn, Emil 254
Cohn, Henriette 254
Conrad, Peter 45
Cordes, Ernst August 92, 93, 94
Cordes, Renate 93
Dahl, Karl 263
Dahlke, Petra 250
Danielsen, Chr. 107
Demnig, Gunter 162
Dethloff, Paul 42
Dieckmann, Heinrich 127
Diederichsen, Heinrich 28
Diesenberg, Herbert 248, 249, 250, 252
Dreger, Ernst 263, 264
Dreger, Gustav 264, 266
Dreger, Käthe 266, 269
Dressler, Ernst 89, 91
Dressler, Gunda 89, 90
Drews, Charles 212
Ehlers, Gustav 221
Einfeld, Franz 203
Emcke, Max 22
Ernst, Ruth 146
Falkenstein, Waltraut 250
Feldt, Bodo 85
Fels, Hella 73

Fentroß, Bernd 100, 101
Fentroß, Erich 100, 101
Fentroß, Fritz 100
Fentroß, Mariette 100
Fielitz, Joachim 164, 165, 166
Fischer, Abi Alfred 250
Flenker, Hans-Heinrich 271
Flettner, Anton 26
Friedrichsen, Heinz 42, 81, 82
Ganzenmüller, Karl Georg 64, 67
Ganzenmüller, Adolf 139, 140
Ganzenmüller, Frieda 139
Ganzenmüller, Karl Anton 64, 67
Ganzenmüller, Karl Georg Jakob 66
Ganzenmüller, Karl Gottfried 65, 66, 140
Ganzenmüller, Karla 140
Ganzenmüller, Maria 69
Ganzenmüller, Ursula 68, 69
Gayk, Andreas 22
Gebhardt, Ernst 110, 111, 112
Gebhardt, Heinrich 110, 111, 112
Gebhardt, Jürgen 112
Gebhardt, Ludwig Johann Christoph 109
Gebhardt, Ursula 112
Gründgens, Gustaf 78
Grunge, August 178
Grunge, Elfriede 179, 181
Grunge, Ellen 180
Grunge, Heinz 178, 179, 180, 181
Grunge, Klaus 180, 181
Haalck, Jürgen 62, 64
Haase, Gerhard 95, 96
Hagendorf, Walter 250
Haller-Munck, Dr. Heinrich 159, 163
Haller-Munck, Hans-Ulrich 163

Haller-Munck, Paula 162
Hansen, Friedrich 266
Hansen, Jürgen 190
Hansohm, Wilhelm 40, 52, 76
Harder, Adolf 43, 44, 45, 46, 159
Harder, Georg 41, 42, 43, 44, 46
Harms, Helga 245, 246, 247
Hauser, Ernst 118
Hedemann, Dr. Bruno 166
Heermann, Karl 30
Helf, Franz 187, 188, 179
Helf, Horst 189
Helf, Marga-Elise 188
Hendrix, Jimi 144
Heuck, Christian 200
Hinz, Ida 23
Hof, Albert 142, 143, 144
Hoffmann, Heiner 63
Hoffmeister, Frieda 193
Hoffmeister, Jürgen 190, 191, 193
Hoffmeister, Rolf 193
Hollang, Alexander 226, 228
Hörn, Hans 213
Horstmann, Franz 255, 257, 268
Horstmann, Günther 257
Howaldt, Georg 27
Huptas, Lucie 186
Husfeldt, Christian 62, 63
Husfeldt, Jürgen 62, 63, 64
Ivens, Carl 210
Ivens, Heinrich 210
Jansen, Walter 166
Jensen, Erica 107
Jensen, Dr. Wilhelm 107, 108
Jonas, Alfons 98, 99
Karaschewsky, Otto 134
Kelbert, Ehepaar 167

Klosa, Georg 169
Klosa, Hildegard 169, 171
Klosa, Werner 169, 170, 171
Klüver, Marita 125
Koberg, Christian 232
Kock, Hans 85
Kohrt, Franz 163
Korten, Walter 99
Krämer, Frieda Emma Auguste 43
Krieg, G. U. 105
Krüger, Holger 51
Krull, Friedrich 62
Kruse, Berta 131, 132
Kruse, Emil 210
Kruse, Wilhlem 131, 132, 133
Kruse, Willi 131, 132, 133
Kuchel, Walter 118, 119
Kümmerle, Jacob 107
Kümmerle, Jochen 108
Kunstein, Georg 51
Lambert, Leo 269
Larsen, Christian 141
Larsen, Mathilde 195
Larsen, Otto 141, 142, 195
Loeck, Thomas 169
Löfgen, Hanne 29, 31, 32, 33
Löfgen, Paul 32
Luckhardt, Karl Heinz 46
Lüdtke, Arthur 185, 186
Lüth, Otto 163
Lützen, Amandus 230
Lützen, Sophie 230
Mahrt, Fritz und Peter 229
Marwinsky, Alfred 140
Maurmann, Hildegard 159, 161
Maurmann, Kurt 159, 160, 161, 162, 171
Maywald, Karla 63, 64

Mertens, Oswald 140
Mews, Max 120
Meyer, Ida 123, 124
Meyer, Wilhelm 123, 124
Minsel, Elfriede 54
Minsel, Robert 53, 54, 56, 57, 58
Möbitz, Gerd 239, 240
Möbitz, Helga 240, 241
Möbitz, Karl 238, 239, 240, 241, 242
Möbitz, Richard 238, 239
Möllgaard, Gebr. 211
Mochalski, Herbert 154
Mohr, Karl 127, 128, 129, 130
Mohr, Klaus 128, 129, 130
Mohr, Klaus-Jürgen 130
Morisse, Alwin 211
Müller, Philipp 155
Müthling, Hans 144
Nanz, Willi 169
Niebergall, Otto 155
Nissen, Magda 178, 180
Nonnsen, Max 127
Noto Ticoalu, Lieselotte 237
Onassis, Aristoteles 28
Ortmann, Albert 230
Oswald, Erwin 250
Pascoletti, Horst 250, 253
Pautke, Hans 201, 202, 203, 204
Pautke, Hans-Albert 203
Pautke, Hertha 201, 204
Petersen, Arthur 83, 84, 85
Petersen, Martha 84
Pfaff, Anita und Herbert 231, 232
Pluharsch, Wenzel 112
Podoll, Elin 252
Pratsch, Ernst 163
Prien, Emmi 35

Prien, Ute 37
Priess, Walter 184
Rabe, Klaus 166
Radebach, Herta 198
Radebach, Mathilde 197
Radebach, Paul 141, 194, 195, 197
Radebach, Werner 195, 196, 197, 198
Raeth, Artur 169, 182, 183, 184, 185
Ramm, Marie-Luise 125
Rath, Else 134, 137
Rath, Emil 134, 135, 137
Rath, Manfred und Ingrid 137, 138
Ratjen, Edith 157, 158
Ratjen, Helmut 157, 158
Ratjen, Hermann 156, 260
Ratjen, Ida 157
Ratjen, Michael 158
Ratjen, Werner 157, 158, 170, 171
Rhode, Erika 240
Ritter, Marquard Wulf 13
Runge, Albert 30, 32
Runge, Minna 31, 32, 33
Sasse, Herbert 175
Scharmer, Agnes 150, 151, 152
Scharmer, Johann 150
Scheffler, Agnes 77
Schiffer, Wolfgang 52
Schlapkohl, Karl 56, 57
Schlüter, Helmut 242
Schmidt, Carl 222, 223
Schmidt, Emil 34, 35, 36
Schmidt, Emmi 35, 36, 37
Schmidt, Peter 223
Schnoor, Johann 109, 110
Schnoor, Minna 30
Schnoor, Wilhelm 29
Schöning, Emma Marie Elisabeth 66

Schößler, Herbert 187
Schrank, Franz 194
Schreiber, Josef 245, 246, 250
Schreiner, Karl 86, 87, 151
Schröder, Ernst 23
Schröder, Franz 248, 249
Schulz, Edmund 60, 153, 234, 243
Schulze, Hermann 189, 247, 250
Schumacher, Ilse 114
Schumann, Paul 178
Selchau-Hansen, Ernst 171
Siebenrock, Ben 45, 46
Siemen, Michael 70
Simon, Heinz 166
Sobottka, Brigitte 87, 88
Sobottka, Dietrich 86, 88
Sothmann, Elisabeth und Helene 183
Staak, Anna 186
Stahl, Albert 172, 174, 175, 176, 177
Stahl, Christian 70, 71, 72, 73, 74, 75, 158, 165
Stahl, Christoph 172, 175, 176, 177, 211, 219
Stahl, Friedrich 159, 175
Stahl, Heinrich
Stahl, Julius Hinrich 172
Stahl, Kai 177
Stahl, Melanie 176
Stahl, Peter 173, 174, 175, 176
Stahl, Wilhelm 72, 73, 75
Stamp, Dora 120, 121, 124
Stamp, Gerhard 121, 122
Stamp, Hans 120, 122
Stamp, Irma 122
Stamp, Karl 120
Stender, Hanns-Jörn 225
Stiller, Gustav 70, 71, 72

Strunk, August 47, 49, 50
Strunk, Dora 50
Strunk, Johann Heinrich Christoph 47
Strunk, Kurt 48
Strunk, Marianne 48, 50
Strunk, Wolfgang 50
Suhren, Heinrich 132, 133
Tempel, Johannes 117, 118, 119, 150
Timm, Ernst 147
Tolkmitt, Otto 236
Totte, Emilie 102, 103, 104
Trede, Karin 144
Triskatis, Martha 260
Vahl, Franz 261
Vahl, Henry 191, 260, 262
Vahl, Ilse 261
Victor, August 67, 77
Victor, Ernst 77, 78, 79, 80
Victor, Marikka 80
Victor, Michael 77, 78, 79, 80
Volbehr, Bernhard 126
Volbehr, Liselotte 125, 126

Volbehr, Minna 126
Volbehr, Wilhelm 126
Vollert & Merkel 224, 225
von Kiedrowski, Otto 250
Voss, Otto 138
Walser, Joseph 186
Weber, Walter 266
Weher, Heinrich 128
Weinnoldt, Willi 170
Werner, Frieda 152
Westphal, Gerda „Gerti" 52
Westphal, Herbert 51, 52
Wiehemeyer, Anna 165, 166
Wiehemeyer, Hermann 163
Wilke, Wilhelm 199, 200
Willer, Anton 90
Witt, Elfriede 51
Witt, Heinrich 51
Wöhler, Heinrich 145, 146, 147, 148, 149
Wohlsen, Heinrich 58, 114
Wunder, Friedrich 177
Zisch, Mia Mariechen 250

STRASSENREGISTER

Kieler Straße 16, 19, 39, 41, 42, 43, 44, 47, 48, 50, 54, 58, 76, 112, 120, 135, 182
Adalbertstraße 169, 170
Alfons-Jonas-Platz 38
Alte Lübecker Chaussee 14, 158, 187, 203
Alter Markt 45, 63
Am Wall 66, 120, 131
Augustenstraße 34, 124, 131, 132, 23, 36, 38, 39, 42, 43, 44, 58, 66, 67, 105, 114, 117, 123, 124, 125, 127, 128, 130, 131, 132, 133, 136, 161, 247, 263
Bahnhofstraße 24, 206, 209
Bebelplatz 253
Bergstraße 64
Bielenbergstraße 154, 203, 220, 221, 224
Blitzstraße 223, 231, 232, 244
Blücherplatz 43, 90, 93
Brommystraße 131, 132, 133, 135
Brook 13, 14, 23, 153, 154, 220 221, 232, 244
Brunswiker Straße 63, 64, 77, 182,
Carlstal 105, 139
Damenstraße 65, 66
Ebertplatz 119, 235
Elisabethstraße 23, 24, 29, 30, 31, 34, 36, 37, 38, 39, 40, 41, 42, 43, 44, 45, 46, 48, 51, 52, 53, 54, 56, 60, 61, 62, 63, 64, 66, 67, 68, 69, 70, 71, 75, 76, 77, 78, 81, 82, 83, 85, 86, 87, 91, 96, 107, 113, 127, 132, 139, 140, 141, 144, 155, 158, 173, 174, 190, 195, 219, 220, 235, 248, 263, 264

Ellerbeker Markt 218, 270
Exerzierplatz 37, 90, 93, 95, 97
Feldstraße 157, 182
Feuergang 254
Franckestraße 174
Friesenbrücke 19
Gabelsberger Straße 182
Gazellestraße 135, 169, 173, 178, 182, 185
Georg-Pfingsten-Straße 139, 158, 177
Greifstraße 232
Große Ziegelstraße 148
Gustav-Schatz-Hof 138
Hafenstraße 235
Hamburger Chaussee 47
Harmsstraße 178
Heikendorfer Weg 170
Heischstraße 215
Helmholtzstraße 149, 152, 235, 236, 260
Henry-Vahl-Platz 244, 264
Hermann-Weigmann-Straße 90
Herzog-Friedrich-Straße 133
Hofstraße 14, 24, 205, 206, 209
Hofteich 14
Hohenzollernring 266
Holmannstraße 175
Holstenstraße 39, 175, 235
Holtenauer Straße 44, 45, 67, 77, 180, 214, 217, 237
Horst-Wessel-Park 22
Hügelstraße 226
Ida-Hinz-Platz 144

Iltisstraße 21, 60, 63, 102, 104, 119, 150, 152, 153, 154, 155, 156, 157, 170, 171, 178, 179, 183, 187, 190, 218, 223, 229, 234, 235, 236, 237, 238, 239, 240, 241, 243, 245, 246, 247, 248, 249, 250, 252, 253, 254, 255, 256, 257, 258, 260, 261, 262, 264, 266, 267, 268, 269, 270
Insterburger Straße 82
Jachmannstraße 133, 135
Jägersberg 217
Johannesstraße 35, 40, 54, 56, 62, 64, 69, 73, 76, 84, 109, 110, 112
Kaiserstraße 61, 76, 105, 110, 117, 137, 139, 140, 141, 142, 143, 147, 148, 149, 158, 174, 190, 194, 195, 199, 228, 232, 235, 250, 270
Karlstal 16, 24, 70, 76, 105, 163, 206
Katharinenstraße 217
Katzheide 270
Kehdenstraße 218
Kirchenweg 90, 102, 104, 119, 139, 163, 168, 169, 171, 173, 175, 177, 178, 179, 180, 181, 182, 183, 185, 186, 187, 189, 190, 194, 195, 197, 198, 201, 202, 203, 210, 218, 223, 245, 247, 250, 252, 253, 257, 258, 259
Kirchhofallee 175
Kleiner Kuhberg 254
Kronshagener Weg 169
Krusenrotter Weg 145
Kuchelstraße 260
Küterstraße 218
Langer Segen 146
Lübecker Chaussee 14, 16, 139
Lüdemannstraße 217, 218
Lutherstraße 272, 217

Medusastraße 16, 60, 76, 142, 145, 147, 155, 156, 158, 174, 175, 235
Metzstraße 261
Mühlenstraße 14
Mühlenteich 14, 23, 144, 205
Muliusstraße
Nachtigallstraße 82
Neumühlener Straße 147, 148
Norddeutsche Straße 58
Oldesloer Straße 18
Oppendorfer Weg 253
Ostring 23, 135, 158, 231
Papenkamp 120, 169
Pestalozzistraße 188, 189
Pickertstraße 133, 134, 135, 135, 136, 137, 158, 254
Preetzer Chaussee 139, 142, 154, 179, 184, 206, 210, 213, 224, 243, 256
Preetzer Straße 16, 139, 173, 174, 175, 176, 177, 210, 211, 219, 220, 221, 223, 224, 226, 227, 228, 229, 230
Reeperbahn 104, 195, 201, 222, 223
Rendsburger Landstraße 269
Ringstraße 45, 139, 175, 236
Sandkrug 23, 60, 109, 122
Schauenburger Straße 122
Schönberger Straße 105, 110, 126, 139
Schulstraße 47, 54, 56, 62, 80, 85, 105, 109, 110, 111, 112, 113, 116, 117, 119, 120, 121, 122, 123, 124, 125, 150, 161, 231, 270
Schwarzlandwiese 23
Segeberger Straße 18, 215, 216, 217, 218
Sophienblatt 70, 78, 140, 174, 188
Sörensenstraße 14, 174, 215
Stadtfeldkamp 174
Steinmarderweg 186
Steinstraße 169

Stoschstraße 43, 56, 155, 159, 162, 163, 165, 173 175, 256
Theodor-Heuss-Ring 215
Tonberg 159
Verbindungsstraße 105
Vinetaplatz 14, 16, 23, 41, 45, 46, 51, 53, 55, 57, 58, 61, 63, 69, 70, 71, 74, 76, 77, 80, 83, 84, 85, 86, 87, 89, 90, 91, 92, 93, 95, 96, 97, 98, 99, 100, 108, 119, 122, 147, 151, 155, 163, 165, 166, 190, 228, 235, 270
Volkspark 23
Wahlestraße 44
Wall 66, 120, 131
Wehdenweg 218, 247
Wellseer Weg 18, 19, 142
Werftpark 22, 23, 143, 150
Werftstraße 23, 105, 110, 139, 210, 212
Westring 126, 266
Wikingerstraße 56, 70, 72, 73, 76, 93, 95, 139, 155
Wilhelminenstraße 64